"一带一路"开发研究丛书

总主编 ◎ 向宏 胡德平 王顺洪 徐飞

产业经济

"一带一路"倡议实施的关键环节与核心动力

涂锦 钟永祥 ◎ 编著

西南交通大学出版社
·成都·

图书在版编目（CIP）数据

产业经济："一带一路"倡议实施的关键环节与核心动力/涂锦，钟永祥编著. —成都：西南交通大学出版社，2017.4
（"一带一路"开发研究丛书）
ISBN 978-7-5643-5407-7

Ⅰ.①产… Ⅱ.①涂… ②钟… Ⅲ.①产业经济－经济战略－研究－世界 Ⅳ.①F269.1

中国版本图书馆 CIP 数据核字（2017）第 078681 号

"一带一路"开发研究丛书
Chanye Jingji
产业经济
"一带一路"倡议实施的关键环节与核心动力

涂　锦　
钟永祥　编著

出版人	阳　晓
责任编辑	罗小红
封面设计	严春艳

印张	15.5　字数　215 千
成品尺寸	165 mm×230 mm
版次	2017 年 4 月第 1 版
印次	2017 年 4 月第 1 次
印刷	四川玖艺呈现印刷有限公司
书号	ISBN 978-7-5643-5407-7

出版发行　西南交通大学出版社
网址　http://www.xnjdcbs.com
地址　四川省成都市二环路北一段 111 号
　　　西南交通大学创新大厦 21 楼
邮政编码　610031
发行部电话　028-87600564　028-87600533
定价　66.00 元

图书如有印装质量问题　本社负责退换
版权所有　盗版必究　举报电话：028-87600562

"一带一路"开发研究丛书
编写委员会

总 主 编　向　宏　胡德平　王顺洪　徐　飞

副总主编　何云庵　陈志坚　朱健梅

编　　委　沈火明　何　川　钟　冲　邱延峻

　　　　　汪　铮　张雪永　阳　晓　孟新智

"一带一路"开发研究丛书
创作与出版说明

一、立项说明

"一带一路"倡议如果没有找准全球发展的真实需求,她不可能在今天得到如此众多国家的支持和响应。尽管如此,寻求最广泛的共识与参与依然是我们需要艰苦努力的目标,因为这一倡议的本质是推动"五通三同":政策沟通、设施联通、贸易畅通、资金融通、民心相通以及利益共同体、责任共同体、命运共同体,在此基础上实现区域共同市场的协同发展与全球化的深入。

"一带一路"倡议尽管是一个经济发展战略和操作计划,但她明显区别于一般的全球发展概念和相应项目计划,因此,"五通三同"既是手段又是目的,只有如此,我们才能推进相关事业的螺旋递进和升华发展。

面对如此众多的国家与经济体,要建立"五通三同"的基本理解与共识并不断深化,将是一个非常复杂的浩繁系统工程。我们深知没有理论研究的超前展开和持续跟进,寻求广泛共识与普遍参与将是非常困难的。

"'一带一路'开发研究丛书"将从五个角度把握选题方向,弄清基本诉求、明晰关键问题、找准逻辑关系:一,从中国国家战略角度;二,从全球发展角度;三,从"一带一路"倡议实施的相关主体角度;四,从西南交通大学角度;五,从新基建高潮与轨道交通发展角度。

(一)从中国国家战略角度

随着改革与开放事业的循环递进,中国借助全球化契机,快速实现了城市化与工业化，也就是初步现代化。长周期高速成长的中国在今天面临如何跨越"中等收入陷阱"与"修昔底德陷阱"的巨大难题，全球经济格局的变化也给我们带来了新一轮的挑战。通过更紧密地融入世界经济体系尤其是亚非欧市场，毫无疑问是跨越两大陷阱、实现和平崛起的根本性战略选择。

2013年9月，中国国家领导人正式向国际社会提出了共建"丝绸之路经济带"和"21世纪海上丝绸之路"的重大倡议，两者合称"一带一路"倡议。近四年来，"一带一路"倡议首先在中国变成了实实在在的国家战略，从组织机制与体系到首批项目安排都全面展开，取得了阶段性成果；"一带一路"倡议不仅得到了沿线国家的积极响应，也结出了诸如亚投行、金砖银行等重大战略性、阶段性成果；2016年11月17日，第71届联大将"一带一路"倡议正式作为大会议程，这不仅标志着国际社会对它的接受，更预示着"一带一路"倡议逐渐成为全球发展的新理念与新思路，成为"千年计划"的重要操作内涵；2017年1月17日，习近平主席在达沃斯世界经济论坛年会上宣布将在北京召开"一带一路"国际合作高峰论坛，预示着中国声音、中国主张、中国方案将满怀信心地进入国际议题；刚刚结束的中美元首"海湖庄园会晤"不仅将开启中美"新型大国关系"格局下的新合作局面，还将在规划中美关系下一个45年的过程之中，探寻"繁荣中美与建设世界并行不悖"的、促进世界经济"增量再平衡"的、中美共同倡导的全球发展新主张和"再全球化"新战略，这些中美间的战略安排将促进"一带一路"倡议的全面深化和"一带一路"大市场的兴旺发达。

我们可以预计，5月14日至15日在北京召开的高峰论坛不仅是中国主场的全球性盛会，也标志着"从一带一路到人类命运共同体"的全人类"大交通"时代的即将来临，新一轮的世界经济大繁荣也许将由此开启，中国新一轮"对外求和、对内求变"的改革发展新战略同样也将由此开启；随后召开的中共十九大将是新一轮改革发展新战略的组织保障与机制深化。

（二）从全球发展角度

今天亚洲的大部分国家依然面临现代化的紧迫需求，也就是城市化与工业化的紧迫需求；美洲尤其是南美、欧洲尤其是东欧不少国家也面临同样的需求；非洲更是如此。

"一带一路"倡议的一个重要特征就是借鉴中国快速实现工业化与城市化所积累的相关经验、模式、方法以及相应的中国能力，联合欧美日等发达国家力量和沿线发达经济体力量，推动亚、非、拉为主的洲域市场快速实现赶超型的、后发优势的现代化过程。因此，"一带一路"倡议也可以说是全球市场整体实现城市化与工业化的"收尾工程"，它将迎来的是现代化的灿烂晚霞。

今天的北美、欧盟等发达国家和经济体，虽然也因就业等压力提出了"再工业化"等口号，事实上是很难收到实效的，更难发挥比较性优势。他们恰恰应该面对未来寻求超前的战略安排与新竞争力布局，通过商业模式与机制的创新实现诸多未来产业的提前成熟，并通过新兴产业与新生活方式创造全新的后工业化产业体系与新消费体系，实现经济的转型与市场的繁荣乃至社会的发展。

"一带一路"倡议的另一个重要特征就是在中美螺旋递进的战略合作机制下，依托美国发达的科技力量与教育力量，创新技术方案与商业模式，联合欧日等发达经济体力量和沿线发达经济体力量，推动中美市场为基础的、"一带一路"沿线相对发达经济体普遍参与的、超前布局的、先发优势的后现代化过程。因此，"一带一路"倡议也可以说是中美联手推动的全球市场发达经济体超前实现后工业化与后现代化的"超前工程"，它将迎来的是后现代化的蓬勃朝阳。

"一带一路"倡议的上述两大特征使其完全有可能成为"再全球化"或"后全球化"时代，实现世界经济"增量再平衡"和新一轮长周期繁荣的全球新战略，也是推动工业化往后工业化演进的文明转型工程。

（三）从"一带一路"倡议实施的相关主体角度

"一带一路"倡议实施涉及的各类主体非常丰富，同类主体又有不同的层级需求；每类主体对"一带一路"的关注、研究、参与都抱有不同的目的与不同的逻辑演进关系。

"一带一路"倡议实施涉及的产业面也相当广泛，不同区域产业链发育的成熟度又有相当大的差异，全球性产业秩序也处在总体平衡的动态调整之中，它的不确定性和不同主体扮演的龙头角色又决定了产业重组与再造所面临的企业性格的个性化。

"一带一路"倡议实施中有一个征象必须说明，那就是区域共同市场的抬头乃至区域共同市场主义的兴起，这就使我们多了一个关注的对象，那就是区域共同市场的牵头人，也许是国际组织、也许是强势国家、也许是强势企业。

"一带一路"倡议实施不能回避它对现行国际政治经济秩序的影响甚至是话语权地位的调整，既有秩序的守成方和挑战方之间的矛盾是无法回避的，关键是看新秩序的建构能不能达成挑战方与守成方的新平衡，这种新平衡的认可需要靠新思维与大主张。

我们的研究，包括因本套丛书带来的深化研究显然是不能够囊括各类主体的不同需求，当下的需求也许还能够有几分感觉，未来变化中的需求调整是很难把握的，尤其是博弈的双方在入场前后的动机变化是最难把握的，我们将尽努力挑战它。

（四）从西南交通大学角度

西南交通大学秉持 120 年的大交通理念，在全校师生、校友事实上已经是"一带一路"倡议项目实施的普遍参与者基础上，根据创办"双一流"大学的总体目标，提出了"以'一带一路'倡议为契机，以国家实验室为突破，全面建构大交通范畴的学科体系建设理念和有特色的世界一流大学目标"，并以此展开交大新一轮的改革发展新事业。

学校成立了"一带一路"开发研究院与"一带一路"历史文化研究院，参加了全国政协统筹的，由清华大学、国家开发银行、丝路基金等机构发起的"丝路规划研究中心"，同时与中央财经领导小组办公室保持联系，将学校机制与国家机制结合，一方面系统性、全局性展开"一带一路"研究，另一方面积极展开国家战略层面的项目实践。近期开发研究院在华盛顿组织了 20 位中美双方政产学人士参加的"中美民间基建合作计划专家工作组",推动中国民间资本联合赴美的"美国基建投资计划",取得中美双方高层的一致认可与褒扬。2016 年年底,历史文化研究院应梵蒂冈教皇邀请赴梵展开"中梵丝绸之路历史文化研究",不仅取得了阶段性成果,还建立了与梵方多个机构的长期合作机制,2017 年 5 月将组织北大、北师大、北外、中国红楼梦研究会、中国曹雪芹研究会等中方专家与梵方教皇大学、梵蒂冈博物馆展开系列研讨会与课题合作,推动"一带一路"历史文化研究上台阶、创品牌。

两个研究院在工作中发现虽然"一带一路"倡议的实践已经走在前面,但理论研究尤其是系统理论研究与理论准备明显不足,落后于实践。我们认为"一带一路"倡议是在全球化发展转型期、全球性工业化与现代化步入后发阶段、后工业化与后现代化步入先发阶段、崛起大国与守成大国进入相持阶段、世界经济正在由失序的不平衡走向有序的再平衡过渡阶段等多个特殊时期提出的。面对这样一个特殊时期,既需要有突破的理论思维与主张,也需要表达核心主张的理念阐述、更需要有逻辑的操作方案且要照顾不同主体的真实需求与思维习惯。

基于上述观点,两个研究院提出了由"智库型模式"起步并逐渐过渡到"智库与教学结合模式"的发展思路。一方面通过智库拓展与"一带一路"相关主体尤其是市场主体的紧密互动关系,进一步找准两个研究院的操作性定位;另一方面组织编写"'一带一路'开发研究丛书",聚集研究资源、提出研究思路、创新研究方法、服务战略实施,在此基础上,进一步找准两个研究院的学术定位。与此同时,动员与统筹全校力量、五所交大的协同力量和成都地区、西南地区高校力量,乃至"一带一路"关联地区大学力量和"大交通"关联的全球性力量参与研究与智库活动。

通过两个研究院对"一带一路"倡议的系统研究,我们越来越发现不仅"一带一路"所关联的亚洲、非洲、欧洲尤其是中东欧普遍面临基础设施先行带动的城市化与工业化快捷发展的后发现代化的总体需求,整个美洲包括北美同样存在如此需求。我们注意到伴随中美合作关系的升级，世界性的新基础设施建设高潮即将掀起。也许它发端于中美两国的基建升级、繁荣于"一带一路"直接推动的亚非欧"世界岛"。

两对新一轮的基建浪潮，在后发现代化国家最重要的表现特征是"大交通"推动的城市化与工业化；在先发现代化国家和地区如美、欧、日等以及中国部分地区，表现特征是"新型大交通"推动的新空间布局与新产业布局。

"大交通"强调依托高铁及城市轨道交通串联形成的城市带、产业带以及在此基础上的特色城镇群与特色产业群；"新型大交通"强调依托磁浮等新型轨道交通实现大都市与特色卫星小镇的快捷连接，重构都市空间格局与新产业布局，除此之外还包括空地一体化新型交通格局带来的"未来城市"的兴建。

由此看来，"新型轨道交通"将是"大交通"与"新型大交通"的基础解决方案，西南交通大学在轨道交通领域的全国性地位乃至全球性地位决定了它的特殊角色。

高铁尤其是时速300公里左右的常规高铁，虽然是新型轨道交通的重要组成部分，但它的研发体系和产业体系已基本成熟，交大要做的工作更多的是补充与完善。交大要在升级版的超级高铁，重载铁路，第二代中低速磁浮列车、高温超导磁浮列车等磁浮轨道交通多样化应用，空铁等多制式城市轨道交通，国防特种运输装备，真空管道超高速轨道交通（1000 km+），现代有轨电车、虚拟有轨电车等"新型轨道交通"方面聚集研究力量与市场力量，不仅创中国"双一流"大学，还要创世界第一的"新型轨道交通大学"，以此带动交大综合能力的全面成长，用全球性基建高潮的大势推动交大成为国际一流研究型大学与智库型大学。

为了实现上述目标，尤其是在"新型轨道交通"产业体系成型之前，交大不仅要为学术体系的完善发挥独特作用，也要为标准体系的完善发挥关键作用，更要为市场体系的超前布局发挥先锋作用。因此，尽快组织战略投资人一步到位形成大资本介入的"中国新型轨道交通集成集团有限公司"显得尤为重要与迫切。它是学术、科研、产业良性循环的重要一环，在一个全新产业孵化之初，这样的机制更显得尤为必要。

（五）从新基建高潮与轨道交通发展角度

伴随中美合作新格局的来临、"一带一路"倡议的全面实施，一场启动于中美市场、繁荣于"一带一路"市场的全球性基础设施建设高潮即将来临。交通，毫无疑问是先行工程，轨道交通尤其是高铁和城市轨道交通又是先行工程中的先行工程。

中国已经有大大小小的若干行业取得了全球规模与技术的领先优势，在大行业领域取得市场领先优势的还是凤毛麟角，中国高铁与城市轨道交通是我们最自豪的佼佼者，它事实上成了全球有目共睹的中国基础设施建设能力的核心能力。我们的尴尬在于为我们这一产业巨大市场优势做出贡献的主要还是国内市场，而大步走向全球市场才是我们轨道交通产业真正成熟的标致。

我们靠国内规模市场优势做大了产业，但还没有做强，关键问题出在应用研究与基础研究的相对滞后，深层问题又在于研究力量的协同与组织机制的困扰，更深层次的问题在于应对全球竞争、大国竞争到底应该有怎样的产业发展战略与机制保证。

培育优势企业、打造优势产业毫无疑问是国家竞争力战略与新一轮改革发展的关键能力需求与基础能力需求；中国高铁与城市轨道交通因市场规模所积累的丰富经验与综合能力，使其成了市场潜力最大的优势产业和企业集群，这样的综合优势产业相对而言实在太少；它过去的成功，一是靠大胆决策、超前超规模展开、用暂时的亏损换取中国城市化与工业化整体能力的快速提升等巨大综合收益，二是靠产学研资源的系统性长期积累；现在的问题，浅层面看是过于依赖国内市场、进入国际市场依然面临技术经济多项指标的竞争压力，深层次看表现为产业、科研、教育整体协同机制与定位出了问题，基础科研与新技术孵化跟不上市场的变化与需求；市场大势来了，它启动于中美新一轮的基建合作计划，繁荣于"一带一路"基础设施建设的先行；需求来了我们从何下手，只能是一方面尽最大努力抓市场，另一方面抓产业与应用研究能力提升，但这需要一个过程；综合而言，从教育突破相对容易、逻辑也比较顺畅，中国轨道交通教育、科研、产业综合体系离世界第一只差一步，教育水平离第一目标相对更近，教育水平的整体提升必然带来基础研发与新技术孵化的能力跃升，直接推动产业规模优势变成性价比优势、技术优势、品牌优势，全球第一的教育品牌更便于整合各类相关主体与不同阶段的科研资源，有利于突破产学研整体能力的协同性障碍；通过世界第一的轨道交通大学和相关研究体系，带出世界第一的优势产业和企业集群不仅可行且战略意义重大，如此安排"一带一路"倡议与"中美基建合作计划"就能快速取得丰富的早期收获。

二、选题原则与创作力量的组织

在今天看来，"一带一路"倡议既是一套中国发展战略，也是一套全球发展战略。两者之间是一个相辅相成的关系：中国战略必须有清晰的国际逻辑，否则没有操作性；全球战略必须要有一定的中国因素，否则同样操作性不强。中国不仅仅是"一带一路"的倡议者，更是市场要素资源组织的基础环节与关键环节，也是新机制的建构者与新方法的始创者。

选题原则要兼顾理论与理念、政府与市场、经济与技术、工业化与后工业化、现代化与后现代化、全球化与后全球化、经济与社会、历史与文化，还要兼顾宏观与微观、战略与战术、理论与实践、国家与地方，更要兼顾国际与国内、长远与现实、区域与国别、产业与项目、产业与金融、大企业与小企业、金融体系与金融产品、金融市场与资本市场等多方面。要从这些关系中抽象出选题要义，安排好出书计划的时间序列与分类序列。

"'一带一路'开发研究丛书"总体采取命题研究的创作形式，创作力量首先是以西南交通大学为首的大学力量，包括五所交大、成都、四川、西南地区相关高校和北京地区相关高校等，其次是国内外从事相关问题研究的各类专业人士。

我们特别注重寻找相似题目的著作者，由他组织研究力量结合我们的战略意图进行再创作。如此安排不仅有利于快速形成研究成果，更有利于思想碰撞、观点交锋与学术深化。

由于"一带一路"概念本身是一个操作性概念，因此方案策划与设计显得尤为重要，许多选题将采取"研讨会"形式展开，由主创人员邀请相关专家共同研究"方案设计"，这样不仅使其研究成果的应用价值得以大大提升，还方便阅读，方便相关人员依不同角色进行资讯的取舍。

如何创新研究形式与课题创作形式是我们接续关心的重要问题，通过它可以使选题的资讯内涵与价值内涵得到最大化发挥。

"'一带一路'开发研究丛书"的编写过程本身也是西南交通大学"一带一路"开发研究院与西南交通大学"一带一路"历史文化研究院创立、研究力量组织、定位精准、方法论形成、智库品牌创立、超级项目能力形成、超级项目模式建立的过程，也是交大产学研模式升级发展的过程，更是中国"一带一路"倡议完善的过程。

我们希望本套丛书能有效服务整个"一带一路"倡议的深度认知与中国"一带一路"倡议的深化。它重在系统基础上的早期行为推动，也不排除在若干年后通过实践的总结形成第二套丛书。我们希望借此丛书的创作为"实验政治学"、"发展经济学"、"产业经济学"、"公司经济学"、"方案经济学"以及"现代化理论"与"后现代化理论"、"大交通理论"、"文化人类学"与"空间人类学"等学科的理论建设做出贡献，更希望为"一带一路"倡议建构起系统的理论体系。

三、选题分类与计划

"'一带一路'开发研究丛书"按九大类方向进行选题规划：一是核心理论与主张系列，二是总体战略系列，三是大国与域内经济体相关理念与主张系列，四是新理念与行动系列，五是人文历史系列，六是中国改革开放新战略系列，七是中国新市场理念与战略转型系列，八是智库与媒体系列，九是轨道交通系列。

编委会初步拟定了九大类 100 多个选题方向，主要是便于著作者参考与选择，整个丛书计划控制在 100 本以内，编委会与著作者在互动中确定最终选题与研究计划和写作提纲，双方取得一致意见后再进行具体的研究与写作工作。

编委会初步拟定的 100 多个参考选题也将在研究深化过程中不断调整与修改，此次提出的如下选题旨在打开研究视野、明确九大分类的逻辑关系，为首批计划的推出建构参照坐标。

（一）核心理论与主张系列

1. 文明与产业：从工业化与现代化走向后工业化与后现代化
2. 新规则：工业文明与后工业文明的胶着与转型
3. 新贸易论：国家间的竞争与改变世界的基础力量
4. 国是与生意：超级项目与超级资本在未来十年将如何改变世界
5. 停滞与繁荣：摆脱政治困扰，迎接新商业力量带来的世界性繁荣
6. 十字路口：新国家为何官僚化以及特朗普可能的再设计与再改变
7. 一千个理由：中美始于现实主义繁盛于新商业主义的战略合作
8. 窗口期：习近平、特朗普可能带来的改变与行进中面临的巨大压力
9. 一带一路：中国经验与中美欧能力结合的后发现代化道路
10. 拥抱：摆脱冷战思维的大国战略
11. 科莫湖：湖边散步，对话美中欧新世界体系
12. 增量再平衡：中美战略对话的全球性议题与机制构想
13. 大交通：从"一带一路"走向人类命运共同体
14. 实践社会主义：在制度竞赛的反省中寻找超越第三条道路的新方向
15. 人类命运共同体：通过经济繁荣导向新普世价值的全球共识

（二）总体战略系列

16. 竞争力报告："一带一路"相关国家与经济体现实能力的总体评价
17. 增长热点：金砖、金钻、灵猫、展望、薄荷、迷雾等概念的研究
18. 全球化与区域贸易协定：五百多个区域贸易协定(RTA)的来龙去脉
19. 超大区域的 RTA：欧盟、APEC、东盟、北美自贸区、TPP、TPIP 等概念研究
20. WTO 波澜起伏：从全球化到再全球化
21. 多国的规划：来自欧洲、亚洲、非洲以及美国的丝路规划方案
22. 总体需求：亚非拉对城市化与工业化的渴望
23. 融合与创新："一带一路"倡议在数百个区域贸易协定基础上的提出
24. 解释"一带一路"：早期实验、正式提出、逐渐成型与相对稳定
25. 战略对接："一带一路"倡议与相关国家战略及区域战略的衔接
26. 新循环体系："一带一路"创造的全球经济新运行格局
27. 世界的试验：后发城市化与工业化的中国经验与教训
28. 新动力与新空间：超级资本推动新兴产业与新生活方式的提前繁荣
29. 收尾与超前：工业化的后发模式与后工业化的先发模式
30. 信风：新一轮全球性基建高潮的来临
31. 世界岛：梦想在大资本时代中美欧合作格局下实现
32. 支撑体系：丝路新时代的节点城市与产业体系
33. 产业分工：联合国的三级工业分类与"一带一路"的分工体系
34. 园区模式：花样繁多的园区概念与中国式的产城融合体
35. 生根开花：中国在"一带一路"超前布局的 80 余个经贸合作区

（三）大国与域内经济体相关理念与主张系列

36. 特朗普新政：保守主义与现实主义的当下立足与新商业主义的未来发展
37. 改造世界的特朗普：问题意识、逻辑力量与方法论
38. 脱欧之后的再定位：英国在欧盟与新欧亚非一体化市场中的再定位
39. 再造优势：德国借助"一带一路"提振欧盟的新思路与新战略
40. 岛国求变：日本在新外交格局下重构一体化市场的理念与方略
41. 新一轮合作：中韩在"一带一路"大市场体系中谋求新合作格局
42. 海陆互动：新加坡在强化海权优势基础上的陆权联盟式扩张
43. 华丽转身：中东石油大国在"一带一路"机遇下的战略转型
44. 印度：寻求深度认知与理解，探寻全面结构性合作
45. 欧洲图强："一带一路"理念下的东进战略与欧亚非市场共同体
46. 欧亚非经济联盟："一带一路"倡议作为手段与目的
47. 亚洲共进论：区域与次区域共同市场带来的亚洲繁荣

（四）新理念与行动系列

48. 国别经济："一带一路"倡议实施的认知前提与基本能力
49. 产业经济："一带一路"倡议实施的关键环节与核心动力
50. 区域共同市场：后全球化过渡期的市场特性与趋势前瞻
51. 新图景：区域共同市场与主体功能区
52. 经济地理革命："一带一路"串起的区域共同市场体系
53. 不确定中的求索：国际货币太阳系的瓦解与新体系的建构
54. 人民币国际化：从贸易货币、投融资货币走向储备货币
55. 亚投行：全球开发性金融的新角色与新模式

56. 丝路基金：中国由贸易大国向投资大国转型的引导性基金

57. 并驾齐驱：贸易与航运的波罗地海指数与海上丝路指数

58. 新模式：中美欧高科技合作 1.0 与 2.0 互动机制

59. 六大走廊：概念性规划基础上的深度研究

60. 第三欧亚大陆桥：穿越亚洲人口密集地区连接中欧的新通道

61. 捷径：北极航线、克拉地峡运河等海上丝路新通道构想

62. 哑铃战略：十余趟中欧班列连接两个扇面的城市群与产业群

63. 管道丝路：中国与俄缅哈土等国油气管道创造的新开发模式

64. 东西方之桥：土耳其在"一带一路"倡议中的重新定位

65. 比雷埃夫斯港：海上丝路港城连接的中东欧新通道

66. 科伦坡再造：海上丝路中转大港的新发展计划

67. 中白工业园：白俄罗斯的新中心城市与丝路明珠

68. 苏伊士新区：中埃合作的新型经贸合作区与海上丝路的节点城市

69. 瓜达尔港城：一个面向三个大市场的超级工业基地与商贸大城

70. 先走一步：中国在非洲的基建与产业发展

71. 雅达瓦伦油田：中国超级油田海外合作的里程碑

72. 印度钢铁：崛起大国的钢铁产业快发之路与后发之路的双轮驱动

73. 班加罗尔：软件产业聚集区与中国互动的互联网+

74. 有机农业：远东布局的生产基地和全球市场

75. 台湾价值：超级项目合作重塑两岸关系

76. 巴拉望的后现代生活：与增长中心配套的热带海滩度假城与非现场工作基地

（五）人文历史系列

77. 曾经的辉煌：东西方商路连接的古丝绸文明

78. 大航海时代：洲域经济的交流与早期的全球化

79. 从历史走来：始于《中国》的西方关于中国的描述

80. 西方视野的中国：大历史、大文化与大战略的观察

81. 丝路传奇：千百年来西方人的丝路著述与故事
82. 历史的拐点：中国在世界交往中的失落
83. 盛宴：中国艺术在古丝路的辉煌与新丝路的繁盛
84. 梵蒂冈使臣：罗马在东西文化交流中的历史角色与未来设想
85. 大历史定位："一带一路"倡议的历史延续与未来穿越
86. 横断山总体价值论：建构地球终极资源与全人类明天需求间的大逻辑框架
87. 第三空间浪潮：透过若干经典案例解构建构空间人类学
88. 伊甸园：大香格里拉的后现代憧憬
89. 腾冲：古丝路历史文化要冲与新丝路的重新定位
90. 生活大国：四川的尝试与即将到来的中国新战略
91. 艺术的胜利：重庆都市调性的改造与竞争力的勃发
92. 复兴邻里社会：智慧城市与中小微企业新发展浪潮带来的社会变革

（六）中国改革开放新战略系列

93. 第二轮开放：对外求和与对内求变的新战略
94. 愿景与行动："一带一路"倡议的多角度解读
95. 冷思考："一带一路"深层问题与关键问题梳理及求解
96. 战略定力：中国策略的宏微观梳理与系统执行
97. 创新驱动：内外市场互动的创新机制与模式
98. 循环递进："一带一路"倡议创造的内外市场及大中小企业协同发展的新契机
99. 早期收获："一带一路"倡议的有感化与阶段性递进
100. 企业生态：良性发展的基础与深化改革的关键
101. 工业强国：增量再平衡全球机制下中国制造业的转型升级
102. 并非夸大的使命：中国商业力量的成长与未来使命
103. 新亮点：口岸贸易与自由贸易区
104. 利益维护：中国"一带一路"倡议下的海外利益维护
105. 海外中国：中国跨境投资的现状与未来战略
106. 华人血脉："一带一路"华侨资本的关键作用与利益安排

(七) 中国新市场理念与战略转型系列

107. 第一战略: 推动优势产业冲击第一目标与市场覆盖
108. 并购与整合: 中国制造业升级的价值再造与战略重组
109. 战略投资: 时髦概念背后的深层功夫与系统能力
110. 机会投资: 战略理念与能力支撑下的短线投资
111. 平台公司: 多元化的实践与逐渐清晰的能力特征
112. 全球并购: 躁动下的冷思考与趋势前瞻
113. 新央企: 政治定位清晰后的市场行动
114. 改造与担待: 中国上市公司与机构投资人的非常使命
115. 企业家: 一个价值被忽略的特殊阶层与关键力量
116. 资本聚集: "一带一路" 超级项目导向的中国证券市场改革
117. 资本时代: "一带一路" 开启的中国跨境投资新天地
118. 聚变: 郑州如何由超级货运空港演变为航空大都市
119. 于家堡: 一个为京津冀融合发展和 "一带一路" 国别总部而定制的未来城市
120. 发现新疆: 双经济走廊概念与超级项目聚集的循环递进
121. 双主题战略: 云南在大通道与新生活中央高地两大概念下的再定位
122. 两洋通道: 云南如何做好第三欧亚大陆桥与泛亚通道的大文章
123. 深圳谋变: 基于现状与可能背景下的超级项目都会
124. 大湾区: 新全球经济格局下粤港澳的再定位与一体化
125. 重庆战略力: 国企与民企两个战略平台的双轮驱动
126. 多元中关村: 欧美日俄以等国多点布局的超级项目孵化基地
127. 智慧城市: 以非现场工作为基础的智慧化改造与不断升级
128. 大湾区的香港: 在 "一带一路" 倡议下诉求金融深化与服务贸易升级
129. 装备制造业: "一带一路" 上的升级版与内外市场的互动
130. 服务贸易: "一带一路" 倡议下的内外市场联动与大布局

（八）智库与媒体系列

131. 力量的整合：中国与"一带一路"相关研究力量的价值发现与重组
132. 中国丝路开发研究基金会："一带一路"倡议门户型智库的价值主张与方案设计
133. 峨眉论坛：面向"一带一路"的开放论坛与新型国际组织
134. 峨眉论坛大学：创新组织模式与教学模式的"一带一路"国际人才培训基地
135. 超级项目论：中国在后全球化过渡期的非常机遇与方法
136. 超级项目前期："一带一路"倡议系统推进的关键能力
137. 超级项目智库：政产学融合的前期孵化机制与绿色通道
138. 开发性金融："一带一路"创造的新模式与新空间
139. 顶层智力：全国政协精英人才在"一带一路"基础研究上的价值最优化
140. 战略精英：复合型人才在非常时期的非常作用
141. 智力丝绸之路："一带一路"沿线的大学合作
142. 再出发：面对国家总体竞争力与战略安排的高校改革
143. 全球战略（华盛顿）研究院：设计中美欧如何联合创办新型智库
144. 丝路传媒集团："一带一路"全域布局的新媒体集团方案设计
145. 丝路通讯社："一带一路"全域布局的新模式通讯社方案设计

（九）轨道交通系列

146. 轨道交通：昨天的辉煌、今天的重任、明天的浪漫
147. 高铁主义：轨道交通与公路网络的良治后发模式
148. 新型轨道交通：现代化国家与地区交通能力提升的新选择
149. 轨道交通：全系列的中国制造与超级项目模式的中国投资
150. 泛亚铁路：交通体系联动区域共同市场的城市群和产业带

前言 *preface*

　　"一带一路"倡议的核心是"一带一路"沿线国家的产业合作和互补而实现共同发展和共赢，这亦为其基本战略目标，要打造政治互信、经济融合、文化包容的利益共同体、命运共同体、责任共同体。按照习近平总书记2013年在哈萨克斯坦演讲谈到的"五通"，合作路径及步骤如下：第一是政策上沟通。国与国政策上的沟通和支持是重要的保障。第二是设施联通，即基础设施互联互通。它包括三个方面，交通基础设施、能源和电力基础设施、通信基础设施。通过海上丝绸之路和陆上丝绸之路两个方向实现基础设施互联互通。第三是贸易畅通，使贸易和投资便利化。投资和贸易的便利化包含了"三互"，即沿线国家间的信息互换、监管互认、执法互助。第四是资金融通。提供长期的融资工具、人民币在境外的使用、人民币的国际化和利用亚洲基础设施投资银行和丝路基金带动社会资本进入"一带一路"。第五是民心相通。包括文化交流、学术往来、人才交流等。民心相通是取得"一带一路"建设成功的重要因素，中国往后会投入大量的资源、人力来做这个事情。本书总结"一带一路"中国的产业战略框架如下图所示：

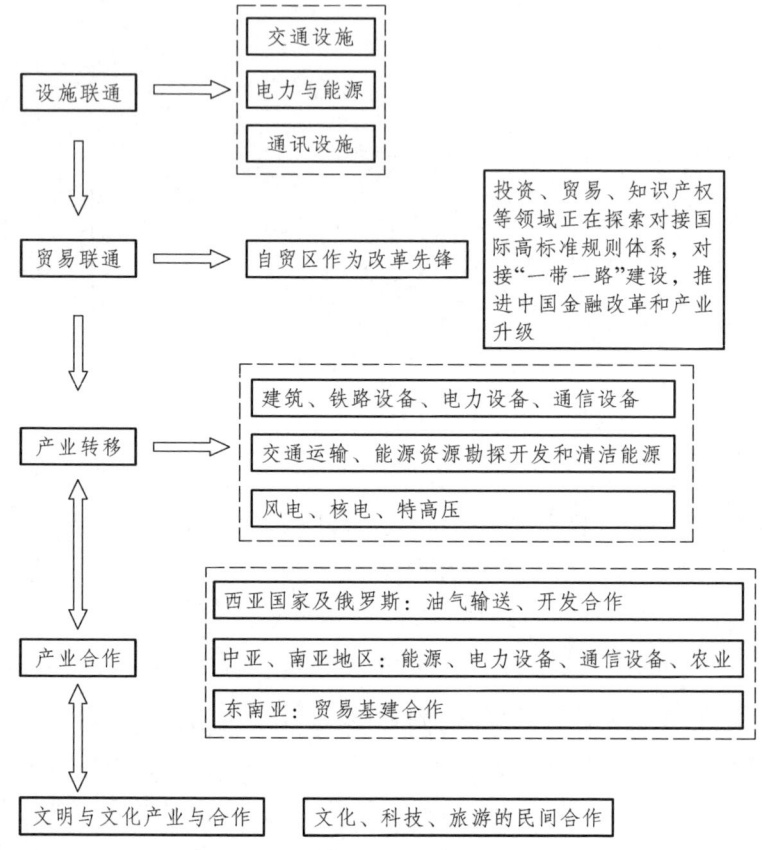

"一带一路"产业战略推进

按照"一带一路"产业战略的推进路径,本书依据世界银行的数据库,分别就"一带一路"沿线的部分国家(区域)的基础设施、贸易水平、产业发展状况、金融发展度、金融合作风险进行了较为严谨的分析,以此提出"一带一路"推进的差异化和阶段性对策。

具体的研究内容如下:

(1)输出型开放的大国产业战略应该如何构建?按照系统论的历史观和社会观,输出应该同时包括经济子系统输出、文化子系统输出和政治子系统输出三方面,并且相互支持、相互促进,才能获得成功。

（2）"一带一路"优先发展基础设施，实现"路通""网通"。通过对沿线国家基础设施状况的分析，本书提出了"路通"在"一带一路"的有序建设策略和区域分布，并探讨了基础设施落地的多种融资模式。

（3）基于次区域合作的"一带一路"产业合作，以贸易的繁荣为启动。本书通过分析"一带一路"沿线国家的资源禀赋差异、产业优势特征，提出了中国在"一带一路"沿线的产业转移与合作路径。

（4）"一带一路"产业战略实施的核心是金融发挥应有的作用。本书依据金融发展度和风险评估理论，利用世界银行数据库，分析和评估了"一带一路"沿线主要国家的金融发展度、风险水平，由此对"一带一路"沿线的金融合作提出不同层级的合作主体和有效推进路径，并较深入地分析了"一带一路"建设中人民币国际化的条件和动力。

（5）产业的国际化，需要文明和文化的认同和融合，这是"一带一路"建设的灵魂。推进"一带一路"建设中国文化产业发展战略有两项基本任务：一是让世界了解中国、让中国了解世界，二是让中国影响世界、让世界接受中国。本书提出了通过带有中国特色的文化产业在"一带一路"建设中实现产业转移和合作的路径。

本书内容分工如下：第一章：钟永祥，第二章：苏兆国，第三章：罗煜，第四章：涂锦，第五章：涂锦、陈雷，第六章：钟永祥。全书由涂锦统稿。

目录 contents

第一章　历史的启示——构建经济、文化、政治三位一体的大三角战略 ………………001

第一节　"一带一路"倡议的认知误区 ……………001
第二节　反思：中国产业国际化进程遭遇的问题 ……002
第三节　世界四大文化圈与"一带一路"产业战略 …006
第四节　从世界历史视野理解"一带一路"倡议 ……009
第五节　系统论视角下的区域文明系统构成 …………014
第六节　"一带一路"倡议的本质：中华文明输出战略 …021

第二章　"联通"——"一带一路"建设的优先产业 ……………023

第一节　"一带一路"经济走廊基础设施产业现状 …024
第二节　基础设施建设促进"一带一路"产业发展 …035
第三节　"一带一路"基础设施建设推进模式
　　　　——中国经验 ………………………………043

第三章　"一带一路"倡议实施的重点环节——贸易畅通的核心动力与实现 ……………048

第一节　"一带一路"沿线各国的贸易结构分析 ……048
第二节　"一带一路"沿线各国的贸易增长分析 ……065

第三节 "一带一路"沿线国家实现贸易互通模式与对策·078

第四章 金融领引
　　——"一带一路"倡议实施的关键产业⋯⋯⋯110
　　第一节 金融业与"一带一路"产业战略关联机制⋯⋯110
　　第二节 "一带一路"沿线国家金融发展现状⋯⋯⋯⋯123
　　第三节 "一带一路"沿线国家金融合作与实践⋯⋯⋯137
　　第四节 "一带一路"沿线国家金融合作的风险⋯⋯⋯166

第五章 "一带一路"产业战略与人民币国际化⋯⋯⋯⋯179
　　第一节 人民币国际化的机遇和挑战⋯⋯⋯⋯⋯⋯⋯179
　　第二节 人民币国际化助力"一带一路"产业发展⋯⋯183
　　第三节 "一带一路"建设为人民币国际化带来新机遇⋯190
　　第四节 发达国家货币国际化的历史经验及启示⋯⋯⋯192

第六章 "一带一路"产业战略的灵魂
　　——文化产业战略⋯⋯⋯⋯⋯⋯⋯⋯⋯⋯⋯⋯⋯201
　　第一节 "他山之石"之一：美国的文化产业国际化⋯201
　　第二节 "他山之石"之二：日本的文化产业国际化⋯207
　　第三节 "一带一路"中国文化产业战略实施路径⋯⋯212

参考文献⋯⋯⋯⋯⋯⋯⋯⋯⋯⋯⋯⋯⋯⋯⋯⋯⋯⋯⋯⋯⋯219

第一章 历史的启示 —— 构建经济、文化、政治三位一体的大三角战略

第一节 "一带一路"倡议的认知误区

国内对"一带一路"倡议的认知、理解,可能存在一个认识误区:仅仅从单纯的经济方面来理解"一带一路",简单地从产业战略、区域战略的角度进行研究。虽然提出了许多具有现实意义和操作价值的构想,但从世界历史、人类文明的高度看,这种眼界和视角是非常狭隘、非常片面的。

如果只从经济层面去谈"一带一路"建设,不仅缺少历史眼光、缺少文化视野,也缺少真正的战略头脑。这种仅仅考虑经济因素的想法,不免流于简单、肤浅、片面、残缺,而且很难真正实现。

要实现真正的"一带一路"倡议,需要认真思考"一带一路"倡议的本质,理解"一带一路"倡议对世界、对历史产生的影响,才能找到正确答案。

在战术层面,需要思考如下问题:

(1) 如何防范、化解"一带一路"倡议实施中的政治风险(国际政治局势风险、目标国国内政治局势风险、外交风险、军事风险)?

(2) 如何应对文化冲突对"一带一路"倡议产生的影响?

(3)"一带一路"倡议实施将会给中国带来什么变化?

在战略层面,需要思考如下问题:

(1)"一带一路"倡议实施十年、二十年、五十年之后,中国对世

界将产生什么影响?

（2）一百年、二百年甚至一千年以后,"一带一路"建设会在人类历史中留下怎样的印记?

基于以上问题的思考,本书提出如下观点:

（1）"一带一路"建设应该是经济、文化、政治三位一体的。

（2）"一带一路"建设应该是现代中国对世界各国做出巨大贡献的国家经济战略。

（3）"一带一路"建设应该是中国再一次为世界文明注入动力和活力的历史战略。

（4）"一带一路"建设应该是传播中国文化、扩大中华文明影响力的文化战略。

因此,本书遵循三位一体的原则,从经济、文化、政治三方面进行系统设计、综合平衡,达到相互支持、相互匹配的目的。

"一带一路"大三角战略中各个战略的地位是:

（1）经济战略是"一带一路"建设的基石;

（2）文化战略是"一带一路"建设的灵魂;

（3）政治战略是"一带一路"建设的卫士。

第二节 反思：中国产业国际化进程遭遇的问题

中国从改革开放以后,经济迅速发展,已经成为世界第二大经济体,到2015年,中国GDP（国内生产总值）已达67.67万亿元,达到10万亿美元的数量级。在经济发展过程中,随着开放的扩大,特别是21世纪以来中国"走出去"之后,中国国际化进程不断加速,到2012年,中国对外投资总额达到1400亿美元,首次超过吸引外资总额,成为资本净输出国。中国的国际化进程取得了重大成就,但是也遭遇了许多困难,面临若干问题。这些问题可以概括为经济、文化两方面的因素。

一、经济方面

1. 对投资目标国政治、经济、文化了解不足，造成巨大的投资风险和实际损失

这方面最典型的就是中国对沙特麦加轻轨铁路的建设。该铁路长度仅 18.06 千米、预算造价为 17.7 亿美元，接近 1 亿美元/千米，远远高于国内 1 亿~2 亿元/千米的成本。项目论证时都以为可以获得可观的利润，但由于对沙特当地的政治、经济、文化了解不足，出现了许多事前未能预见的干扰因素，最终导致 41.53 亿元人民币的巨额损失。

2. 对国际市场变化的影响因素考虑不周，导致无法应对市场变化

对外工程承包、对外商品贸易与外汇汇率波动直接相关，但中国企业普遍缺少金融意识、金融人才和金融工具，几乎不会采用外汇期货市场的工具规避风险，基本上处在"靠天吃饭""听天由命"的状态，导致经营业绩大起大落。例如，兖州煤业大手笔收购澳洲煤矿之后，产生了大量的澳元负债，逐年偿付本息；而澳元汇率波动，每年都出现了数亿至十亿元的汇兑损益，直接使公司经营业绩起伏不定。

3. 外贸出口产品附加值低，外贸结构有待提升

中国外贸进出口结构不合理。出口产品重心较低，以纺织、服装、家用电器等附加值低的产品为主；而进口产品则正好相反，以高附加值的集成电路、电子电气、机电设备、民航飞机等为主。虽然总体来说能维持较大的贸易顺差，但是，初级产品的出口以廉价劳动力和污染环境、消耗资源作为代价，不符合中国的长期利益，只能作为阶段性的策略。如何改善中国的外贸结构、提高出口产品的附加值，是一个重要任务。

4. 在对外贸易中缺少定价权，无论作为最大的买方还是最大的卖方

中国企业在对外贸易中，缺少成为市场领导者的能力和意识，缺

少对相关产品的定价权,在利益方面遭受了巨大的损失。例如,作为世界上最大的钢铁生产国和铁矿石进口国,中国的钢铁企业在与国外的供应商如淡水河谷、必和必拓的贸易中,一直只能被动接受对方的报价,几乎没有讨价还价的能力;导致淡水河谷、必和必拓连续多年大幅提高铁矿石价格,使中国的钢铁企业沦为替供应商打工的角色。又如,中国是世界上最大的稀土生产国和出口国,但是由于长期管理混乱、恶性竞争,中国稀土被大量贱卖到日本、美国等国家,在付出了环境污染和资源消耗的双重代价的情况下,中国并未获得应有的利益。近年来,中国政府对稀土行业进行了整合、对稀土出口进行配额管理,但又招致有关国家指控中国进行贸易保护主义。

5. 政府和企业对国际商业法律和规则缺乏认识,经常遭遇反倾销调查和处罚

在国际贸易中,中国经常遭遇美国、欧洲和其他很多国家的反倾销调查和处罚,包括光伏、钢铁、陶瓷、纺织服装,甚至一次性打火机,几乎中国在世界上具有较强竞争力的产品,都不同程度地面临着反倾销的指控。根据WTO(世界贸易组织)统计,2014年其成员共发起反倾销案件236起,中国涉案63起,占全球的27%,是全球第一涉案大国。大量的反倾销调查,除了相关国家贸易保护这个外部原因之外,还有一个重要的内在原因,就是中国政府和企业都缺少对国际商业法律和规则的认识和了解,不会自觉规避一些显而易见的问题。例如,根据国家的发展战略和产业政策,给予某些国家扶持的产业和企业的一些优惠政策,如税收减免、贷款支持、财政奖励、政府补贴等,往往以国家红头文件的形式直接出现;同时许多上市公司的财务报表也对这类政府补助资金毫不掩饰地公开披露,由此使国外针对中国企业的反倾销调查可以轻松地获得确凿证据,使中国企业应对反倾销调查的努力很难获得成功。对于中国政府和中国企业而言,了解并尊重国际商业法律和规则,在国内产业政策的制定和对有关企业的扶持方面,采用比较含蓄、间接的方式,不轻易授人以柄,应该是一个需要重视的问题。

二、文化方面

1. 文化差异因素对经济合作造成障碍

对中国文化缺少认知导致对中国的误解、曲解。例如，对中医、中药的认知缺失，导致欧美国家将中医中药看作一种巫术，牛黄解毒丸、复方甘草片等被视为禁药，不仅禁止这些药物的出口，甚至连中国公民出国时无意携带这类药品，也会遇到许多麻烦。

2. 对中国文化缺少认同导致部分国家和地区的反华、排华事件

某些国家发生抢劫华人商店、焚烧中国产品的恶性事件，例如，近期美国甚至出现鼓动"抢劫中国人"的歌曲。美国总统特朗普甚至公开宣称，中国是造成美国人就业机会减少的原因。前美国总统奥巴马也说，如果让中国人过上美国、澳大利亚人民一样的生活，将是一场灾难。中国人勤劳、节俭、吃苦的传统美德，不仅得不到这些国家的认同和赞赏，反而成了"中国威胁论"的证据以及仇视中国人的理由。

3. 中国对外输出的产品缺少文化内涵，难以获得高附加值以及可持续性

中国早已成为名副其实的世界工厂，也是世界上最大的贸易国，对外大量输出中国制造的产品。但是，中国产品似乎只有纯粹的实用价值（使用价值）而缺乏附加的文化价值（品牌溢价），一直只能靠廉价来获得市场，从而形成恶性循环。例如，中国是世界上最大的玩具生产国和出口国，但是都是为他人代工的产品或者迎合国外市场的需要而进行的"本土化"产品，缺少中国文化的符号和标志，价格低到论斤卖的地步。再如，富士康为苹果代工生产手机，每台手机的加工制造利润大约为10元人民币，而苹果从每部手机获得的利润则高达数千元。

4. 缺少文化输出意识，导致中国的国际地位和影响与其经济贡献不相匹配

中国作为世界工厂，产品销售遍及全球各地。但是，过去中国专注于输出纯粹的产品，缺少输出中国文化的意识，导致中国的文化影

响力不足，使中国的国际地位与中国的经济贡献严重不匹配。

其实，西方国家的有识人士，预见到未来中国将在世界上扮演越来越重要的角色。比如，一些关于未来的科幻电影对于未来的中国力量给予了高度的重视。美国科幻电影《2012》中"诺亚方舟"由中国制造，《火星救援》中也设想中国的太空站关键时候发挥了决定性作用，《地心引力》中天宫太空站成为宇航员重归地球的最后工具。这说明美国人已经意识到未来中国的国际地位和影响力会持续、显著提升。

5. 缺少文化维系的单一经济关系脆弱、不稳定

古人云："以利交者，利穷则散；以财交者，财尽则绝。"(《战国策·楚策一》)文化作为一种国家与国家之间、人民与人民之间联系的纽带，往往比经济关系更为强大、可靠、持久。加强文化交流，并与经济交流、政治交流相结合，形成强大的合力，对于维持中国与其他国家之间的稳定关系至关重要。

综上所述，中国实施的国际化战略取得了不菲的成果，但也面临许多问题。这些问题集中表现在经济和文化两个领域，在"一带一路"倡议的实施过程中，这些问题依然存在，必须采取综合手段予以系统防范和解决。

第三节 世界四大文化圈与"一带一路"产业战略

一、世界四大文化圈与"一带一路"国家

由于历史因素、地理因素、宗教因素等差异，世界文明形成了不同的文化类型和若干亚文化类型。按照文化学者的观点，整个世界可以大致划分为四大文化圈：基督教文化圈、伊斯兰教文化圈、佛教印度教文化圈和儒教文化圈。

基督教文化圈：历史上受基督教影响，属于主流、强势文化，以欧洲、北美为核心，并向其他地区渗透。又可细分为拉丁文化圈、斯

拉夫文化圈等。

伊斯兰教文化圈：历史上受基督教影响，直至今日宗教色彩依然浓厚，属强势文化。主要分布在中东、北非，并向欧洲、北美、东亚、东南亚等地区辐射。

佛教印度教文化圈：历史上受佛教、印度教的影响，属弱势文化。以印度为核心，扩散到南亚、东南亚地区。

儒教文化圈：历史上受儒家（儒教）思想影响，属弱势文化。以中国为核心，向东亚、东南亚、东北亚等周边地区传播。

文化差异是一种普遍现象，也是一种客观存在。"非我族类，其心必异""道不同，不相为谋"，文化差异在经济、政治、外交、军事方面引发的问题（包括显现的和潜在的），需要引起高度的关注，并采取正确的措施进行提前预防和有效解决。

"一带一路"沿线涉及的国家已达65个，且还在增加，分布在亚洲、欧洲，具体名单如下：

陆上"丝绸之路经济带"和"海上丝绸之路经济带"涉及65个国家和地区，包括东亚的蒙古，东盟10国（新加坡、马来西亚、印度尼西亚、缅甸、泰国、老挝、柬埔寨、越南、文莱和菲律宾），西亚18国（伊朗、伊拉克、土耳其、叙利亚、约旦、黎巴嫩、以色列、巴勒斯坦、沙特阿拉伯、也门、阿曼、阿联酋、卡塔尔、科威特、巴林、希腊、塞浦路斯和埃及的西奈半岛），南亚8国（印度、巴基斯坦、孟加拉、阿富汗、斯里兰卡、马尔代夫、尼泊尔和不丹），中亚5国（哈萨克斯坦、乌兹别克斯坦、土库曼斯坦、塔吉克斯坦和吉尔吉斯斯坦），独联体7国（俄罗斯、乌克兰、白俄罗斯、格鲁吉亚、阿塞拜疆、亚美尼亚和摩尔多瓦）和中东欧16国（波兰、立陶宛、爱沙尼亚、拉脱维亚、捷克、斯洛伐克、匈牙利、斯洛文尼亚、克罗地亚、波黑、黑山、塞尔维亚、阿尔巴尼亚、罗马尼亚、保加利亚和马其顿）。

从文化圈的角度看，这些国家和地区涵盖了基督教文化圈、伊斯兰教文化圈、佛教印度教文化圈和儒教文化圈。入乡问俗、入乡随俗，文化差异是"一带一路"建设应该高度重视的问题。

二、"一带一路"国家的战略环境划分与投资适宜性评级

荀子说："上不失天时，下不失地利，中得人和，而百事不废"（《荀子·王霸篇》）。"一带一路"的成功实施，需要同时具备天时、地利、人和。但不同国家和地区差异巨大，中国企业进入的条件成熟度不同，需要区别对待。

对此，提出两点建议：

第一，划分"一带一路"国家的发展优先等级，重点突破、分批发展、区别对待，切忌贪大求全、全面开花，由于力量分散而导致发展迟缓、进程曲折。

根据政治、经济、社会、技术等条件的综合考虑，将65个国家划分为三个等级：一级优先发展、二级中期开拓、三级远期培养。本着先易后难的原则，力争率先与3~5个一级优先发展国家实施合作、取得成功，作为示范样板，取得成功经验之后再行推广。

客观地说，过去数年"一带一路"建设过程中，对于诸多因素考虑不足，导致若干重大项目（如印尼高铁项目、泰国高铁项目、科伦坡港口项目等）一波三折、好事多磨，产生了不少负面影响。因此，未来在"一带一路"建设时，应该遵循分级评价、分批发展、分期实施的原则。

第二，由国家权威机构牵头组织对65个国家进行投资分级评价。

（1）按照PEST分析（一种宏观环境分析模型，P：Political，政治，E：Economic，经济，S：Social，社会，T：Technological，科技）的框架，深入细化重要影响因子的选择，由国家权威部门制定统一规范的"一带一路"国家基本情况评估表；

（2）组织相关专家（国家有关职能部门、驻外使馆、专家学者、企业家）深入了解每个国家的实际情况，采用德尔菲法由专家组成员对每个国家进行科学、权威、客观、全面的评估，给出明确的投资评

级指数,作为"一带一路"建设中区分"一级优先发展""二级中期开拓"和"三级远期培养"等级的依据,并根据各个国家的发展变化定期或不定期进行调整,作为企业选择进入目标市场的依据;

(3)将系统收集的"一带一路"各个国家的基本情况汇编成册,编制《"一带一路"国家投资指南》丛书,如《印度投资指南》《乌克兰投资指南》等,为从事"一带一路"的企事业单位服务。

第四节 从世界历史视野理解"一带一路"倡议

一、丝绸之路与"海上丝绸之路"的历史意义

狭义的丝绸之路一般指陆上丝绸之路,本书在叙述中所用"丝绸之路"是指狭义上的丝绸之路。广义上的丝绸之路又分为陆上丝绸之路和海上丝绸之路。

陆上丝绸之路起源于汉武帝派张骞出使西域,从而形成其基本干道。它以西汉首都长安为起点,经河西走廊到达西域。它的最初作用是运输古代中国出产的丝绸。因此,1877年,德国地质地理学家李希霍芬(Ferdinand Freiherr von Richthofen)在其著作《中国》一书中,把"从公元前114年至公元127年间,中国与中亚、中国与印度间以丝绸贸易为媒介的这条西域交通道路"命名为"丝绸之路",这一名词很快被学术界和大众所接受,并正式运用。

海上丝绸之路是古代中国与外国交通贸易和文化交往的海上通道,该路主要以南海为中心,所以又称南海丝绸之路。海上丝绸之路形成于秦汉时期,发展于三国至隋朝时期,繁荣于唐宋时期,转变于明清时期,是已知的最为古老的海上航线。

丝绸之路和海上丝绸之路,是中国自西汉以来与周边国家进行经济、文化和政治、军事交流的重要渠道。由于这一历史时期中国的经济、文化、科学技术处于世界领先水平,中国的产品、技术和文化通过丝绸之路和海上丝绸之路源源不断地向外输出,对周边国家的发展

乃至世界文明的进步产生了非常巨大的作用，例如中国四大发明之一的印刷术（包括雕版印刷和活字印刷），就是通过丝绸之路在15世纪传入德国美因兹的谷腾堡，经当地改良后形成了西方文字的活字印刷技术，为思想文化的传播提供了物质基础，对文艺复兴产生了直接的推动作用，促使了西方文明由中世纪文明到近现代文明的进步。同时，丝绸之路和海上丝绸之路也将外来文明传入中国，如佛教文化通过丝绸之路传入中国，菠菜、茄子、蚕豆、葡萄、西瓜、核桃以及胡琴、琵琶、唢呐等在汉代以后也自西域传入中国，极大地丰富了中国人民的物质生活和精神生活；明代以后，通过海上丝绸之路，西学东渐，西方现代科学技术对中国具有启蒙作用，同时，来自于美洲的高产作物如玉米、马铃薯、红薯等也由欧洲中转传入中国，在中国广泛种植，使过去无法栽种水稻、小麦的荒地成为耕地，大幅度增加了粮食总产量，使中国人口在清初突破1亿大关，并不断增长到接近4亿的水平，对中国近代社会产生了不可估量的影响。可以说，丝绸之路和海上丝绸之路是沟通东西方文明的桥梁，对人类文明的进步和人类历史的发展做出了巨大的贡献。

二、世界文明发展的三个阶段

世界文明的发展，大致可以划分为三个阶段：

1. 世界各地文明独立发展阶段

在古代文明发展的初期（原始社会与奴隶社会时期），由于科学技术落后、生产力水平低，人类的活动受制于自然环境，世界各地的文明在有限的地理范围内独立发展，很少接触，当然也很少有冲突和交流、融合。例如，文明起源阶段的古埃及文明、古巴比伦文明、古印度文明、古中华文明，以及美洲古代的印加文明、玛雅文明、阿兹特克文明，基本处在相互隔绝的状态。

2. 世界各地文明接触冲突阶段

在文明发展的中期（奴隶社会后期和封建社会时期），随着科学技术的进步和生产力水平的提高，人类活动范围逐渐扩大，不同文明产生接触、冲突和交流、融合。如古罗马帝国与古埃及王国之间的接触与冲突，中国战国、秦汉以来汉族与匈奴的接触与冲突。这一时期文明冲突的原则是弱肉强食的丛林法则，军事力量的重要性居于首位，多次出现经济文化落后的民族征服经济文化先进的民族的情况，例如，日耳曼等民族入侵导致了罗马帝国的衰落，金人、蒙古人的入侵导致了北宋和南宋王朝的覆灭。当然，落后民族以武力征服先进民族之后，本身也会被先进民族的先进文化所征服。

不同文明接触的过程，可以区分为文化差异与摩擦、文化对抗与冲突、文化交流与融合、文化复兴（或文化衰落）等阶段。

不同类型的文明具有不同特征。某些文明具有封闭性、保守性的特征，很难受其他文明的影响而长期保持独立性、独特性；某些文明则具有开放性、兼容性的特征，容易吸收其他文明的积极因素并与自身的特色结合，推动自身不断向前发展完善，例如中华文明。

需要说明的是，中华文明长期被当作一种封闭、保守的文化，这其实是一个巨大的误解。中华文明的最大特征，恰恰就是开放性、兼容性，非常善于与其他文明和平共处，并且善于从其他文明中吸收养分促进自身的发展。例如，西周时期中国的文化基本是统一的，是"礼乐征伐自天子出"的"大一统"文化；而春秋战国时期王室衰微，"礼乐征伐自诸侯出"，由合而分，各国文化差异巨大；秦汉统一之后，在整合各国文化的基础上（包括吸收少数民族"蛮夷"的文化），形成了新的统一的汉文化，具有强大的生命力，奠定了汉王朝强盛的基础；东晋十六国到南北朝时期，北方少数民族入住中原，与汉文化之间产生了激烈的冲突与对抗，但最后北方少数民族被先进的汉文化所征服（最典型的是北魏孝文帝改革），开始了学习汉文化的历程，同时汉文化也积极吸收少数民族文化中的积极因素，在传统的汉文化中增加了少数民族文化的成分（如中国传统家具卧床、椅子等高型坐具等都是唐代学习少数民族而来的），由此孕育了强大的大唐文化；后来的宋、元、明、清（前期），中华文明都充分显现出其开放性、兼容性的特征。

中华文明被误解为保守、封闭的文化，其实是清中期到晚期的特殊现象。清朝统治者腐败无能，无法对抗西方列强的坚船利炮，企图采用闭关锁国的政策，维持大清帝国的荣耀。这种消极政策不仅导致了清王朝的积贫积弱，也使中华文明被误解为保守、封闭的文化。

中华文明的核心价值观之一，就是"和"。孔子说"礼之用，和为贵"，人类社会的人际关系法则（礼）的根本作用，就是维持人与人的和谐；"和而不同"，强调的是通过多样性来实现稳定性，也是兼容并包思想的具体体现。

中华文明的兼收并包，吸纳了世界上无数的外来文明，也丰富了中华文明的内涵。

3. 西方文明主导世界文明阶段

以基督教文明为特征的西方文明，自 15 世纪以来逐步成为世界文明中最强势的文明。从文艺复兴到宗教改革再到法国启蒙运动，西方文明的思想枷锁逐步被打碎，人性的解放释放出巨大的精神力量；伽利略的日心说、牛顿力学体系的建立，极大地促进了科学技术的进步；蒸汽机、内燃机、电动机、电报、电话、核能、计算机、网络的发明，工业革命极大地促进了生产力的提高；哥伦布发现新大陆，拓展了人类活动的空间。凡此种种，使西方文明在最近五百年中一枝独秀，成为主导世界文明的力量。

西方文明的中心，发生过几次重要的转移，文艺复兴时期是意大利；航海运动与地理大发现时期是葡萄牙、西班牙、荷兰；工业革命时期则是英国；从 20 世纪以来特别是第二次世界大战之后，则转移到了美国。无论是经济总量，还是科学技术的成果，以及国际影响力，美国已成为西方文明的代表，同时也成为世界文明中最强势的文明。

但是，以美国为代表的西方文明，具有一个根本性的缺陷：排他性。尽管美国文明、西方文明具有较大的开放性，但是都以征服其他文明为前提，很难做到兼收并蓄，无法与其他文明平等相处。原因在于，西方文明的历史渊源是基督教，基督教是典型的一神教，《摩西十诫》中第一戒即为"除耶和华外不可信奉其他的神"，因此，这种排他性的宗教必然孕育出排他性的文明，引发与其他文明的强烈冲突。最典型的就是中世纪的"十字军东征"，持续将近两个世纪，就是基督教与伊斯兰教之间的生死决战。直到今天，以美国为代表的西方国家与伊斯兰教国家之间斗争不断，追根溯源，都与西方文明的排他性直接或间接相关。特别是叙利亚问题引起的中东难民涌入欧洲甚至美国之后，文明冲突的风险正在逐步聚集，如不能妥善解决，将严重影响世界和平与稳定以及人类文明的进步与发展。

因此，以美国为代表的西方文明，对世界文明的进步和发展做出了巨大贡献；但是由于具有排他性的特征，无法与其他文明和谐相处，总是自觉不自觉地谋求征服其他文明、同化其他文明，引起其他文明的强烈反抗和冲突，无法真正成为被广泛接受、认同的世界领导者。

三、中国和平崛起时代与"一带一路"倡议

从世界历史与人类文明的角度思考"一带一路"倡议，会有许多崭新的发现。

中国是一个具有五千年文明史的古国，从夏商周时期到唐宋时期，中国的经济、文化、科学技术一直在全球处于领先地位，对世界文明的发展做出过巨大贡献；只是到了明清时期才被西方逐步超越。即使是在明清时期，中国的文化和科学技术落后于西方的发展，但是经济实力仍属世界第一。据专家估算，乾隆时期，中国的GDP世界第一，约占全球总量的40%。

鸦片战争以来，中国成为西方列强鱼肉的对象，开始了上百年丧权辱国的历史。中华人民共和国成立之后，中国的发展进入一个全新的阶段，但由于历史原因，1949—1978年中国的发展没有达到理想的状态。十一届三中全会之后，中国的改革开放全面展开，并且不断深

入、深化，经过近 40 年的持续高速发展，中国已经积聚了强大的实力，具备了作为一个大国"和平崛起"的条件。

从世界历史和人类文明的角度看，"一带一路"倡议是中国和平崛起的国家战略，就是中华文明影响世界文明的文化战略，同时也是为人类发展历史注入中国力量、中国元素的历史战略。

第五节 系统论视角下的区域文明系统构成

20 世纪中期，英国著名历史学家汤因比在鸿篇巨制《历史研究》中提出，任何文明都包括经济、政治、文化三个基本的组成部分，具备了运用系统论方法研究文明和社会的思想萌芽。20 世纪 80 年代初期，国内学者明确地将系统论的方法论引入到史学研究之中，采用系统论思想对社会结构和社会发展演变进行分析、研判，取得了非常巨大的成功。其代表人物金观涛、刘青峰撰写的《兴盛与危机——论中国社会超稳定结构》当属开山之作——运用同样的系统论方法研究古罗马帝国的兴衰、古埃及王国的蜕变，产生了振聋发聩的效果。

尽管金观涛和刘青峰的观点是否正确有待商榷，一些非学术因素的干扰也会影响到具体的评价，但不容置疑的是，运用系统论思想研究社会、研究历史，将提供一个更为开阔的视野。

按照系统论的原理，任何研究对象都可以看作一个系统。人类社会无论是历史上的社会形态还是今天的社会形态，都可以当作一个系统进行研究，这为用系统论的原理、方法、工具、规律研究社会问题、历史问题提供了一种全新的工具。

据此，可以提出如下观点作为"一带一路"的研究假设：

一、社会三大子系统：经济、文化、政治

任何人类社会的系统都包含经济子系统、文化子系统、政治子系统三个核心要素，可视为多层次的复杂大系统。

根据汤因比、金观涛等人的研究，人类社会作为一个复杂大系统，由若干子系统构成，其中，最为重要的二级子系统包括经济子系统、文化子系统、政治子系统；每个二级子系统又可以划分出若干三级子系统（如经济子系统可以划分为农业子系统、工业子系统、商业贸易子系统等），如表 1.1 所示。

表 1.1 文明系统与子系统

大系统	二级子系统	三级子系统
文明（社会）	经济子系统	农业子系统
		工业子系统
		商业子系统
		金融子系统
		交通子系统
		外贸子系统
		……
	政治子系统	国家体制子系统
		法律制度子系统
		军队警察子系统
		外交子系统
		意识形态子系统
		……
	文化子系统	语言文字子系统
		道德伦理子系统
		教育子系统
		宗教子系统
		民俗生活子系统
		……

二、文明存在的前提：适应环境

任何社会系统存在的前提都是适应环境，对环境的挑战积极地迎战，这是阿诺德·约瑟夫·汤因比《历史研究》最核心、最重要的观点。如图 1.1 所示。

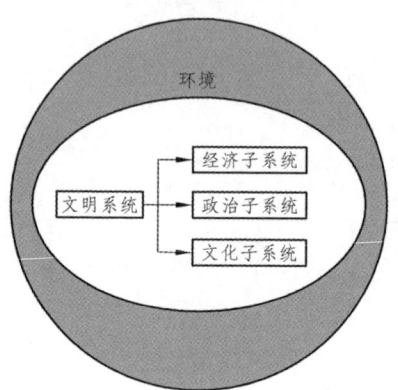

图 1.1　环境与文明系统

任何一种文明，都存在于一定的环境（自然环境与社会环境）之中，必须适应环境。当环境发生变化——出现挑战时，文明必须对挑战做出应对，要么付出足够的努力控制环境的不利变化，要么改变自身以适应变化了的环境。

例如，自战国时期至秦汉，华夏民族多次遭受来自北方少数民族（匈奴）的武力侵犯，华夏文明遇到严重的生存危机。在此情况下，各国纷纷修筑长城以抵御外族入侵，秦王朝更是修筑了举世闻名的万里长城进行防御，汉武帝出征匈奴，等等，这些属于华夏文明力图抑制环境变化所进行的努力。而赵武灵王胡服骑射，则是通过改变自己来适应环境的举措。

文明的生命力，就在于能不断适应环境的变化，虽沧海桑田而不废、历千秋万载而弥新。当一种文明无法对环境的挑战做出积极的应战时，文明的生存空间被逐步挤压，文明本身逐渐衰败，最后灭绝、消失。

在世界四大古文明中，古巴比伦文明、古埃及文明都早已毁灭，只留下遗迹供后人凭吊；古印度文明虽传承至今，但今天已经沦落为一种弱势文明，正在被西方文明逐步消融。唯有中华文明自 5000 年以前连绵不绝、延续至今，并且日益强大，对世界产生了越来越大的影响，这充分说明了中华文明的强大生命力。

所以，汤因比指出：19世纪是英国人的世纪，20世纪是美国人的世纪，而21世纪则是中国人的世纪。

三、文明演进的四个阶段

按照汤因比的观点，任何一种文明的发展里程，可以分为起源、成长、衰落、解体四个阶段。

文明的起源：文明的起源来自于人类应对环境的挑战。挑战形成了一种生存压力，同时也提供了一种文明动力。例如，新疆的干旱少雨是一种恶劣的自然环境条件，但促使当地人发明了"坎儿井"这种灌溉方式。适度的挑战有利于文明的起源，过大的挑战容易导致文明夭折，太小的挑战则无法促使文明萌芽。

文明的成长：文明萌芽之后，可能会成长，也可能会一直停留在婴儿期。例如爱斯基摩人在数千年前就已经在北极圈附近从事狩猎与捕鱼、采集活动，但是直到19世纪依然停留在数千年前的水平，这种文明就几乎没有成长，一直在原地踏步。文明成长的条件包括宏观因素与微观因素：宏观因素是对环境的占有力量扩大，或者说生产力水平提高，能更大、更好、更深刻地改造自然环境以适应人类的需要；微观因素是文明日益积累、同时精神自觉能力与自我表现能力日益增长，形成文明的"自决"发展。少数人创造，多数人模仿，由此推动了文明的进步。如爱迪生发明电灯后，电灯逐步取代油灯、蜡烛，贝尔发明电话之后，电话迅速普及，改变了人们的生产方式和生活方式。

文明的衰落：当文明丧失"自决能力"之后，就进入衰落阶段。占据统治地位的少数人失去了创造性和号召力，而多数人则失去了对少数人的支持和模仿。文明的生命力下降，对外部挑战失去了应战能力。例如，清朝从乾隆、嘉庆以来，政治黑暗、官员腐败、思想禁锢、闭关锁国，所以，尽管拥有当时世界上最大的GDP份额，但是已经进入衰落时期，大而不强，最后成为外国列强蚕食鲸吞的目标。

文明的解体：当一种文明丧失了对环境挑战的应战能力之后，文明开始衰落。如果不能进行及时、有效的改革、调整，文明将被来自内部或者外部的力量破坏，最终走向解体。例如，埃及古王国曾经非常强大，但是第五王朝开始弱化中央政府的权力导致控制力减弱，削弱法老的权力又激化了宗教与世俗政权的矛盾，王国逐步走向衰弱，在公元前2200—前2150年又经历了持续50年的干旱少雨气候，饥荒蔓延，战乱不断，最终葬送了埃及古王国。

四、"社会大三角"与社会稳定的条件：经济、政治与文化相互适应、相互支持

一个社会稳定存续的前提条件，就是经济子系统、文化子系统、政治子系统相互适应、相互支持，形成一个稳定的系统大三角（如图1.2所示）。例如，西周时期是奴隶制文明蓬勃发展的时期，社会稳定，经济繁荣，国力强盛，其内在原因在于：经济上的井田制（土地国有或王有，"普天之下莫非王土"）的生产资料所有制与政治上的集权分封制（分封建国，拱卫王室，"率土之滨莫非王臣"）以及文化上的大一统思想观念（"《春秋》所以大一统者，六合同风，九州共贯也"）达成了高度的契合，生产力与生产关系、经济基础与上层建筑相互协调、相互配合，产生了良性共振，创造了古代文明的辉煌。

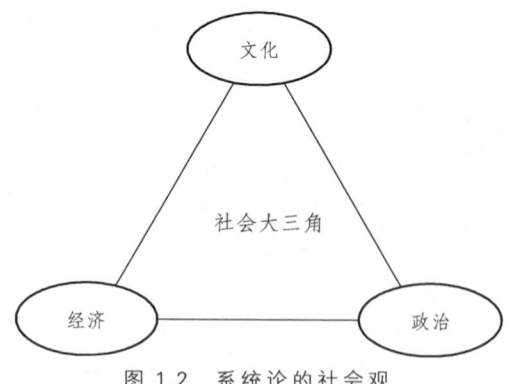

图1.2 系统论的社会观

当一个社会进入稳定状态，经济子系统、文化子系统、政治子系统相互匹配、相互适应，通过共振产生巨大的合力，这是社会最富有创造性、最具有生命力的鼎盛时期。中国历史上的西周初期、西汉中期、唐代初期就是这种状态。

根据阿诺德·约瑟夫·汤因比的研究成果，不同类型的文明在经济、文化、政治三者的匹配性方面存在重大差异，有三种基本的类型：

古希腊文明（文化统一、政治分裂）：特点是各城邦国家经济联系密切、政治体制独立、文化体系相同，所以这种文明在文化上的贡献很大，但自身无法强大，最终被罗马人消灭。

犹太文明（文化统一、无政治实体）：其特点是文化统一、经济独立、缺少政治实体。犹太人非常优秀，向来以勤劳、智慧、富有创造性闻名。

中华文明（经济、文化、政治大一统）：中国五千年的历史可以看作一部大一统的历史，从夏商周时期开始，大一统就是主旋律；虽然历史上出现过南北朝、五代十国等或长或短的分裂局面，但都是一种非稳定状态，最终还是回复到大一统的格局。并且，即使是在分裂时期，每一个政治实体（南北朝时期南朝的宋、齐、梁、陈，北朝的北魏、东魏、西魏、北齐、北周等）内部，依然保留了大一统的基本特征。中国古话说"天下大事，分久必合、合久必分"，可以说，纵观中国历史，不是处于"大一统"，就是在走向"大一统"的路上。

五、"社会大三角"在历史进程中的非同步性

在一种文明形成和发展的过程中，经济子系统、政治子系统和文化子系统往往并非齐头并进地发展，而是有先有后，表现出非同步的特征。

文明起源阶段：往往是某一子系统领先，其他子系统滞后。例如西汉初期（从汉高祖、孝惠帝到汉文帝、汉景帝），经济子系统率先完成大一统的进程，但政治子系统则相对滞后，并未完成中央集权的大

一统（例如有异姓封王和吴楚七国之乱），文化子系统的同步也未完成（如汉初奉行黄老之术，以道家思想作为统治思想；刘邦自命为赤帝之子，五行中得火德，色尚红等）。

文明的成长阶段：经济、文化、政治三个子系统逐步形成同一模式、同步发展，形成三个子系统相互支持、相互适应的最佳模式，使文明的生命力达到巅峰。例如，汉武帝通过削藩消除地方割据势力，强化中央集权，完成了政治子系统的演变；通过罢黜百家、独尊儒术确立了儒家思想的绝对地位，以及按传统的五行相克理论改汉为得土德、色尚黄、明正朔，实现了文化子系统的同步。至此，经济、文化、政治子系统完成了相互支持的逻辑同构，奠定了西汉强盛的基础。

文明的衰落阶段：经济、文化、政治三个子系统也并非同时出现问题，通常是某一子系统出现问题、其他子系统依然正常运行，这时文明还具有生存的惯性，也具备自我修复的可能。例如，西汉晚期，宦官集团与外戚集团争权夺利、把持朝纲，政治子系统出现严重问题，但此时的经济子系统、文化子系统依然正常运行，所以，虽然经历了王莽代汉和绿林赤眉起义等政治事件的冲击，最后光武帝刘秀重建了东汉王朝。

文明的解体阶段：经济、文化、政治三个子系统可能同时出现问题，文明无法自我修复，解体、消亡是必然结果，并在旧文明的废墟上出现新的文明。例如，晚清帝制为何最终消灭？原因在于：经济子系统方面，现代工商业逐步兴起，在国民经济中占据越来越重要的作用，传统的农业农耕为主的经济结构正经历一场巨大的变化，帝制的经济基础彻底动摇，生产力的发展要求生产关系做出相应的调整；政治子系统方面，清朝政府腐败无能、丧权辱国，引发了全体国民的不满，吏治腐败、军阀割据削弱了帝国的统治力量；文化子系统方面，鸦片战争以来清政府一系列失败动摇了皇权至高无上的信念，西学东渐导致民主、宪政思想在社会逐渐传播，反清复明的口号激发了国民人数最多的汉族人民的民族感情。经济、文化、政治三个子系统发生死亡共振，具有排山倒海之力，汇成滚滚向前的历史潮流，任何力量都无法扭转。所以，无论是康有为、梁启超的"戊戌变法"，还是清末的"君主立宪"伎俩，都无法抵挡历史前进的脚步。青山遮不住，毕竟东流去。后来袁世凯称帝、张勋拥溥仪复辟，都只是螳臂当车的闹剧而已。

"他山之石，可以攻玉"，系统论的历史观、社会观可以为我们更深刻地理解社会本质、科学实现"一带一路"倡议提供思考的基本框架。

第六节 "一带一路"倡议的本质：中华文明输出战略

前已述及，"一带一路"绝非简单的经济战略（产业战略、区域战略），而是现代中国对世界各国做出巨大贡献的国家战略，是中国再一次为世界文明注入动力和活力的历史战略，也是传播中国文化并扩大中华文明影响力的文化战略，要想成功实施，必须系统设计经济、文化、政治三位一体的超级大战略。

作为一个人口数量世界第一、经济总量世界第二的国家，中国应该承担起大国的责任，对世界做出应有的贡献；作为一个有五千年文明历史、曾经对世界文明的进步做出巨大贡献的文明古国，在21世纪应该再次为世界文明注入新的活力与动力，促进世界的和平与发展，为人类文明增添更多的中国元素。

改革开放是中国坚持不变的基本国策。需要说明的是，开放应该是双向开放，既有输入，也有输出。但在不同的发展阶段，会有不同的侧重点。

中国改革开放初期，由于自身底子薄、实力弱，中国的开放比较侧重于输入，对外引进资金、技术和文化，促进了中国的发展与进步，可以说属于比较初级的"输入型单向开放"。在这一历史进程中，中国像一块巨大的海绵，默默地吸收了来自世界的养分，使自己快速成长，创造了中国奇迹，也为未来的发展奠定了强大的基础。

在 21 世纪的发展中，随着中国自身实力的强大和作为一个大国的崛起，中国应该升级实行"输入—输出双向开放"的策略，一方面继续从世界输入先进的元素，另一方面也应该积极对外输出中国元素，扩大中国对世界的影响，增加中国对世界的贡献。而"一带一路"正是"输入型单向开放"向"输入—输出双向开放"转变的转折点，因此更加侧重于输出。正如一位伟人所说："中国是一个大国，应该对人类文明有所贡献。"

按照系统论的历史观和社会观，输出应该同时包括经济子系统输出、文化子系统输出和政治子系统输出三方面，并且相互支持、相互促进，才能获得成功。单一的经济输出从结构上看是残缺的，从实施上得不到文化和政治的支撑，注定无法真正成功。

第二章 "联通"——"一带一路"建设的优先产业

基础设施（我们这里指的是狭义的基础设施）是经济的增长的动力之一。狭义的基础设施则以交通基础设施为主，包括公路、铁路、桥梁、港口、机场、通信、水利、电站、能源管道等诸多物质资源的运输手段。

通过加强基础设施建设来推动经济发展，已经取得了成功的经验成果。例如1930年左右美国针对经济大萧条推出的"罗斯福新政"，大规模推进基础设施建设成为美国经济的基础。社会各界对基础设施的重要性是有广泛共识的。

基础设施联通是"一带一路"建设的"五通"之一，是建设的关键点之一，尤其是交通基础设施的联通。现阶段，"一带一路"基础设施建设滞后，阻碍了"一带一路"沿线国家间的经济合作。"一带一路"建设已经在促进沿线地区经济的发展方面取得了显著成绩，但各地区基础设施建设仍需进一步加强。根据世界经济论坛发布的全球竞争力指数报告，在2014—2015年间，仅有不到10%的国家的基础设施竞争力指数高于基础竞争力指数（基础竞争力指数是涵盖基础设施、制度环境、医疗健康、教育培训等方面的复合指数）。这说明，对大多数沿线国家而言，基础设施建设亟待加强。亚洲开发银行曾做过测算，亚洲地区基础设施建设及互联互通建设所需资金每年约为7500亿美元，还远不能在经济饱和状态下发展时满足基础设施建设的资金需求。

"一带一路"的基础设施联通与其他方面的联通是协调共建的。各方面的联通都发挥着不可或缺的作用,对于"一带一路"目标的实现具有重要的意义。如"政策沟通"提高互通效率、"贸易畅通"使基础设施建设能取得实际效益、"资金融通"消除基础设施建设资金瓶颈、"民心沟通"可以稳定国际关系,降低基础设施建设运营和维护的政治风险。总之,由上述分析可见,基础设施互联互通必须优先予以建设,为"一带一路"沿线国家强化合作的提供保障。尤其是交通基础设施建设对沿线国家产业发展的推动作用是"一带一路"中最基础的、最重要的目标。

但是,总体来看,目前"一带一路"沿线国家经济发展程度较低,基建投资支出不足,基础设施普遍落后。沿线各国由于经济发展水平、国内国际政治环境的制约,其交通运输的标准、政策差异性很大,国际运输水平普遍较低。同时,从中国国内看,各地区交通基础设施建设不均衡,尤其是西北部各省区铁路、公路及高速公路密度在全国排名靠后,为实现"一带一路"各国间的基建对接,西北部的城市建设、交通运输网络等基建领域投资有较大空间。综上所述,强化基础设施建设必将引领"一带一路"倡议的实现,基础设施互通互联是"一带一路"建设的优先领域。

本章的内容包括了介绍"一带一路"沿线国家的交通基础设施产业的现状,分析交通基础设施建设对一国或地区的产业推动的动力性和其推动产业发展的途径,便于我们认识交通基础设施建设对于"一带一路"倡议实现的优先性和其重要地位。

第一节 "一带一路"经济走廊基础设施产业现状

"一带一路"跨越亚、欧、非三个大陆板块,经济发展现状各不相同,其中东亚的经济具有活力,欧洲的经济发达,其他地区国家的经济比较落后,但却有巨大的发展潜力。其中,"丝绸之路经济带"的重点是公路、铁路的建设,建立起中国、中亚和欧洲陆路联系。"21世纪海上丝绸之路"的重点是水运建设，建立中国沿海港口与印度洋、南太平洋的海运联系。

根据"一带一路"走向，交通基础设施联通的重点体现在，陆上依托国际大通道，以沿线中心城市为支撑，以重点经贸产业园区为合作平台，共同打造新亚欧大陆桥、中蒙俄、中国—中亚—西亚、中国—中南半岛等国际经济合作走廊；海上以重点港口为节点，共同建设通畅安全高效的运输大通道。中巴、孟中印缅两个经济走廊与推进"一带一路"建设关联紧密，要进一步推动合作，取得更大进展。

"一带一路"建设应抓住交通基础设施的关键通道、关键节点和重点工程，优先打通缺失路段，畅通瓶颈路段，配套完善道路安全防护设施和交通管理设施设备，提升道路通达水平。推进建立统一的全程运输协调机制，促进国际通关、换装、多式联运有机衔接，逐步形成兼容规范的运输规则，实现国际运输便利化。推动口岸基础设施建设，畅通陆、水联运通道，推进港口合作建设，增加海上航线和班次，加强海上物流信息化合作。拓展建立民航全面合作的平台和机制，加快提升航空基础设施水平。

下文对基础设施产业现状的介绍，我们以"一带一路"沿线国铁路和航空设施的产业现状为主，突出重点国家和地区，将六条经济走廊逐一进行对比分析。通过分析我们可以看到主要经济走廊沿线国交通基础设施的现状，为我们推进"一带一路"的基础设施建设提供参考方向。

一、中蒙俄的基础设施产业现状

中蒙俄经济走廊共有两条线路：第一条线路，在中国的地区包括京、津、冀和呼和浩特市，经过蒙古抵达俄罗斯；第二条线路，在中国的地区包括大连、沈阳、长春、哈尔滨，经过满洲里抵达俄罗斯的赤塔。

中蒙俄经济走廊建设重在加强铁路、公路等互联互通建设。中蒙俄经济走廊沿线涉及3个近邻国家：中国、蒙古和俄罗斯，分析其交通基础设施建设现状对于加强互联互通建设是必要的前提。

（一）铁路建设

分析1990年、2000年、2006年至2014年共11年的中国和俄罗斯铁路总里程数据（缺失数据补齐按照插值法取相邻两年铁路总里程数的均值），可以得到中俄铁路建设的发展现状，如表2.1所示。

表2.1　中国和俄罗斯铁路总里程发展现状　　单位：千米

时间	1990	2000	2006	2007	2008	2009	2010	2011	2012	2013	2014
中国	53 378	58 656	63 412	63 637	60 809	65 491	66 239	66 050	66 298	66 298	66 989
俄罗斯	85 969	86 075	85 117	84 158	84 158	85 194	85 292	85 167	84 249	84 249	85 266

数据来源：世界银行。

从表2.1可见，俄罗斯铁路总里程数明显高于中国铁路总里程数，但是这种差距呈现出缩小的趋势，由1990年的32 591千米缩小到2014年的18 277千米。俄罗斯的铁路建设比较发达，中国的铁路建设相对落后，但中国铁路总里程数在不断地增长，24年增长了13 611千米，增长了25.5%。

（二）空港建设

分析中国和俄罗斯2000年、2006年至2015年共11年的航空货运量数据，可知中国和俄罗斯空港建设的发展现状，如表2.2所示。

表2.2　中国和俄罗斯空港建设的发展现状　　单位：百万吨·千米

时间	2000	2006	2007	2008	2009	2010	2011	2012	2013	2014	2015
中国	3 900	7 692	11 190	11 386	11 976	17 193	16 764	15 568	16 053	17 823	19 806
俄罗斯	1041	1926	1224	2400	2306	3532	3900	4132	4249	4414	4761

数据来源：世界银行。

从表2.2可知，中国的航空货运量不论是总量还是增长速度都超过了俄罗斯。2015 年中国航空货运量为 19 806 百万吨·千米，俄罗斯航空货运量为 4761 百万吨·千米，中国航空货运量是俄罗斯的 4 倍还要多。2000 年至 2015 年期间，中国航空货运量的增长平均速度为 27.2%，俄罗斯航空货运量的增长平均速度为 23.8%，中国航空货运量增长速度比俄罗斯高约 3.4 个百分点。

二、新（第二）亚欧大陆桥的基础设施产业现状

新亚欧大陆桥又名"第二亚欧大陆桥"，在中国的地区是由陇海铁路和兰新铁路沿线地区组成，包括江苏、安徽、河南、陕西、甘肃、青海、新疆 7 个省区，到哈萨克斯坦的阿拉山口，最后抵达荷兰的鹿特丹港。中线经俄罗斯铁路抵达鹿特丹港，全长 10 900 千米，辐射世界 30 多个国家和地区。

（一）铁路建设

利用中国、哈萨克斯坦、俄罗斯和荷兰从 1990 年、2000 年、2006 年至 2014 年共 11 年的铁路总里程数据（缺失数据补齐按照插值法取相邻两年铁路总里程数的均值），可以得到中国、哈萨克斯坦、俄罗斯、荷兰铁路建设的发展现状，如表 2.3 所示。

表 2.3　中国、哈萨克斯坦、俄罗斯、荷兰四国 11 年铁路建设总里程

单位：千米

时间	1990	2000	2006	2007	2008	2009	2010	2011	2012	2013	2014
中国	53 378	58 656	63 412	63 637	60 809	65 491	66 239	66 050	66 298	66 298	66 989
哈萨克斯坦	14 465	13 545	14 205	14 205	14 205	14 205	14 202	14 184	14 319	14 319	14 329
俄罗斯	85 969	86 075	85 117	84 158	84 158	85 194	85 292	85 167	84 249	84 249	85 266
荷兰	2798	2802	2776	2776	2896	2886	3016	3016	3016	3016	3016

数据来源：世界银行。

从表 2.3 可见，对于铁路的总里程数量，俄罗斯铁路总里程数明显高于中国、哈萨克斯坦和荷兰三国各自的铁路总里程数，其中哈萨

克斯坦、荷兰铁路的总里程数相比中国、俄罗斯两国存在明显的差距。中俄铁路总里程数逐年的平均水平之差为 21 603 千米，但中俄之间的差距呈现出缩小的趋势，由 1990 年的相差 32 591 千米缩小到 18 277 千米。俄罗斯的铁路建设比较发达，中国的铁路建设相对落后，但中国铁路总里程数在不断地增长，24 年增长了 13 610 千米，年均增长 25.5%。

哈萨克斯坦、荷兰两国的铁路总里程数比较低，但哈萨克斯坦铁路总里程数要高于荷兰，逐年的平均水平之差为 11 288 千米，并且两国的这种差距比较稳定。

（二）空港建设

利用中国、哈萨克斯坦、俄罗斯和荷兰 2000 年、2006 年至 2015 年共 11 年的航空货运量数据，可知中国、哈萨克斯坦、俄罗斯、荷兰空港建设的发展现状，如表 2.4 所示。

表 2.4　中国、哈萨克斯坦、俄罗斯、荷兰空港建设的发展现状

单位：百万吨·千米

时间	2000	2006	2007	2008	2009	2010	2011	2012	2013	2014	2015
中国	3900	7692	11 190	11 386	11 976	17 193	16 764	15 568	16 053	17 823	19 806
哈萨克斯坦	11.75	16.38	17.21	16.49	14.58	42.38	50.98	53.98	58.20	44.61	37.67
俄罗斯	1041	1926	1224	2400	2306	3532	3900	4132	4249	4414	4761
荷兰	4367	4959	5006	4903	4520	6444	6347	6015	5754	5726	5293

数据来源：世界银行。

从表 2.4 可知，中国的航空货运量不论是总量，还是增长速度，都超过了哈萨克斯坦、俄罗斯和荷兰三国。2000 年中国、哈萨克斯坦、俄罗斯、荷兰的航空货运量分别为 3900 百万吨·千米、11.75 百万吨·千米、1041 百万吨·千米、4367 百万吨·千米，其比例为 340∶1∶91∶381。而 2015 年中国、哈萨克斯坦、俄罗斯、荷兰航空货运量

分别为 19806 百万吨·千米、37.67 百万吨·千米、4761 百万吨·千米、5293 万吨/千米，其比例为 526∶1∶126∶141。可见中国航空货运量增量增速都处于较高水平。2000 年至 2015 年期间，哈萨克斯坦航空货运量增长的平均速度约为 14.7%，中国航空货运量的增长平均速度为 25.5%，而俄罗斯航空货运量的增长平均速度为 23.8%，荷兰的航空货运量增长的平均速为 1.4%。

三、中国—中亚—西亚经济走廊的基础设施产业现状

中国—中亚—西亚经济走廊在中国的新疆出发，途经中亚五国(哈萨克斯坦、吉尔吉斯斯坦、塔吉克斯坦、乌兹别克斯坦、土库曼斯坦)，最后抵达西亚的伊朗、土耳其等国。

（一）铁路建设

利用中国、哈萨克斯坦和伊朗从 1990 年、2000 年、2006 年至 2014 年共 11 年的铁路总里程数据（缺失数据补齐按照插值法取相邻两年铁路总里程数的均值），可以得到中国、哈萨克斯坦、伊朗三国铁路建设的发展现状，如表 2.5 所示。

表 2.5　中国、哈萨克斯坦、伊朗三国 11 年铁路建设总里程　　单位：千米

时间	1990	2000	2006	2007	2008	2009	2010	2011	2012	2013	2014
中国	53 378	58 656	63 412	63 637	60 809	65 491	66 239	66 050	66 298	66 298	66 989
哈萨克斯坦	14 465	13 545	14 205	14 205	14 205	14 205	14 202	14 184	14 319	14 319	14 329
伊朗	4847	6688	7265	7265	7335	7555	7962	8368	8368	8368	8560

数据来源：世界银行。

从表 2.5 可见，中国铁路总里程数明显高于哈萨克斯坦和伊朗两国各自的铁路总里程数，其中哈萨克斯坦、伊朗铁路的总里程数与中国存在明显的差距。中国铁路总里程数这 11 年的平均水平为 63 387 千米，而哈萨克斯坦、伊朗两国的铁路总里程数这 11 年的平均水平为

14 198 千米和 7507 千米,可见其差额分别为 49 189 千米和 55 879 千米。由 1990 年的相差 38 913 千米和 48 531 千米增加到 52 660 千米和 58 429 千米,主要因为中国的铁路建设增长较快,而哈萨克斯坦、伊朗两国铁路建设增长较慢或基本处于停滞状态。

(二)空港建设

利用中国、哈萨克斯坦和伊朗 2000 年、2006 年至 2015 年共 11 年的航空货运量数据,可知中国、哈萨克斯坦、伊朗空港建设的发展现状,如表 2.6 所示。

表 2.6 中国、哈萨克斯坦、伊朗空港建设的发展现状　　单位:百万吨·千米

时间	2000	2006	2007	2008	2009	2010	2011	2012	2013	2014	2015
中国	3900	7692	11 190	11 386	11 976	17 193	16 764	15 568	16 053	17 823	19 806
哈萨克斯坦	11.75	16.38	17.21	16.49	14.58	42.38	50.98	53.98	58.20	44.61	37.67
伊朗	73.7	91.9	95.4	97.3	95.8	96.5	85.9	66.2	84.5	108.0	107.2

数据来源:世界银行。

从表 2.6 可知,中国的航空货运量不论是总量还是增长速度都超过了哈萨克斯坦和伊朗。2000 年中国、哈萨克斯坦、伊朗的航空货运量分别为 3900 百万吨·千米、11.75 百万吨·千米、73.7 百万吨·千米,其比例为 340∶1∶6。而 2015 年中国、哈萨克斯坦、伊朗航空货运量为 19 806 百万吨·千米、37.67 百万吨·千米、107.2 百万吨·千米,其比例为 526∶1∶3。可见中国航空货运量增量增速都处于较高水平。2000 年至 2015 年期间,中国航空货运量的增长平均速度为 25.5%,哈萨克斯坦航空货运增长的平均速度约为 14.7%,而伊朗航空货运的增长平均速度为 3%。

四、中国—中南半岛的基础设施产业现状

中国—中南半岛经济走廊在中国包括珠江三角经济区,经越南河

内至新加坡。

（一）铁路建设

利用中国和泰国1990年、2000年、2006年至2014年共11年的铁路总里程数据（缺失数据补齐按照插值法取相邻两年铁路总里程数的均值），可以得到中泰铁路建设和水运建设的发展现状，如表2.7所示。

表2.7 中国和泰国11年铁路建设总里程　　　单位：千米

时间	1990	2000	2006	2007	2008	2009	2010	2011	2012	2013	2014
中国	53 378	58 656	63 412	63 637	60 809	65 491	66 239	66 050	66 298	66 298	66 989
泰国	3861	4103	4212	4320	4429	4429	4429	5327	5327	5327	5327

数据来源：世界银行。

从表2.7可见，中国和泰国的铁路总里程数量差距非常明显，中国的铁路总里程数11年平均水平为63 387千米，泰国的铁路总里程数11年平均水平为4645千米，相差58 742千米。在1990年中国的铁路总里程数为53 378千米，高于泰国的3861千米，差异为49 517千米。在2014年，铁路的总里程数中国和泰国分别为66 989千米和5327千米，其差异为61 662千米。这种差异有增大的趋势，究其原因是中国铁路建设总量增长较明显，而泰国的铁路建设增长缓慢。

（二）空港建设

利用中国和泰国2000年、2006年至2015年共11年的航空货运量数据，可知中国、泰国空港建设的发展现状，如表2.8所示。

表2.8 中国、泰国空港建设的发展现状　　　单位：百万吨·千米

时间	2000	2006	2007	2008	2009	2010	2011	2012	2013	2014	2015
中国	3900	7692	11 190	11 386	11 976	17 193	16 764	15 568	16 053	17 823	19 806
泰国	1713	2107	2455	2289	2133	2939	2871	2758	2640	2515	2134

数据来源：世界银行。

从表2.8可知，中国的航空货运量不论是总量还是增长速度都超过

了泰国。2000年中国、泰国的航空货运量分别为3 900百万吨·千米和1 713百万吨·千米，其比例为2.3∶1。而2015年中国、泰国航空货运量为19 806百万吨·千米和2 134百万吨·千米，其比例为9.3∶1。可见中国航空货运量的增量和增速都处于较高水平。2000年至2015年期间，泰国航空货运增长的平均速度约为1.6%，中国航空货运量增长的平均速度为25.5%。

五、中巴经济走廊的基础设施产业现状

中巴经济走廊在中国的新疆喀什地区出发，最终抵达巴基斯坦瓜达尔港，是一条包括公路、铁路、油气和光缆通道在内的贸易走廊。

（一）铁路建设

分析中国和巴基斯坦1990年、2000年、2006年至2014年共11年的铁路总里程数据（缺失数据补齐按照插值法取相邻两年铁路里程数的均值），可以得到中国、巴基斯坦铁路建设的发展现状，如表2.9所示。

表2.9 中国和巴基斯坦11年铁路建设总里程　　　　单位：千米

时间	1990	2000	2006	2007	2008	2009	2010	2011	2012	2013	2014
中国	53 378	58 656	63 412	63 637	60 809	65 491	66 239	66 050	66 298	66 298	66 989
巴基斯坦	8775	7791	7791	7791	7791	7791	7791	7791	7791	7791	7791

数据来源：世界银行。

从表2.9可见，中国和巴基斯坦的铁路总里程数量差距非常明显，中国的铁路总里程数11年平均水平为63 387千米，巴基斯坦的铁路总里程数11年平均水平为7880千米，相差55 506千米。1990年中国的铁路总里程数为53 378千米，高于巴基斯坦的8775千米，差异为44 601千米。2014年，铁路的总里程数中国和巴基斯坦分别为66 986千米和7791千米，其差异为59 198千米。这种差异有增大的趋势，

究其原因是中国铁路建设总量增长较明显,而巴基斯坦的铁路建设基本处于停滞状态。

(二)空港建设

利用中国和巴基斯坦2000年、2006年至2015年共11年的航空货运量数据,可知中国、巴基斯坦空港建设的发展现状,如表2.10所示。

表2.10 中国、巴基斯坦空港建设的发展现状　单位:百万吨·千米

时间	2000	2006	2007	2008	2009	2010	2011	2012	2013	2014	2015
中国	3900	7692	11 190	11 386	11 976	17 193	16 764	15 568	16 053	17 823	19 806
巴基斯坦	340.3	427.0	313.9	319.8	303.9	333.0	297.7	286.1	292.8	204.6	183.2

数据来源:世界银行。

从表2.10可知,中国的航空货运量不论是总量还是增长速度都超过了巴基斯坦。2000年中国、巴基斯坦的航空货运量分别为3 900百万吨·千米和340.3百万吨·千米,其比例为11.5∶1。而2015年中巴航空货运量为19 806百万吨·千米和183.2百万吨·千米,其比例为108∶1。可见中国航空货运量增量增速都处于较高水平。2000年至2015年期间,中国航空货运量的增长平均速度为25.5%,而巴基斯坦航空货运量在减少。

六、孟中印缅的基础设施产业现状

2013年5月国务院总理李克强访问印度期间提出建设孟中印缅经济走廊的倡议。2013年12月,孟中印缅经济走廊建设工作启动。

(一)铁路建设

分析中国和印度1990年、2000年、2006年至2014年共11年的铁路总里程数据(缺失数据补齐按照插值法取相邻两年铁路总里程数的均值),可以得到中国、印度铁路建设的发展现状,如表2.11所示。

表 2.11　中国和印度 11 年铁路建设总里程　　　单位：千米

时间	1990	2000	2006	2007	2008	2009	2010	2011	2012	2013	2014
中国	53 378	58 656	63 412	63 637	60 809	65 491	66 239	66 050	66 298	66 298	66 989
印度	62 367	62 759	63 332	63 327	63 327	63 273	63 974	64 460	64 460	64 460	65 808

数据来源：世界银行。

从表 2.11 可见，中国和印度的铁路总里程数量基本接近，中国的铁路总里程数 11 年平均水平为 63 387 千米，印度为 63 777 千米。1990 年印度的铁路总里程数为 62 367 千米，高于中国的 53 378 千米，由于中国的铁路的建设速度加快，近年来其总量水平超过了印度，2014 年，铁路的总里程数中国和印度分别为 66 986 千米和 65 808 千米。

（二）空港建设

利用中国和印度 2000 年、2006 年至 2015 年共 11 年的航空货运量数据，分析可知中国、印度空港建设的发展现状，如表 2.12 所示。

表 2.12　中国、印度空港建设的发展现状　　　单位：百万吨·千米

时间	2000	2006	2007	2008	2009	2010	2011	2012	2013	2014	2015
中国	3900	7692	11 190	11 386	11 976	17 193	16 764	15 568	16 053	17 823	19 806
印度	547.7	8426	967.7	1234	1235	1631	1703	1579	1734	1851	1834

数据来源：世界银行。

从表 2.12 可知，中国的航空货运量不论是总量还是增长速度都超过了印度。2000 年中国、印度的航空货运量分别为 3900 百万吨·千米和 547.7 百万吨·千米，其比例为 7.1∶1。而 2015 年中国、印度航空货运量为 19 806 百万吨·千米和 1834 百万吨·千米，其比例为 10.8∶1。可见中国航空货运量增量增速都处于较高水平。2000 年至 2015 年期间，中国航空货运量的增长平均速度为 25.5%，而印度航空货运量的增长平均速度为 15.7%。

第二节　基础设施建设促进"一带一路"产业发展

基础设施建设投资巨大、周期长、收益较低，私人投资一般并无实力和耐心来做，故而政府和国企常常是基础设施建设的主力。但纵观历史和发达国家的发展历程来看，"路通"是一个区域起飞的前提条件。基础设施对"一带一路"经济发展和产业促进作用以形成跨境经济走廊实现，主要表现在以下两方面：

（1）基础设施的"联通"效应是市场扩展的必要前提。

由于不同区域要素禀赋和生产能力的差异，市场交易将实现优势互补和更加有效率的分工。跨境经济走廊的建立，必然促进贸易繁荣，导致区域发展和产业发展。

（2）基础设施的"联通"效应是跨区域通过旅游等产业发展促进民众交流和文化交流的必要条件。

"一带一路"沿线国家的自然美景和文化底蕴将通过"路通"实现旅游产业巨大的发展，民众和文化交流随之繁荣。

一、跨境经济走廊的含义及其理论溯源

（一）跨境经济走廊的含义

"走廊"是经济要素在一定的地理区域内不断聚集和扩散而形成的一种特殊的经济空间形态。国外对跨境经济走廊的定义突出了基础设施，尤其是交通基础设施是产业发展的重要条件。托马斯·泰勒（Thomas G. Taylor）于1949年在其城市地理学专著中较早地提出了"走廊"的概念。而卫贝尔（Charles F. J. Whebell）则在1969年将走廊描述为一种线状系统，这种现状系统包括了通过交通媒介联系的多个经济区域。1970年以后，人们开始关注走廊规划问题。努尔斯（Richard Knowles）提出了"发展走廊"的概念。从权威组织来看，欧盟委员会于1996年给出"欧洲走廊"的正式定义，作为在相邻城市和地区间跨界流动所形成的"轴线"，其由公路、铁路、通信线路等组成。另外，

欧洲委员会于1999年提出基础设施是其重要的特征元素，"发展"应作为其核心元素。

国内对经济走廊的理解角度不同于国外的同行，国内学者主要采用亚洲开发银行提出的"经济走廊"的定义，认为"经济走廊"是次区域范围内围绕生产、投资、贸易和基础设施等形成的一种经济合作机制。同时，也有学者把"经济走廊"界定为以交通干线为主轴，覆盖周边城市区域的"经济带"。王磊等人于2012年提出，跨境经济走廊是相邻国家和地区间，以跨境交通干线为主轴，以次区域经济合作区为腹地，开展产业对接合作、物流商贸等形式的带状空间区域综合体。此外，杨鹏认为，跨境经济走廊是一种次区域经济合作形式，其实质是发展通道经济。卢光盛等于2015年提出，跨境经济走廊是两个或两个以上的国家（地区），在综合考虑地理环境、自然资源和人文条件等因素的基础上，选择一部分相邻区域跨进行互联互通，形成一个联系生产、贸易和基础设施等为一体的特殊地理区域，实现生产要素根据市场调节的自由流动，通过有效的互补产业发展，释放沿线各经济中心的比较优势，最终形成沿"廊"地区的经济增长，以及促进沿"廊"国家之间实现共同发展的一种跨境经济合作机制。以上的学者研究，强调了经济走廊作为经济活动空间的形式特征，尤其强调基础设施与产业经济活动各环节的有机结合，在次区域范围内整合的特征。

总体来看，国外对经济走廊的论述是雏形阶段的经济走廊。因而，多数情况下使用"城市走廊""都市走廊""走廊""轴线"等名称代替，侧重的是经济走廊"城市"（节点）和"狭长地带"（空间布局）特征，对经济走廊的基本逻辑、非经济领域带动的人文交流等合作范畴关注不足。国内将"交通走廊"和"交通通道"视为发展经济走廊的重要基础载体，这种对经济走廊的定义突出经济走廊的产业带动效应。对于跨地区经济走廊与跨境经济走廊之间界定明确，重视国家间政治互信、地缘政治、次国家政府等非经济因素对跨境经济走廊建设的影响。对经济走廊本质研究的逻辑联系如图2.1所示。

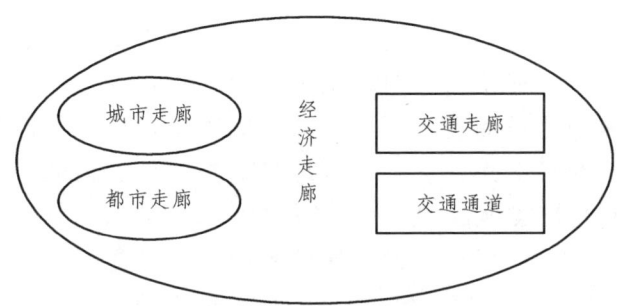

图 2.1 经济走廊的概念

（二）经济走廊理论的理论溯源

作为空间经济概念，跨境经济走廊理论的形成涉及了空间经济学、区域经济学、制度经济学、城市地理学的理论。通过对经济走廊理论形成基石的梳理，我们可以更清晰地认清概念的本质和经济走廊这一空间形态的经济特征。

1. 增长极理论

法国经济学家佩鲁（Francois Perroux）首先于1950年提出增长极理论（Growth Pole）的理论概念。他认为，经济要素在不断地集合和扩散过程中，通过作用通道（Channel）相互产生联系，形成一种具有推进效应的抽象经济空间。这些推进效应最终形成经济的增长点或增长极。法国经济学家布代维尔（Jacques R. Boudeville）、瑞典经济学家缪尔达尔（Karl Gunnar Myrdal）等在佩鲁研究的基础上，对增长极理论进行了进一步研究。布代维尔主要关注经济空间中经济要素之间的特征、关系及计划的地理区位问题。而赫希曼和缪尔达尔更多关注的是经济空间的"涓滴效应""极化效应""同流效应"以及"扩散效应"，强调经济部门或产业的不平衡发展。在布代维尔、赫希曼和缪尔达尔等学者对增长极理论广泛研究成果的基础上，增长极理论具有更多的操作性，成为相关国家开展区域经济合作开发的指导理论。

2. 生长轴理论

20世纪60年代，德国经济学家沃纳·松巴特（Werner Sombart）首先提出生长轴（Growth Axis）的概念。他认为，中心城市的公路、铁路以及水路等相互连接的交通干线的建立和完善，将显著降低并改善其所在区域内交通干线辐射范围内人力、物资等生产要素的运输成本和便捷程度。他进而提出，对经济空间要素集聚和扩散等有重要促进作用的这些交通干线，促使了区域经济开发所必需的"生长轴"的形成。交通干线及其附近的狭长地带叫作"轴线"。生长轴理论突出强调交通运输对于区域经济开发实践的引领和促进作用，拓展和延伸了增长极理论。

3. 点—轴系统理论

1984年，著名经济地理学家陆大道提出"点—轴系统"理论。在前人研究成果的基础上，陆大道以大范围的研究角度，分析了经济空间各要素的联系和作用机理。他提出，不同要素取得高效配置的空间结构形态呈现"点—轴系统"结构，交通干线形成的"轴线"是经济空间内各经济要素集聚和扩散的媒介和途径。事实上，在不同尺度的居民点和中心城市构成的"点"上，要素总是率先进行集聚和扩散的。随着经济空间功能的演化，最终形成"点—轴—集聚区"的新经济地理格局。这里的"集聚区"实质上是规模和对外作用力更大的"点"。通过在"点—轴系统"之间不断地联系与作用，经济要素自身取得资源的优化配置，其功能则在较高阶的经济空间形成，最终促进了国家或区域经济社会发展。

二、经济走廊的形成机理与发展阶段

与任何一个经济事物的出现成熟一样，经济走廊的形成需要基本动力和自我完善成熟的内生动力。在其形成的过程中，生产要素的自由流动和制度通道保证具有不可磨灭的作用。下面我们来梳理一下经济走廊的形成机理和发展阶段。

（一）经济走廊的跨境形成机理

跨境经济走廊的形成与发展的基础是由次区域经济空间非均衡发展引起的集聚效应和扩散效应。从逻辑规律来看，集聚与扩散效应体现的是经济要素跨区域地流动。通过利益共享的制度通道保证，为经济要素的流动提供基本的保障。要素流动与制度通道的有机结合，共同决定了跨境经济走廊的形成与发展。

1. 要素流动是经济走廊跨境建设的基本动力

不同国家和地区所拥有的土地、技术、资本、信息以及劳动力等生产要素禀赋都是非均衡分布的，这在客观上为跨境、跨地区的经济合作提供了动力和前提。要素的"稀缺性"和"逐利性"，提出了其在特定的地理空间内不断交换、联系，最终实现高效配置的要求。这种要素流动有利于经济空间资源禀赋的价值实现与增值。同时，另外一个学科，即新经济地理学研究发现，在企业层面上看，规模经济、运输费用和要素流动之间相互作用也使其分布的空间经济结构得以产生和变化。互为镜像的，空间经济结构的产生和变化又可以为要素集聚和扩散不断提供稳定的动力机制，区域经济则向一体化等高阶方向进一步发展。

从本质上看，经济活动要求要素流动以及控制流动成本是经济走廊产生的原因。

要素的流动成本是同一区域内经济发展的核心问题，与此同时，它也是经济走廊产生与发展的根源。跨境经济走廊的基本动力的要素的自由流动，既是发展走廊经济的主要目的，也是经济走廊的发展内容。

2. 制度通道建设是跨境经济走廊建设的内生动力

制度通道建设是空间经济结构产生、发展的关键推动力量，更是保障跨境经济走廊等次区域经济合作得以持续健康发展主要手段。跨境经济走廊建设的发起、走廊功能的不断完善和提升，一定程度上可以理解为跨境经济走廊机制的制度创新与制度变迁过程，它的建设必然形成与相邻国家和地区间合作。

另外，促进制度变迁的根本动因是制度外的潜在利润。新制度经济学的主要学者科斯（Ronald H. Coase）认为，社会生产中广泛存在生产费用和交易费用。各国市场的分割以及主权国家所采取的不同限制政策，如关税和非关税壁垒等在限制产品和要素流动的同时，也使跨境经济活动承担了较高的交易费用。为了克服跨境经济合作所面临的困境和障碍，控制交易成本，制度通道的构建被适时地提出并在实践中不断修正和完善。

作为跨境经济走廊的建设过程中的主要任务，制度通道的建设与完善可以向各个参与国和地区传递关键的信息，提高彼此间的有效信任程度，创造实现经济合作的条件。另外，制度通道的创新与完善也限制并可能消除参与跨境经济走廊建设各方之间的矛盾和利益冲突。

（二）跨境经济走廊的发展过程和阶段

跨境经济走廊建设的初期，各参与方通过规划引导、投资推动、政策协商等外力打造狭长形跨境经济空间。这时期，经济走廊更多地侧重于居民点、中心城镇之间交通基础设施"轴"的建设与完善。逐渐地，为了适应经济全球化与区域经济一体化的发展要求，跨境经济走廊被赋予更多内涵。

从内在的要素的作用形式和制度构建的角度，经济走廊的形成过程可以概括为几个阶段：第一阶段是驱动力转变阶段。在这个阶段通过经济走廊内各经济要素之间的集聚、扩散等流动与联系，实现由外力驱动转向内生驱动。第二阶段是制度构建阶段，围绕发展过程中发生的问题和新情况，经济走廊内通过新的制度构建来增强经济走廊运行管理的稳定性和高效性。第三阶段是经济生态空间的形成阶段，在自身发展需求与外在环境诉求作用下，经济走廊开始形成成熟的经济生态空间。经济要素的集聚效益、扩散效应充分释放，各参与方在经济走廊建设过程中收获各自的地缘经济利益。

通过对本地区跨国经济走廊的形成过程的一系列案例研究，亚洲开发银行对跨境经济走廊的发展阶段做了概括。从经济形式上来看，一般来说，经济走廊的形成要经历从国内到国际，从低级到高级四个阶段：以交通为主的基础设施投资是其第一阶段；第二阶段则是"地区发展计划"，拓宽经济走廊，这一阶段的核心是城镇化建设和城乡基础设施的更新，以实现工业发展，改善中小企业投资环境，增加旅游基础设施投资；第三阶段以贸易便利化为核心，促进跨境商品、服务、人员的流动；第四阶段形成真正意义上的经济走廊，在这一阶段需要协调不同国家区域发展的计划与政策。在这四个阶段中，前两个阶段为低级阶段，重点限于国内区域发展，后两个阶段是高级阶段，重点则是跨境或国家间的协调。上述演变实际上就是从封闭的不发达经济向开放经济的发展过程，也是创造新的比较优势的过程。

（三）"一带一路"经济走廊建设实践

目前，"一带一路"倡议下推进的基础设施建设与经济走廊雏形已经产生一定程度的影响，如表 2.13 所示。

表 2.13 基础设施建设与经济走廊

	内容	影响效应
中蒙俄经济走廊	2014 年 9 月习近平在中俄蒙三国元首会晤时倡议提出丝绸之路经济带同俄罗斯跨欧亚大铁路、蒙古国草原之路进行对接，即中蒙俄经济走廊。中蒙俄经济带以铁路为主，东北方向连接东三省，向东抵达绥芬河、海参崴出海口，向西到俄罗斯赤塔，并通过老亚欧大陆桥抵达欧洲，东北方向，目前已开通粤满欧、津满欧、沈满欧、营满欧、哈满欧等多条低成本快捷铁路国际货物班列，并基本实现常态化运营。	三国间合作交流将大大改变： （1）旅游合作 （2）农牧业合作 （3）能源、矿产业的合作
新亚欧大陆桥经济走廊	新亚欧大陆桥经济走廊包含中国、哈萨克斯坦、白俄罗斯、格鲁吉亚、罗马尼亚、保加利亚、匈牙利、捷克、斯洛伐克、波兰等 24 个国家，新亚欧大陆桥东起太平洋西岸、中国东部的连云港，延伸至中国西部边境，经哈萨克斯坦，西达大西洋东岸荷兰、比利时等港口，总长约 10 900 千米。新亚欧大陆桥将亚欧两个大陆原有的陆上运输通	将大大缩短相关国家跨境贸易的交易成本： 以亚欧大陆桥为纽带，中国与欧洲市场的运输通过水、陆连接，国际铁路货运班列运营时间至少可以节约一半。

续表

	内容	影响效应
新亚欧大陆桥经济走廊	道缩短了 2000 千米运距，比绕道印度洋和苏伊士运河的水运距离缩短了 1 万公里，比经巴拿马运河少 11 000 多千米，比绕道好望角少 15 000 多千米。	
中国—中亚—西亚经济走廊	中国—中亚—西亚经济走廊从新疆出发，抵达波斯湾、地中海沿岸和阿拉伯半岛，主要涉及中亚五国的哈萨克斯坦、吉尔吉斯斯坦、塔吉克斯坦、乌兹别克斯坦、土库曼斯坦，西亚的伊朗、土耳其以及埃及等 21 国。中亚和西亚地区国家的高速公路、铁路、港口等交通设施均不完善，交通运输布局也不平衡。中国—中亚—西亚经济走廊最西端的埃及政府于 2014 年 8 月宣布新苏伊士运河开凿计划，历时一年建设，于 2015 年 8 月开通。新运河新开凿了一条 35 千米河道，拓宽和加深一条 37 千米旧河道，实现了双航道通行。	投资中国—中亚—西亚经济走廊的风险较高，但中亚国家的哈萨克斯坦国内政治稳定，与中国早就建立了良好的经贸关系，中国与哈萨克斯坦的交通基础设施互联互通已在积极展开。中国—中亚—西亚经济走廊的货物运输时间成本将大大节省。苏伊士运河管理局预计，至 2023 年，每天通过苏伊士运河的船只数量将从如今的 49 艘增至 97 艘，河道运力扩大一倍。
中国—中南半岛经济走廊	中国—中南半岛经济走廊以中国广西南宁和云南昆明为起点，以新加坡为终点，该走廊以沿线中心城市为依托，以铁路、公路为载体，纵贯中南半岛越南、老挝、柬埔寨、泰国、马来西亚等 10 个国家，是中国与东盟合作的跨国经济走廊。	中国—中南半岛经济走廊交通基础设施互联互通正朝着建设优势互补、区域分工、联动开发、共同发展的方向努力。
中巴经济走廊	中巴经济走廊起点在喀什，终点在巴基斯坦瓜达尔港，全长 3000 千米。中巴经济走廊北接"丝绸之路经济带"，南连"21 世纪海上丝绸之路"，是贯通南北丝路关键枢纽，瓜达尔港就是这条连接线上的关键"节点"。中巴经济走	瓜达尔港建成使中国从西亚进口的原油通道缩短 85%的路程，这不仅节省中国海上石油运输的经济和时间成本，还可以破解"马六甲困局"等

续表

	内容	影响效应
中巴经济走廊	廊建设还是中国同周边互联互通的旗舰项目，瓜达尔港是中巴积极推进的基础设施建设项目。2015年2月，瓜达尔港基本竣工，现已全面投入运营。中国企业已接手瓜达尔港经营权，利用瓜达尔港作为主要进出口港。	贸易路线的不确定性。未来中国货物可直接从瓜达尔港经乌塔尔、库兹达、苏库尔直达巴基斯坦北部地方，比传统的卡拉奇运输线路节省400千米。
孟中印缅经济走廊	孟中印缅经济走廊主要包括印度、孟加拉国、缅甸、尼泊尔等7国。孟中印缅经济走廊区域内的中国西南部、印度东部、缅甸和孟加拉相对而言均不发达。2013年，孟加拉国在中国的云南省设立了领事馆，并十分重视直接联系昆明与吉大港之间的公路和铁路建设。中国驻孟加拉国大使李军表示，铁路及铁路桥建设可以作为早期收获项目，像贾木纳河的铁路大桥建设，将会为孟中印缅经济走廊互联互通打下一个坚实的基础。 2014年年底，中国与尼泊尔两国就青藏铁路由日喀则延伸至尼泊尔边境达成协议。	两国的贸易通道不断完善。腾冲县与缅甸的克钦邦接壤，著名的"南方丝绸古道"就是经腾冲进入缅甸的，目前腾冲至缅甸密支那200千米二级油路已全线通车。保山市交通运输局副局长杨永魁表示，要将保山建成我国通向南亚第一市，打通昆明—保山腾冲—缅甸密支那—印度雷多国际大通道，缩短我国与孟、印、缅各国经贸往来运输距离。

从上表可见，以基础设施建设先行推动的"一带一路"跨国家经济走廊正逐渐形成，将为推动沿线经济发展和产业升级发挥积极有效的作用。

第三节 "一带一路"基础设施建设推进模式——中国经验

中国在自身经济成长的过程中，通过不断的体制机制创新，形成了三种较为有效的基础设施建设方式，实现了基础设施的快速推进。

一、按照市场运行机制运营基础设施建设

为解决基础设施建设中存在的投融资难题，中国按照市场化的原则，采取逐步开始向消费者和使用者收费的方式来筹集资金以分摊建设成本和运营成本。原国家基本建设委员会于1980年提出了"综合开发城市"的建设方针，该方针要求无论工业项目还是民用项目，都需要进行市政公用配套设施建设，建设费用由开发部门来垫付，通过对用户收取费用来进行补偿。这是中国第一次使用收费方式分摊公共产品供给成本的模式。此后，这种资金分担的营运模式由市政建设领域延伸到了城市维护、供水、供热、污水处理和煤气等领域。

1987年，中国进行了城市建设体制改革，市政设施逐渐实施有偿使用。一些贷款建设的大型桥梁、渡口、隧道开始征收车辆通过费用来偿还贷款，以"贷款建设、收费还贷"的城市桥梁、隧道等基础设施建设模式成为广为人们接受的新营运方式。可见，以市场交易模式在公共产品供给领域使用，可以有效解决基础设施建设一次性资金收入与分摊的问题，通过连续性收益弥补一次性投资的成本支出，对城市基础设施建设给予了价格补偿。

二、多元投资主体不断完善

公共产品理论认为，基础设施存在着"市场失灵"和"外部经济"。按照此理论，可以将基础设施建设划分为三类：非经营性基础设施、可经营性基础设施和准经营性基础设施。当中国政府发现基础设施投资总量不足、管理模式落后、运营效率低下等问题普遍存在时，对基础设施的投资主体进行了再定位改革，鼓励引入民间投融资主体，创新投资方式，拓宽投资渠道，推动城市基础设施建设投资主体、投资方式和投资渠道的多元化。

近年来，我国基础设施建设已经从原有的财政资金单一投入模式

转变为财政、资本市场、信贷、信托市场和外资等为主的多元投资模式。从建设初期主要利用世界银行贷款，逐渐过渡到引入建设—经营—转让（BOT）、建设—移交（BT）、公共部门—私人企业—合作（PPP）和资产证券化（ABS）投融资模式。这些模式在近年的大规模基础设施建设中发挥了举足轻重的作用，也积累了重要的经验教训。1984年第一次利用BOT模式吸收外资建设了深圳沙角火电站项目，其产生的示范作用被基础设施项目广泛使用，同时也逐渐演变出了多种模式。例如：北京地铁奥运支线、天津津滨轻轨项目、佛山市政基础设施建设项目工程、南京地铁二号线一期工程等采用BT模式；北京地铁4号线采用PPP模式，成为国内首个以公私合营模式筹集资金的基础设施建设项目；珠海高速公路建设采用在美国发行两亿美元跨国资产证券化债券方式募集建设资金。多元化的投融资模式为中国大型基础设施建设项目提供了充足的资金，也从融资制度方面推进了中国基础设施建设，取得举世瞩目的成就。

三、发挥开发性金融对基础设施建设的带动作用

除了市场机制的引入和多元投资主体的完善，开发性金融也为基础设施的建设贡献了巨大的力量。1980年后，银行贷款成为建设基金投入的主要来源，但是，由于城市基础设施建设所需要的资金投入量大，沉没成本高、需求弹性小、建设周期长等种种特点，商业银行发放长期基础设施建设贷款的风险较高。这种投资规模与赢利模式使传统银行面临较大的管理风险，造成基础设施建设动力不足。

1994年，中国国家开发银行成立，专门为中国基础设施建设、基础产业和支柱产业提供长期资金支持。国家开发银行构建了一整套防范基础设施建设长期信贷风险的机制：其一，通过政府组织增信，建立贷款风险控制机制；其二，根据国家宏观调控的要求和风险承受力，严格控制贷款规模；其三，确定借款主体，通过投融资平台进行贷款申请；其四，通过组合式贷款平衡现金流、锁定贷款风险。以上制度

安排解决了传统商业银行自身体制性缺陷,为中国基础设施建设提供了强大的资金流。到目前为止,在中国国家重点建设项目中,国家开发银行累计贷款占85%以上。在城市基础设施建设项目中,国家开发银行的贷款也是主要资金来源,累计贷款占50%以上。(见图2.2)

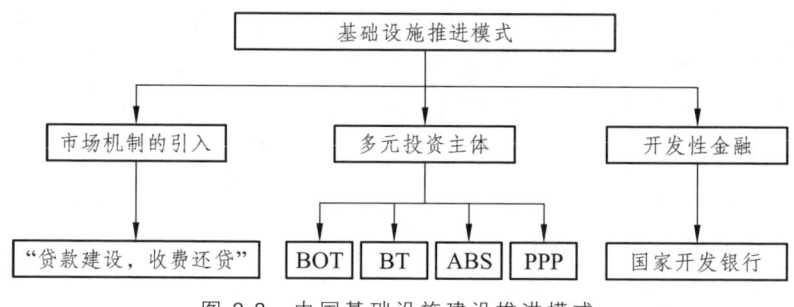

图 2.2 中国基础设施建设推进模式

四、中国基础设施建设经验的启示与借鉴

"一带一路"建设的终极目标是促进沿线国家的互联互通,基础设施建设成为首要的条件,可以保障生产资源流动和商品贸易的顺利进行。相关学者根据系因子分析法对"一带一路"沿线的65个国家和地区的基础设施建设(电力、通信以及交通物流)情况进行了分级评价。指数较高的国家,其基础设施建设也相对完善。根据结果显示,除新加坡的评级指数达到100外,其他各国的基础设施建设程度差异较明显,甚至其中一半以上的基础设施建设指数还未达到60。这说明在沿途相关国家和地区间,"一带一路"所提倡的加强基础设施建设具有相当的普遍性和巨大的需求量。

根据亚洲开发银行的估算,到2020年,"一带一路"沿途的亚洲各新兴经济体的基础设施建设要提升到世界平均水平,需要资金高达8万亿美元,同时相关区域性的基础设施建设还需要3000亿美元。但亚洲开发银行每年仅能提供100亿美元用于基础设施项目的建设,无法满足相关国家的实际需求。同时,"一带一路"沿线国家和地区多为发展中国家,经济发展和财政水平相对较弱,国内资本积累相对有限,无法独立承担基础设施建设所需的巨额资金。

经历了 30 多年高速发展的中国在基础设施建设中积累了丰富且较为成熟的经验，也形成了较为完善的基础设施建设融资和营运管理机制。截止到 2009 年年底，中国不仅大大改进了中国既有的基础设施体系（高速公路、高速铁路），而且在国际化建设中扮演了非常重要的角色。近年来，中国共在发展中国家援建了 442 个基础设施建设项目。在这些合作项目中，最为著名的是坦赞铁路、巴基斯坦喀喇昆仑公路和瓜达尔港以及中巴经济走廊。中国不但积累了丰富的跨国家合作建设经验，也赢得了相关国家的一致好评。不仅如此，中国以高铁、核电、电信、电网等为代表的高科技技术水平和生产能力在近年来也得到快速提升及突破。

所以，基于"一带一路"相关国家和地区对于基础设施建设的需求是十分紧迫及广泛的，依托于中国对于大规模的基础设施建设具有相应的建设经验、技术能力及资金保证，已经有了较为完善的输出模式，这为中国与"一带一路"沿线相关国家和地区的基础设施建设资金筹集与合作机制设计提供了很好的参考价值。

第三章 "一带一路"倡议实施的重点环节
——贸易畅通的核心动力与实现

第一节 "一带一路"沿线各国的贸易结构分析

一、"一带一路"沿线各国的出口贸易比较分析

1. 中国出口结构分析

近十年中国商品出口结构见图3.1。

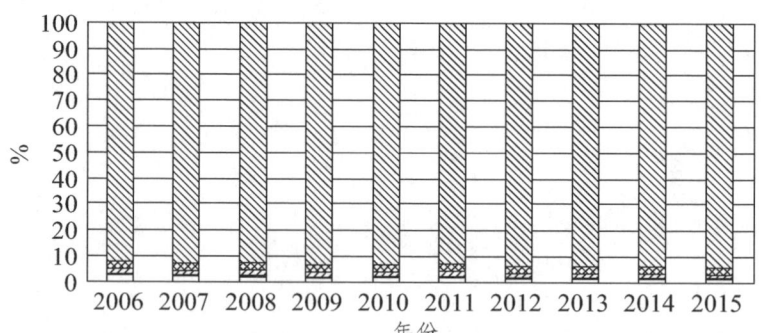

□ 矿石和金属出口（占商品出口的百分比）　■ 农业原材料出口（占商品出口的百分比）
▨ 燃料材料出口（占商品出口的百分比）　　⊠ 食品出口（占商品出口的百分比）
▩ 制造业出口（占商品出口的百分比）

注：数据来源于世界银行公开数据库。

图 3.1　中国商品出口结构

近十年来中国商品出口均以制造业出口为主，制造业出口占商品

出口比例自 2006 年的 92.38%逐年增长，至 2015 年达到 94.32%。商品出口比例排第二位的是食品出口，近十年来比例维持在 2.76%左右。出口最低的是农业原材料出口占比仅为 0.46%左右。

2. 中亚国家出口结构分析

中亚国家中以"一带一路"建设快的国家——哈萨克斯坦为例，其商品出口结构见图 3.2。

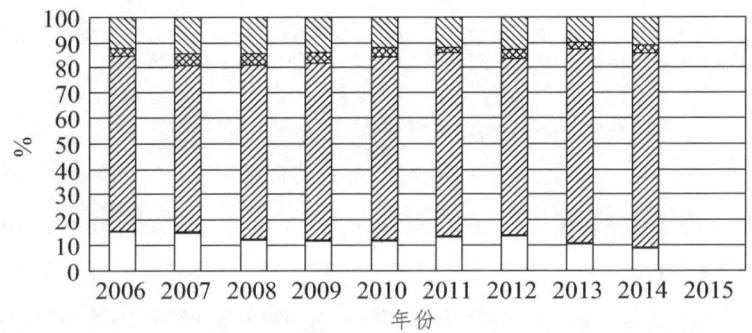

□ 矿石和金属出口（占商品出口的百分比）　■ 农业原材料出口（占商品出口的百分比）
▨ 燃料材料出口（占商品出口的百分比）　▩ 食品出口（占商品出口的百分比）
▧ 制造业出口（占商品出口的百分比）

注：数据来源于世界银行公开数据库，2015 年数据缺失。

图 3.2　哈萨克斯坦商品出口结构

近十年来哈萨克斯坦商品出口均以燃料出口为主，燃料出口占商品出口比例自 2006 年逐年增长，至 2014 年达到 76.63%。商品出口比例排第二位及第三位的是制造业出口与矿石和金属出口，近十年来比例分别维持在 12.67%与 11.95%左右。出口最低的是农业原材料出口，占比仅为 0.29%左右。

3. 欧洲国家出口结构分析

欧洲国家以典型的俄罗斯及荷兰为例，其中俄罗斯的商品出口结构见图 3.3。

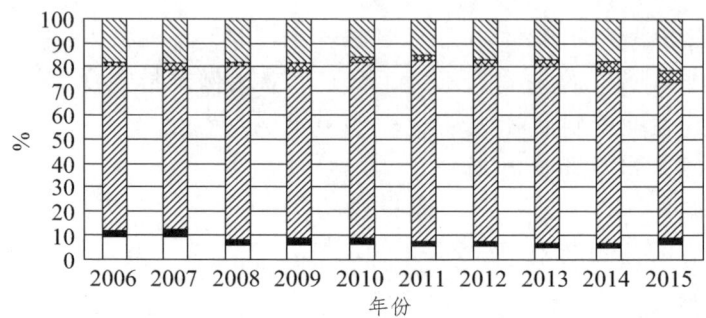

□ 矿石和金属出口（占商品出口的百分比）　■ 农业原材料出口（占商品出口的百分比）
▨ 燃料材料出口（占商品出口的百分比）　▩ 食品出口（占商品出口的百分比）
▧ 制造业出口（占商品出口的百分比）

注：数据来源于世界银行公开数据库。

图 3.3　俄罗斯商品出口结构

近十年来俄罗斯商品出口以燃料出口为主，燃料出口占商品出口比例维持在 66.43% 左右。商品出口比例排第二位及第三位的是制造业出口及矿石和金属出口，近十年来比例分别维持在 16.55% 与 5.91% 左右。出口最低的是农业原材料出口及食品出口，占比分别为 2.14% 与 2.77% 左右。

荷兰的商品出口结构见图 3.4。

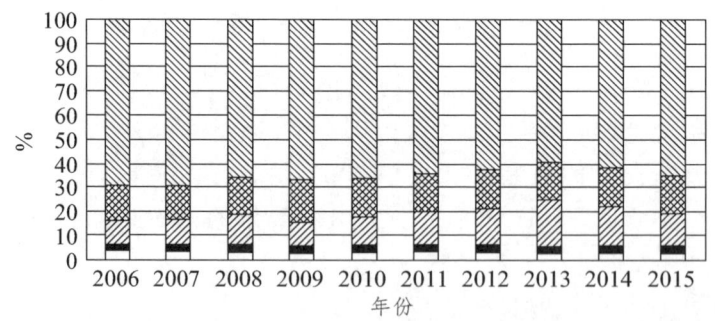

□ 矿石和金属出口（占商品出口的百分比）　■ 农业原材料出口（占商品出口的百分比）
▨ 燃料材料出口（占商品出口的百分比）　▩ 食品出口（占商品出口的百分比）
▧ 制造业出口（占商品出口的百分比）

注：数据来源于世界银行公开数据库。

图 3.4　荷兰商品出口结构

近十年来荷兰商品出口均以制造业出口为主，制造业出口占商品出口比例近十年来维持在 59.70%左右。商品出口比例排第二位的是食品出口，近十年来比例维持在 14.33%左右，且呈逐年增长的趋势。荷兰燃料出口也占相当规模，是商品出口的第三大比例的产品，近十年来出口比例维持在 12.24%左右，也成增长趋势。出口最低的是农业原材料出口及矿石和金属出口，占比分别为 2.84%及 2.53%左右。

4. 西亚国家出口结构分析

西亚国家以典型的沙特阿拉伯及伊朗为例，其中沙特阿拉伯的商品出口结构见图 3.5。

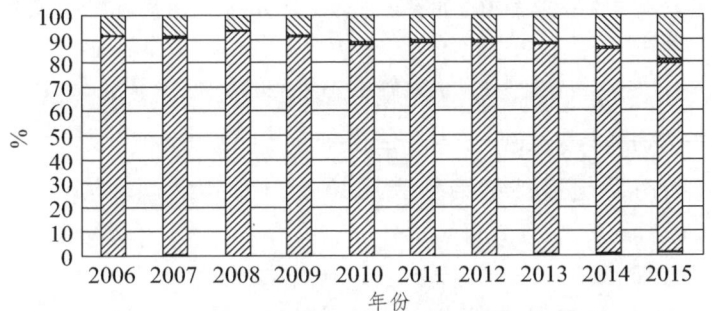

□ 矿石和金属出口（占商品出口的百分比）　■ 农业原材料出口（占商品出口的百分比）
▨ 燃料材料出口（占商品出口的百分比）　⊠ 食品出口（占商品出口的百分比）
▧ 制造业出口（占商品出口的百分比）

注：数据来源于世界银行公开数据库。

图 3.5　沙特阿拉伯商品出口结构

沙特阿拉伯是典型的能源出口型国家，其燃料出口占比最高且占到绝对比例。近十年来沙特阿拉伯燃料出口占商品出口比例维持在 87.51%左右，但由于世界经济状况的影响，其燃料出口呈逐年下降趋势。其商品出口比例排第二位的是制造业出口，近十年来比例维持在 10.58%左右，由于主要出口商品——燃料出口的减少，制造业出口呈逐年上升趋势。而其他三类商品的出口均呈很低的比例，近十年的平均比例均在 1%以下，但除了农业原材料出口基本维持在很低的水平且保持不变外，另外两种商品的出口比例也呈逐年上升趋势。

伊朗的商品出口结构见图 3.6。

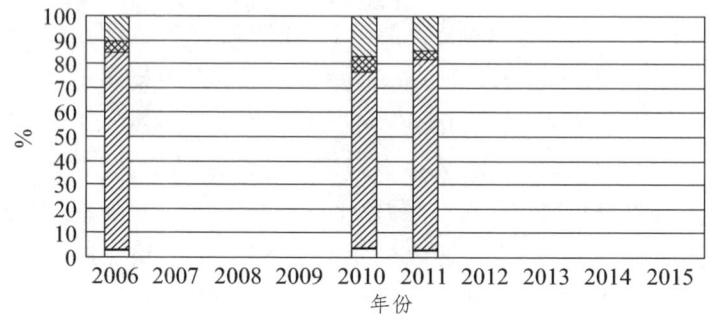

□ 矿石和金属出口（占商品出口的百分比）　■ 农业原材料出口（占商品出口的百分比）
▨ 燃料材料出口（占商品出口的百分比）　▩ 食品出口（占商品出口的百分比）
▧ 制造业出口（占商品出口的百分比）

注：数据来源于世界银行公开数据库，仅有 2006、2010、2011 年数据，其他年份数据缺失。

图 3.6　伊朗商品出口结构

伊朗由于经济制裁，缺失多个年份数据，但从可获得的 3 个年份的数据来看，其商品出口结构与沙特阿拉伯的商品出口结构十分相似，也是能源出口型国家。

西亚各国在商品出口上主要是以能源出口为主。

5. 地中海国家出口结构分析

地中海国家以土耳其为例，其商品出口结构见图 3.7。

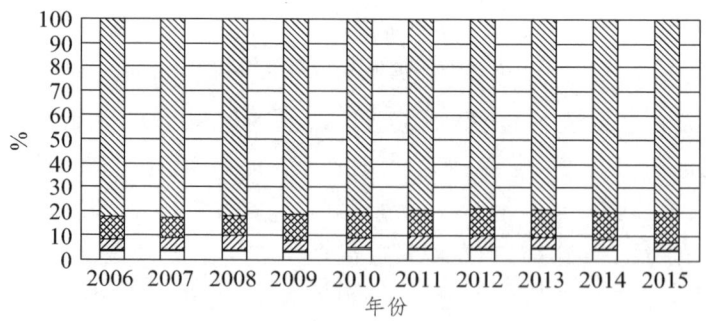

□ 矿石和金属出口（占商品出口的百分比）　■ 农业原材料出口（占商品出口的百分比）
▨ 燃料材料出口（占商品出口的百分比）　▩ 食品出口（占商品出口的百分比）
▧ 制造业出口（占商品出口的百分比）

注：数据来源于世界银行公开数据库。

图 3.7　土耳其商品出口结构

土耳其以制造业出口为主,近十年制造业出口占商品出口比例维持在 79.5%左右。其商品出口比例排第二位的是食品出口,近十年来比例维持在 10.36%左右,且呈逐年上升趋势。燃料出口及矿石和金属出口也有相当的比例,近十年占商品出口比例的均值分别为 4.39%及 3.89%。出口最低的是农业原材料出口,占比仅为 0.45%左右。

6. 南亚国家出口结构分析

南亚国家以两个重要的国家印度和巴基斯坦为例,其中印度的商品出口结构见图 3.8。

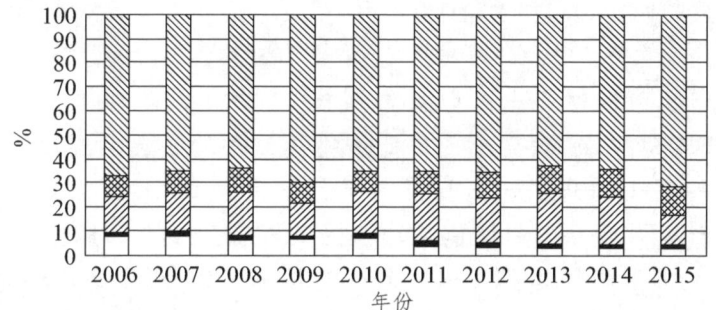

□ 矿石和金属出口(占商品出口的百分比) ■ 农业原材料出口(占商品出口的百分比)
▨ 燃料材料出口(占商品出口的百分比) ▩ 食品出口(占商品出口的百分比)
▧ 制造业出口(占商品出口的百分比)

注:数据来源于世界银行公开数据库。

图 3.8 印度商品出口结构

印度也以制造业出口为主,近十年制造业出口占商品出口比例维持在 64.73%左右。其商品出口比例排第二位的是燃料出口,近十年来比例的均值为 16.78%,燃料出口比例除 2015 年明显下降外,其他各年呈逐年上升趋势。占商品出口中第三大比例的是食品出口,近十年来比例的均值为 9.76%,也呈增长趋势。其矿石和金属出口在 2011 年前有较高的出口势头,大约为 6.94%,但自 2011 年开始呈现出大幅下降趋势,净维持在 3.29%左右,且呈下降趋势。出口最低的是农业原材料出口,占比为 1.76%左右。

巴基斯坦商品出口结构见图 3.9。

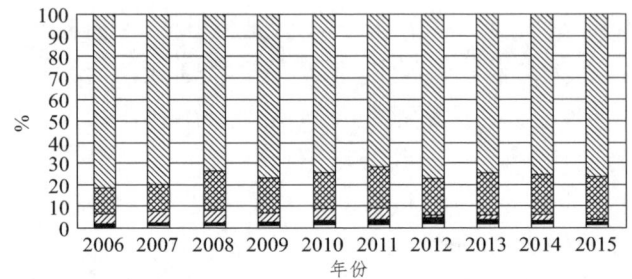

注：数据来源于世界银行公开数据库。

图3.9 巴基斯坦商品出口结构

巴基斯坦也以制造业出口为主，近十年制造业出口占商品出口比例维持在75.7%左右。其商品出口比例排第二位的是食品出口，近十年来比例维持在17.13%左右，且呈逐年上升趋势。燃料出口也具有相当规模，近十年占商品出口比例的均值为3.87%，但自2012年开始燃料出口出现大幅下降的趋势。出口最低的是矿石和金属出口及农业原材料出口，近十年占商品出口比例的均值分别为1.46%及1.66%，但矿石和金属出口的比例呈上升趋势。

7. 东南亚国家出口结构分析

东南亚各国以泰国、印度尼西亚及新加坡为例。其中泰国的商品出口结构见图3.10。

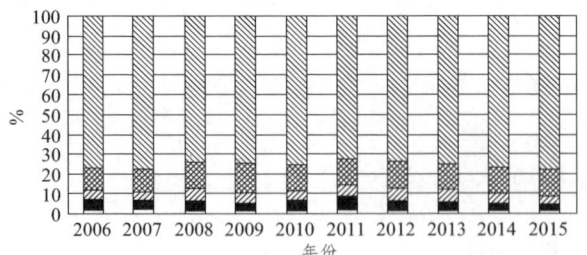

注：数据来源于世界银行公开数据库。

图3.10 泰国商品出口结构

泰国也以制造业出口为主，近十年制造业出口占商品出口比例均值为 75.14%，并呈逐年上升趋势。其商品出口比例排第二位的是食品出口，近十年来比例维持在 13.32% 左右。燃料出口同样具有相当规模，近十年占商品出口比例的均值为 5.13%，但自 2012 年开始燃料出口出现明显下降。其农业原材料出口份额在我们采样的各国中也比较突出，占商品出口比例的均值为 4.83%，虽然近几年呈下降趋势，但在 2011 年达到了 7.1%。其出口最低的是矿石和金属出口，近十年占商品出口比例的均值为 1.37%。

印度尼西亚的商品出口结构见图 3.11。

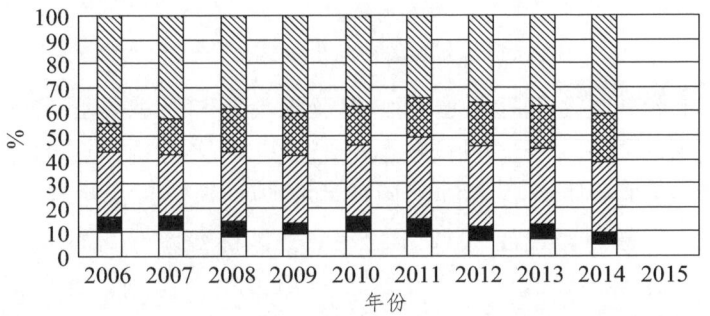

□ 矿石和金属出口（占商品出口的百分比）　■ 农业原材料出口（占商品出口的百分比）
▨ 燃料材料出口（占商品出口的百分比）　▩ 食品出口（占商品出口的百分比）
▨ 制造业出口（占商品出口的百分比）

注：数据来源于世界银行公开数据库，2015 年数据缺失。

图 3.11　印度尼西亚商品出口结构

印度尼西亚各类产品的出口均有相当规模。其中占比最高的是制造业出口，近十年占其商品出口的比例平均为 39.29%。排第二位的是燃料出口，近十年占比均值为 29.83%，同样是 2012 年以前呈增长趋势，而 2012 年后呈下降趋势，但下降幅度不大。第三位是食品出口，近十年占比均值为 16.66%，并呈逐年上升趋势。其矿石和金属出口及农业原材料出口占比也相当高，近十年的占比均值分别为 8.2% 及 6.03%。

新加坡的商品出口结构见图 3.12。

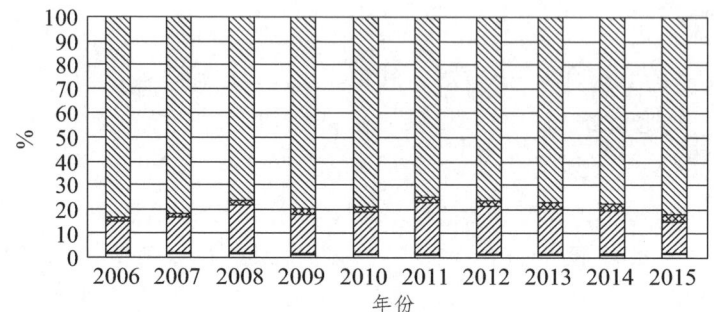

注：数据来源于世界银行公开数据库。

图 3.12 新加坡商品出口结构

新加坡商品出口主要是制造业出口及燃料出口。其中出口份额最高的是制造业出口，近十年制造业出口占其商品出口比例的均值为73.1%。燃料出口占其商品出口比例的均值为 16.18%，并且在 2012年以前呈现上升趋势，但自 2012 年之后，受国际经济环境的影响也呈现明显下降的趋势。其他三类产品的出口均占较小比例，比例最低的是农业原材料出口。

从各国的商品出口结构看，中国的制造业有非常强的竞争优势，对"一带一路"以制造业为主要出口商品的国家诸如东南亚的新加坡、泰国，南亚的印度、巴基斯坦，地中海国家土耳其，欧洲国家荷兰，构成竞争威胁，但由于各国制造业具有的优势不同，以及中国制造业经过多年发展已经具备了相当的技术与管理优势，因此各国在制造业方面仍存在很大合作空间。同时这些制造业国家的出口结构也不尽相同，中国与不同国家在其他类型商品上存在互补合作的领域，比如同东南亚国家新加坡在能源方面存在互补性，与泰国有能源与食品的互补性；与南亚国家巴基斯坦有食品的互补性，与印度有能源与食品的互补性；与地中海国家土耳其有食品、能源以及矿产的互补性；与欧洲国家荷兰也有食品及能源的互补性。

第三章 "一带一路"倡议实施的重点环节　057

中亚国家、俄罗斯以及西亚各国均是以能源或矿产资源为主的资源出口型国家，这些国家的出口结构正好与中国的出口结构形成互补优势。

二、"一带一路"沿线各国的进口贸易比较分析

1. 近十年中国商品进口结构见图3.13。

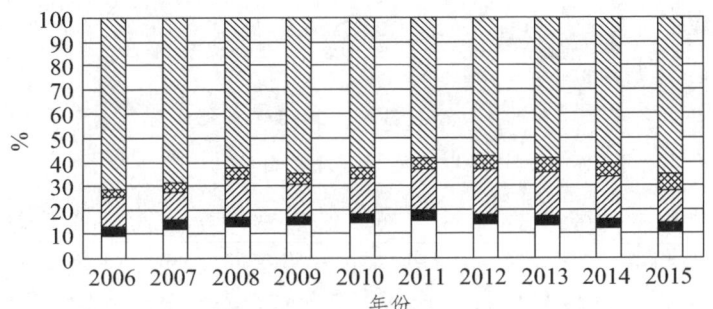

□ 矿石和金属出口（占商品出口的百分比）　■ 农业原材料出口（占商品出口的百分比）
▨ 燃料材料出口（占商品出口的百分比）　▧ 食品出口（占商品出口的百分比）
▨ 制造业出口（占商品出口的百分比）

注：数据来源于世界银行公开数据库。

图3.13　中国商品进口结构

近十年来中国商品进口均以制造业进口为主，制造业进口占商品进口比例近十年来平均为61.34%。商品进口比例排第二位的是燃料进口，近十年来比例维持在15.11%左右，且除2015年处于较低水平外，其他各年均呈上升趋势。商品进口比例第三位的是矿石和金属进口，近十年的平均比例为12.37%，在2011年前为上升趋势，2011年后呈下降趋势。同时食品进口及农业原材料进口也具有相当规模，分别占比为4.92%、3.71%左右。

2. 中亚国家进口结构分析

中亚国家中以"一带一路"建设快的国家——哈萨克斯坦为例，其商品进口结构见图3.14。

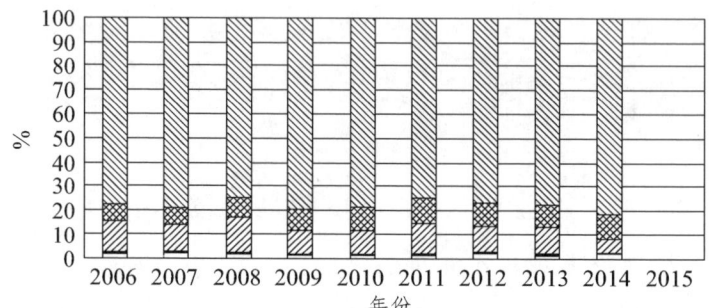

注：数据来源于世界银行公开数据库，2015年数据缺失。

图 3.14　哈萨克斯坦商品进口结构

近十年来哈萨克斯坦商品进口均以制造业为主，制造业进口占商品进口比例保持在77%左右。排第二位及第三位的是燃料进口与食品进口，近十年来比例分别维持在11%与8.8%左右。进口最低的是农业原材料，进口占比仅为0.65%左右。

3. 欧洲国家进口结构分析

欧洲国家以典型的俄罗斯及荷兰为例，其中俄罗斯的商品进口结构见图3.15。

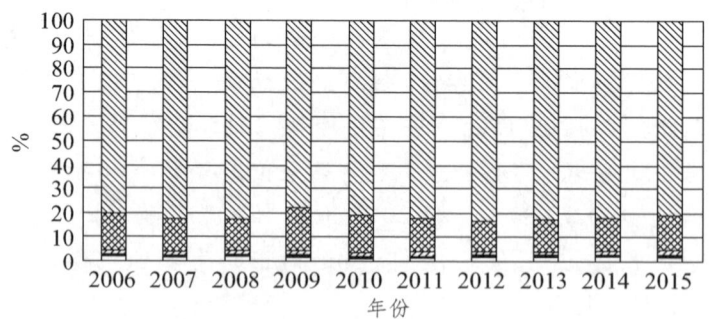

注：数据来源于世界银行公开数据库。

图 3.15　俄罗斯商品进口结构

近十年来俄罗斯商品进口也是以制造业进口为主,制造业进口自2006年的75.21%逐年增长至80.89%。商品进口比例排第二位的是食品进口,近十年来比例分别维持在13.5%左右。其他各类商品进口占比均较低。

荷兰的商品进口结构见图3.16。

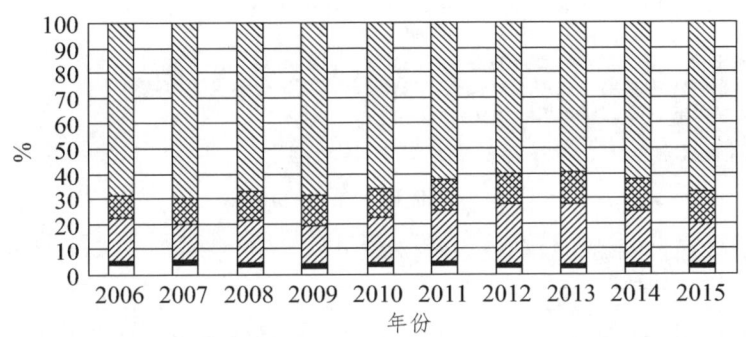

注:数据来源于世界银行公开数据库。

图3.16 荷兰商品进口结构

近十年来荷兰进口均以制造业进口为主,制造业进口占商品进口比例维持在60%左右。商品进口比例排第二位及第三位的是燃料进口及食品进口,燃料进口波动较大,平均占比为17%,食品进口呈现增长趋势。商品进口占比最低的是农业原材料进口及矿石和金属进口,农业原材料进口平均占比为1.5%,矿石与金属进口自2006年的3.52%逐渐减少至2014年的2.35%。

4. 西亚国家进口结构分析

西亚国家以典型的沙特阿拉伯及伊朗为例,其中沙特阿拉伯的商品进口结构见图3.17。

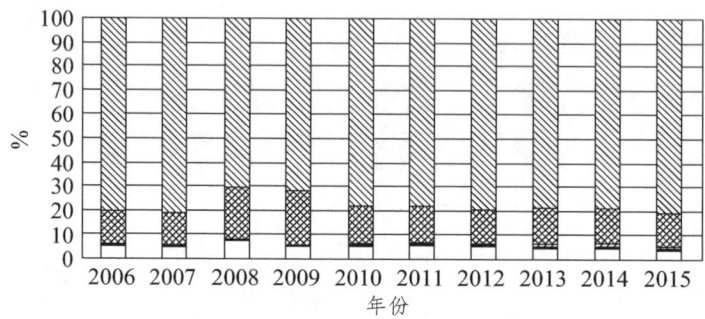

注：数据来源于世界银行公开数据库。

图 3.17 沙特阿拉伯商品进口结构

沙特阿拉伯的制造业进口占到绝对比例，基本维持在 80%左右。其次是食品进口，近十年来比例维持在 13.7%左右。矿石和金属进口也占有一定比例，大约占 4.3%。其他两类商品的进口均呈很低的比例，近十年的平均比例均在 1%以下。

伊朗的商品进口结构见图 3.18。

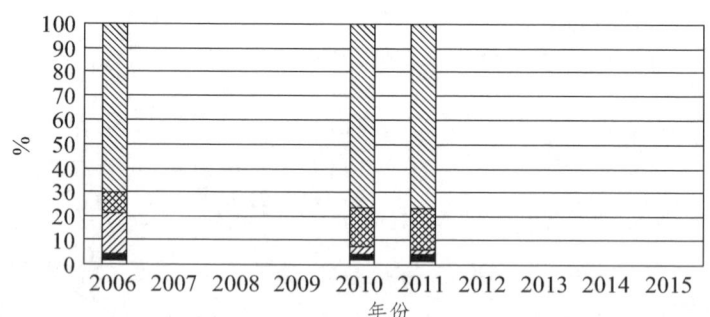

注：数据来源于世界银行公开数据库，仅有 2006、2010、2011 年数据，其他年份数据缺失。

图 3.18 伊朗商品进口结构

伊朗由于经济制裁，缺失多个年份数据，但从可获得的 3 个年份的数据来看，伊朗的商品进口结构以制造业进口及食品进口为主，其他类商品进口占比较低。

5. 地中海国家进口结构分析

地中海国家以土耳其为例，其商品进口结构见图 3.19。

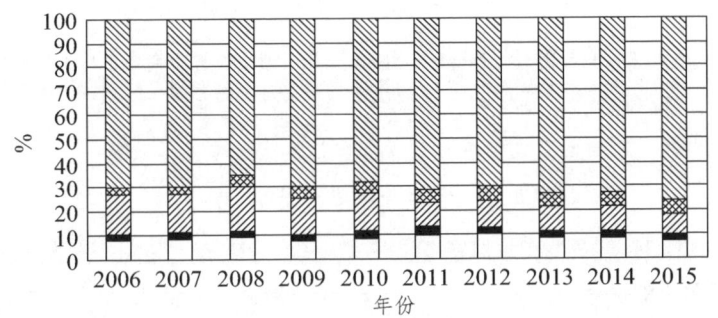

注：数据来源于世界银行公开数据库。

图 3.19 土耳其商品进口结构

土耳其也以制造业进口为主，近十年制造业进口占商品进口比例的均值是 62.6%。其商品进口比例排第二位的是燃料进口，但呈逐年下降趋势，自 2006 年的 15.8% 下降到 2015 年的 7.1%。矿石和金属进口也有相当的比例，近十年占商品进口的比例的均值为 7.6%。食品进口及农业原材料进口占比较低，但食品进口呈现增长趋势。

6. 南亚国家进口结构分析

南亚国家以两个重要的国家印度和巴基斯坦为例，其中印度的商品进口结构见图 3.20。

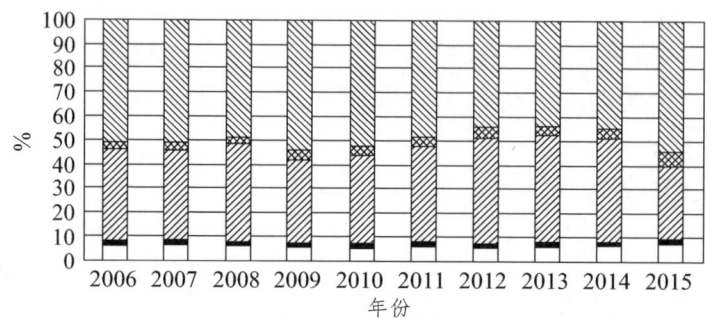

图 3.20 印度商品进口结构

印度进口占比最高的是制造业进口，其次是燃料进口，制造业进口基本稳定在48%左右，燃料进口大约为38%，两者占到进口的绝对比例。商品进口中第三大比例的产品是矿石和金属进口，维持在6%左右。其余两项进口占比较低。从这三项主要进口商品及其比例构成看，印度的进口结构与中国的进口结构十分相似。

巴基斯坦商品进口结构见图3.21。

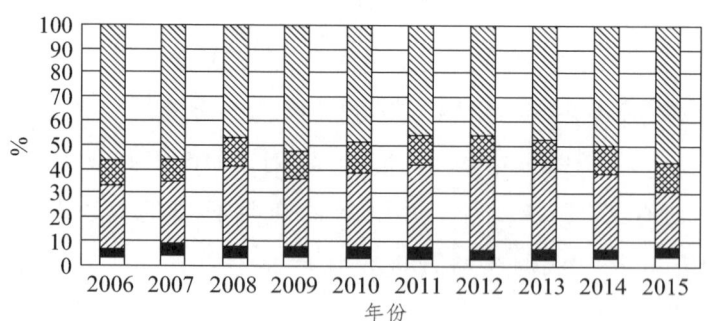

图 3.21 巴基斯坦商品进口结构

巴基斯坦进口商品排前三位的依次为制造业进口、燃料进口及食品进口，制造业进口维持稳定，占比均值为50%，燃料进口呈现较快上升趋势，而食品进口呈缓慢上升趋势。进口最低的是矿石和金属进口及农业原材料进口，近十年占商品进口比例的均值分别3.2%及4.4%。

7. 东南亚国家进口结构分析

东南亚各国以泰国、印度尼西亚及新加坡为例。其中泰国的商品进口结构见图3.22。

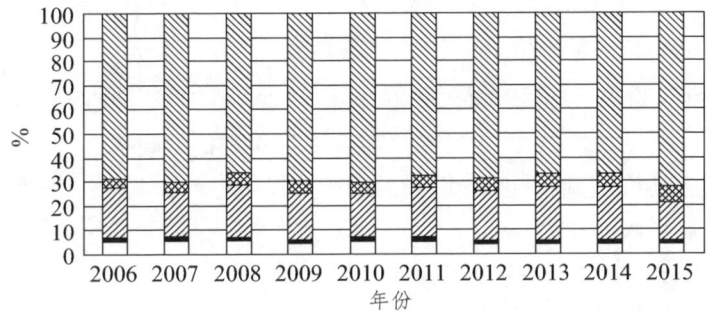

注：数据来源于世界银行公开数据库。

图3.22 泰国商品进口结构

泰国也以制造业进口及燃料进口为主，两者分别占比约在69%及20%左右。其次是食品进口及矿石与金属进口，但食品进口呈上升趋势，而矿石与金属进口呈下降趋势，从2009年开始食品进口占比就超过了矿石与金属进口。

印度尼西亚的商品进口结构见图3.23。

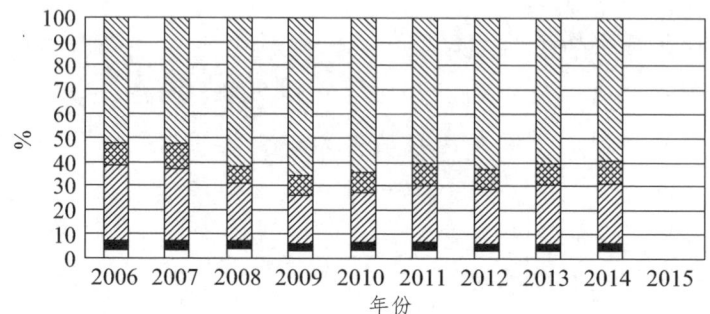

□ 矿石和金属出口（占商品出口的百分比）　■ 农业原材料出口（占商品出口的百分比）
▨ 燃料材料出口（占商品出口的百分比）　▧ 食品出口（占商品出口的百分比）
▨ 制造业出口（占商品出口的百分比）

注：数据来源于世界银行公开数据库，2015年数据缺失。

图 3.23　印度尼西亚商品进口结构

印度尼西亚进口商品结构与泰国相似，也是依次为制造业进口、燃料进口及食品进口，三者占比约在60%、24%和9%左右。矿石和金属进口及农业原材料进口占比均值分别为 3.4%、3%左右，但两者进口比例呈下降趋势。

新加坡的商品进口结构见图 3.24。

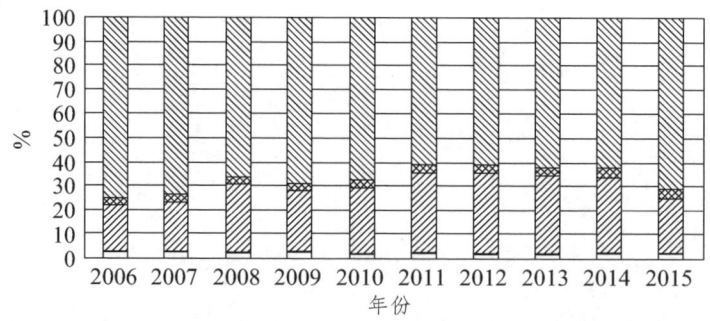

□ 矿石和金属出口（占商品出口的百分比）　■ 农业原材料出口（占商品出口的百分比）
▨ 燃料材料出口（占商品出口的百分比）　▧ 食品出口（占商品出口的百分比）
▨ 制造业出口（占商品出口的百分比）

注：数据来源于世界银行公开数据库。

图 3.24　新加坡商品进口结构

新加坡商品进口主要是制造业进口及燃料进口。其中进口份额最高的是制造业进口，近十年制造业进口占其商品进口比例的均值为66%。燃料进口占其商品进口的比例的均值为27%。其他三类产品的进口均占较小比例，比例最低的是农业原材料进口。

从各国的商品进口结构看，"一带一路"沿线国家中，除了资源丰富的国家，如中东各国外，其他各国的进口基本都是以制造业进口为主。制造业在进口与出口都普遍呈现为主要商品类别的情况，反映出各国之间在制造业领域既有广泛的需求，同时也具有各自的优势特色，因而，这个领域的合作空间也是最大的。

同时，在"一带一路"的建设中，中国与各国在能源、矿产以及食品等领域存在广泛的合作空间。特别是能源，"一带一路"中的各国在能源出口方面均与中国存在互补性，因此，"一带一路"建设首要考虑的商品贸易应该是能源及周边产品；其次，中亚国家及俄罗斯，在矿产方面与中国存在互补空间，因此，矿产也应是"一带一路"建设主要发展的贸易产品；再次，"一带一路"各国在食品出口方面相较于中国具有一定的优势，各国都应有较高的意愿在发展食品贸易这个领域展开合作；最后，中国可以借助制造业的技术与管理优势与各国展开制造业的合作，共同促进制造业的产业升级，虽然这个领域可能遇到的困难是最大的，但一旦开展以产业升级为目的的合作，将是双赢的合作局面。

第二节 "一带一路"沿线各国的贸易增长分析

一、中国同"一带一路"沿线各国的经济贸易额增长趋势分析

1. 中国同中亚各国的进出口贸易总额情况（见图 3.25）

可以看到，中国同中亚各国的进出口贸易总额总体上呈现增长趋势，其中，同哈萨克斯坦的进出口贸易额增长最为明显，可见，中亚作为"一带一路"建设的重点国家是一个现实的选择和定位。

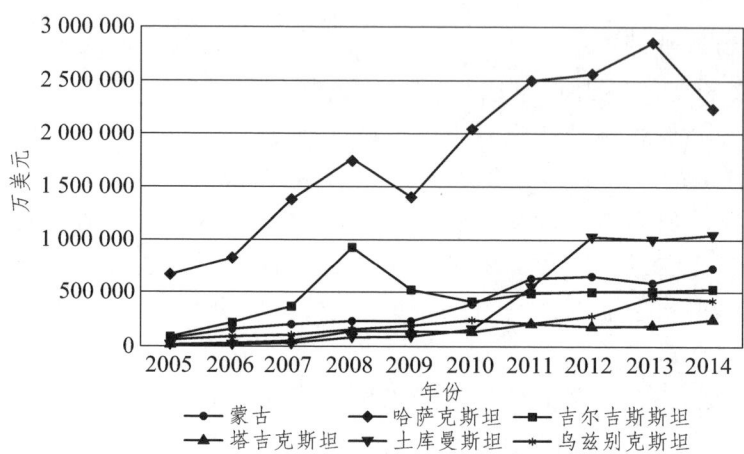

数据来源：中国统计年鉴。

图 3.25 中国同中亚各国进出口贸易额

但是，近十年来，增长速度呈现下降趋势。进出口总额增长率见图 3.26。

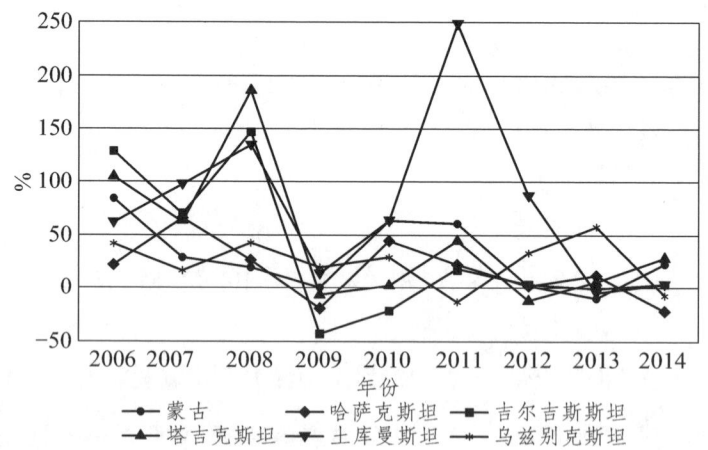

数据来源：中国统计年鉴。

图 3.26 中国同中亚各国进出口总额年增长率

2. 中国同欧洲"一带一路"涉及国家的进出口贸易总额情况（见图 3.27）

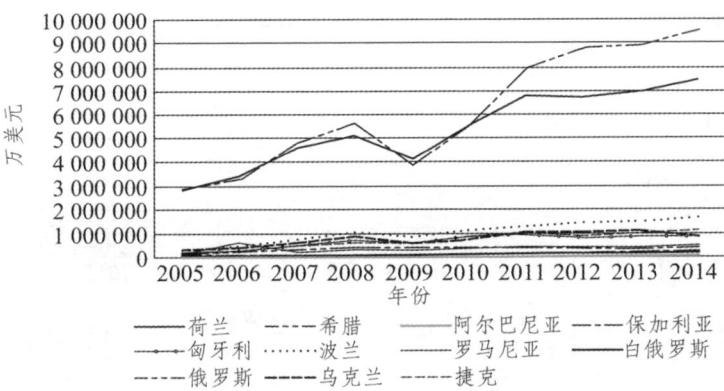

数据来源：中国统计年鉴。

图 3.27 中国同欧洲"一带一路"主要国家进出口贸易额

可以看到，中国同欧洲"一带一路"主要国家的进出口贸易总额呈现增长趋势，其中，同俄罗斯、荷兰的进出口贸易额增长最为明显，其次同波兰、捷克的进出口贸易增长也较为明显。"一带一路"在这些国家有较好的基础。

中国同欧洲"一带一路"主要国家进口额增长率情况见图 3.28。

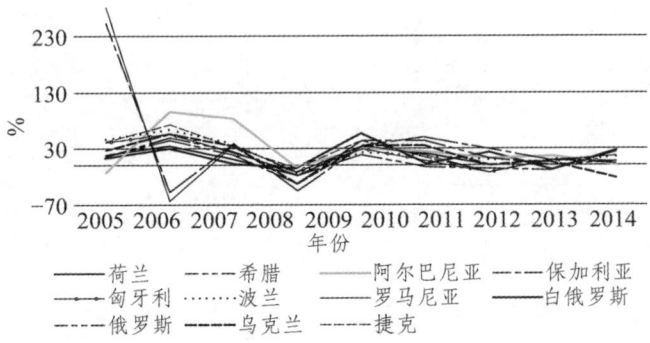

数据来源：中国统计年鉴。

图 3.28 中国同欧洲"一带一路"主要国家进出口总额年增长率

中国同欧洲"一带一路"主要国家之间的进出口贸易的增长率也呈下降趋势。尤其是自 2010 年之后,这种趋势较为明显。

3. 中国同西亚各国的进出口贸易总额情况(见图 3.29)

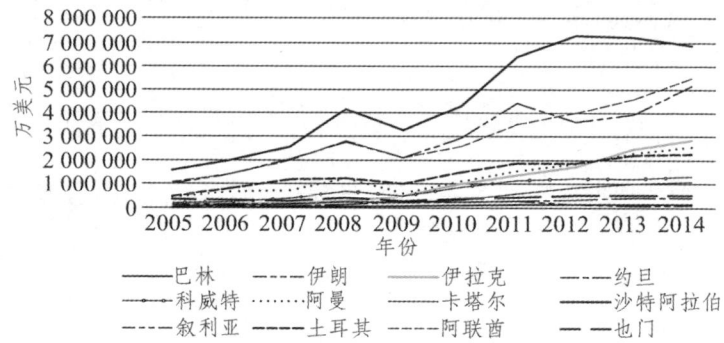

数据来源:中国统计年鉴。

图 3.29 中国同西亚各国进出口贸易额

中国同西亚各国的进出口贸易均呈现出明显增长情况,且多个国家的增长都较为明显,其中,增长最为明显的是沙特阿拉伯、阿联酋、伊朗三国,其他如伊拉克、安曼、土耳其、卡塔尔、也门等国也增长明显。

中国对西亚各国进出口额增长率情况见图 3.30。

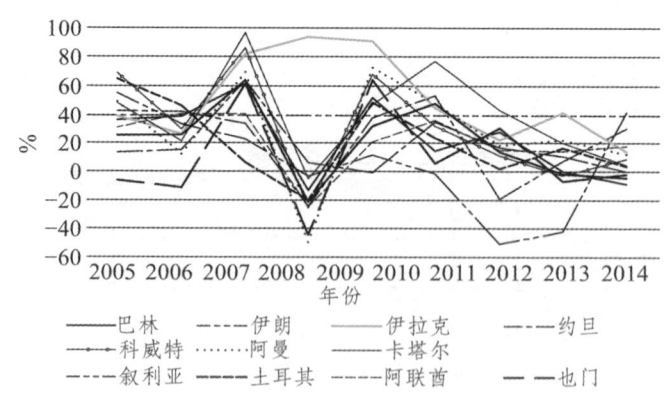

数据来源:中国统计年鉴。

图 3.30 中国同西亚各国进出口总额年增长率

与其他地区国家类似，中国同西亚各国的进出口贸易的年增长率也呈下降趋势，同样也是自 2010 年开始呈现明显的下降趋势。只有叙利亚从 2012 年开始，年增长率出现明显增长。

4. 中国同南亚各国的进出口贸易总额情况（见图 3.31）

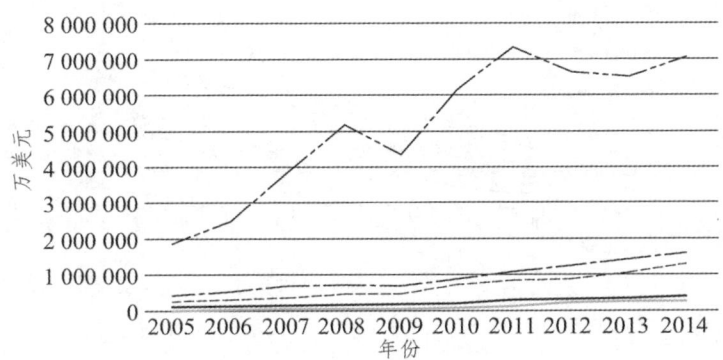

数据来源：中国统计年鉴。

图 3.31 中国同南亚各国进出口贸易额

中国同南亚各国的进出口贸易均呈现出明显增长情况，其中，增长最为明显的是印度，巴基斯坦、孟加拉国也增长明显。

中国对南亚各国进出口额增长率情况见图 3.32。

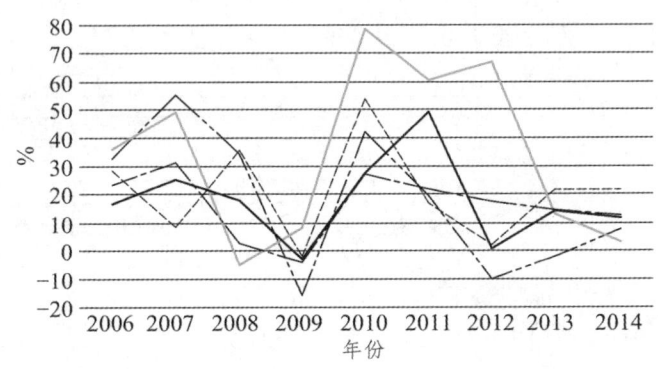

数据来源：中国统计年鉴。

图 3.32 中国同南亚各国进出口贸易额年增长率

中国同南亚各国的进出口贸易额的年增长率基本上呈现水平波动状态，但总体趋势仍呈现略微下降。

5. 中国同东南亚各国的进出口贸易总额情况（见图3.33）

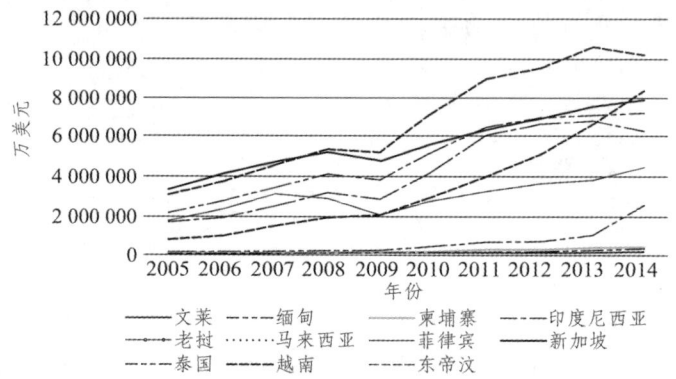

数据来源：中国统计年鉴。

图3.33　中国同东南亚各国进出口贸易额

中国同东南亚各国的进出口贸易均呈现出明显增长情况，其中，马来西亚、新加坡、泰国、印度尼西亚、越南及菲律宾等国都有显著增长，且总量也具有相当规模。这表明，中国在东南亚各国贸易往来情况普遍好于其他区域，同时也说明了，中国—东盟贸易自由区的作用明显。可见贸易协定是推动"一带一路"建设非常有效的手段。

中国对东南亚各国进出口额增长率情况见图3.34。

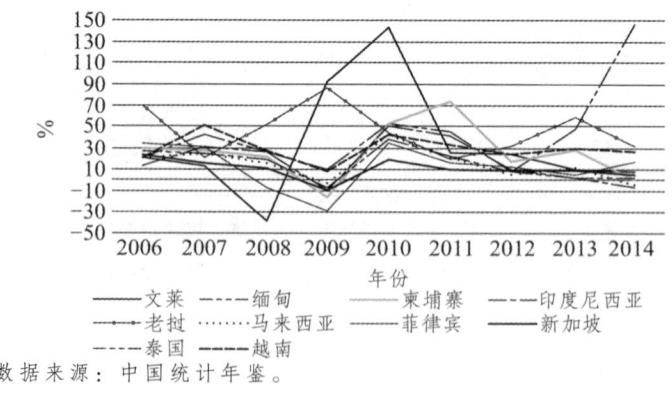

数据来源：中国统计年鉴。

图3.34　中国同东南亚各国进出口贸易额年增长率

中国同东南亚各国的进出口贸易年增长率大体呈水平波动状况。只有缅甸呈现增长趋势。

综上所述，中国同"一带一路"沿线主要国家之间的进出口贸易额均呈现显著的增长，但除了东南亚、南亚，其他地区的贸易增长率呈现下降趋势。东南亚的贸易增长情况在各国间较其他区域更为普遍与显著，同时也只有这个区域的增长率保持稳定，这说明中国—东盟贸易自由区的建立对于贸易流通起到了重要作用，因此，建立贸易协定具有非常显著的效果，"一带一路"应重点考虑这一措施。

二、中国同"一带一路"沿线各国贸易依赖度分析

Baldwin（2003）构造了 HM 指数（Hubness Measurement Index）来测算 FTA 网络中的潜在轴心国，可以用于相互贸易依赖程度测算，其计算公式如下：

$$HM_j = \frac{x_{ij}}{x_i}\left(1 - \frac{m_{ij}}{m_j}\right)$$

式中：x_{ij}，m_{ij}，x_i 和 m_j 分别表示 i 国到 j 国的出口总额，i 国从 j 国的进口额，i 国的总出口额和 j 国的总进口额；HM_j 主要用于衡量 i 国出口对 j 国市场的依赖程度，其取值范围为 0~1；当 HM_j 指数越靠近 1，表明 i 国出口对 j 国市场的依赖程度越大，反之亦然。

为了方便分析中国出口对不同国家及地区的依赖程度，设定研究范围包括东北亚 4 国、东南亚 11 国、南亚 8 国、西亚北非 16 国、独联体其他 6 国、中东欧 16 国、中亚 5 国等板块（见表 3.1）。

表 3.1 "一带一路"沿线国家范围

板块	主要国家
东北亚 4 国	蒙古、俄罗斯、日本、韩国
东南亚 11 国	印度尼西亚、泰国、马来西亚、越南、新加坡、菲律宾、缅甸、柬埔寨、老挝、文莱、东帝汶

续表

板块	主要国家
南亚8国	印度、巴基斯坦、孟加拉国、斯里兰卡、阿富汗、尼泊尔、马尔代夫、不丹
西亚北非16国	沙特阿拉伯、阿联酋、阿曼、伊朗、土耳其、以色列、埃及、科威特、伊拉克、卡塔尔、约旦、黎巴嫩、巴林、也门共和国、叙利亚、巴勒斯坦
独联体其他6国	乌克兰、白俄罗斯、格鲁吉亚、阿塞拜疆、亚美尼亚、摩尔多瓦
中东欧16国	波兰、罗马尼亚、捷克共和国、斯洛伐克、保加利亚、匈牙利、拉脱维亚、立陶宛、斯洛文尼亚、爱沙尼亚、克罗地亚、阿尔巴尼亚、塞尔维亚、马其顿、波黑、黑山
中亚5国	哈萨克斯坦、乌兹别克斯坦、土库曼斯坦、吉尔吉斯斯坦、塔吉克斯坦

为进一步揭示中国与"一带一路"沿线国家的贸易关系，采用ITC（International Trade Centre）数据库的国际贸易数据，按照不同板块计算中国出口对"一带一路"沿线国家的HM指数。

东北亚地区，中国出口对日本的依赖度最高，但依赖程度逐年下降。其次是韩国，中国出口对其依赖程度基本保持稳定。由于对日本的依赖程度下降，且对日本依赖程度明显高于其他三国，因此，中国出口对整个东亚4国的依赖程度也呈逐年下降趋势。（见表3.2）

表3.2 2006—2015年中国出口对东北亚4国的HM指数（%）

国家（地区）	2006	2007	2008	2009	2010	2011	2012	2013	2014	2015
东北亚	11.28	11.22	11.68	10.55	10.55	11.06	10.93	10.63	10.38	9.47
俄罗斯	1.60	2.29	2.26	1.43	1.84	2.00	2.10	2.20	2.24	1.50
蒙古	0.04	0.06	0.06	0.09	0.09	0.14	0.13	0.11	0.09	0.07
韩国	4.07	4.12	4.66	4.01	3.93	3.96	3.88	3.74	3.87	3.99
日本	8.07	7.19	7.04	7.09	6.70	6.94	6.68	6.23	5.85	5.45

在东南亚，中国出口对各国的依赖程度明显低于日本、韩国，其中依赖程度较高的是新加坡、马来西亚、越南、泰国与印度尼西亚。除对新加坡的依赖程度呈下降趋势，对于其他各国的依赖程度都在加强。（见表3.3）

表3.3 2006—2015年中国出口对东南亚11国的HM指数（%）

国家（地区）	2006	2007	2008	2009	2010	2011	2012	2013	2014	2015
东南亚	6.53	6.88	7.16	7.913	7.79	7.97	8.90	9.92	10.38	10.85
文莱	0.01	0.01	0.01	0.01	0.02	0.04	0.06	0.08	0.07	0.06
柬埔寨	0.07	0.07	0.08	0.08	0.09	0.12	0.13	0.15	0.14	0.17
印度尼西亚	0.96	1.03	1.19	1.21	1.37	1.51	1.64	1.64	1.65	1.49
老挝	0.02	0.01	0.02	0.03	0.03	0.03	0.05	0.08	0.08	0.05
马来西亚	1.36	1.41	1.46	1.58	1.45	1.42	1.73	2.02	1.92	1.88
缅甸	0.12	0.14	0.14	0.19	0.22	0.25	0.28	0.33	0.40	0.41
菲律宾	0.58	0.60	0.63	0.71	0.72	0.74	0.81	0.89	0.99	1.16
新加坡	2.34	2.41	2.22	2.46	2.01	1.84	1.96	2.04	2.06	2.29
泰国	0.98	0.96	1.07	1.08	1.22	1.32	1.49	1.45	1.44	1.64
越南	0.77	0.97	1.05	1.35	1.46	1.52	1.65	2.18	2.69	2.87
东帝汶	0.001	0.001	0.001	0.002	0.003	0.004	0.003	0.002	0.003	0.005

在南亚，中国出口对各国的依赖程度普遍较低，其中依赖程度较高的是印度。从依赖程度的变化来看，中国出口对该地区各国的依赖程度都在加强。（见表3.4）

表3.4 2006—2015年中国出口对南亚8国的HM指数（%）

国家（地区）	2006	2007	2008	2009	2010	2011	2012	2013	2014	2015
南亚	2.38	2.84	3.04	3.43	3.59	3.70	3.40	3.37	3.63	4.09
阿富汗	0.01	0.01	0.01	0.02	0.01	0.01	0.02	0.01	0.02	0.02

续表

国家（地区）	2006	2007	2008	2009	2010	2011	2012	2013	2014	2015
孟加拉共和国	0.32	0.27	0.32	0.37	0.43	0.41	0.39	0.44	0.50	0.61
不丹	0.0000	0.0004	0.0006	0.0003	0.0001	0.0009	0.0008	0.0008	0.0005	0.0004
印度	1.49	1.94	2.17	2.44	2.55	2.63	2.30	2.17	2.30	2.53
马尔代夫	0.002	0.002	0.002	0.003	0.004	0.005	0.004	0.004	0.004	0.008
尼泊尔	0.03	0.03	0.03	0.03	0.05	0.06	0.10	0.10	0.10	0.04
巴基斯坦	0.44	0.48	0.42	0.46	0.44	0.44	0.45	0.50	0.56	0.72
斯里兰卡	0.11	0.11	0.11	0.13	0.13	0.16	0.15	0.16	0.16	0.19

在中东地区，中国出口对各国的依赖程度普遍较低，其中依赖程度较高的是阿联酋。从依赖程度的变化来看，除对叙利亚的依赖程度出现降低，对巴林、土耳其的依赖保持不变外，中国出口对该地区其他各国的依赖程度都在加强，且近十年来增长程度也十分显著。（见表3.5）

表3.5　2006—2015年中国出口对西亚北非16国的HM指数（%）

国家（地区）	2006	2007	2008	2009	2010	2011	2012	2013	2014	2015
中东地区	3.90	4.61	4.88	5.06	4.78	4.98	4.90	5.11	5.76	5.80
巴林	0.03	0.03	0.05	0.04	0.05	0.05	0.06	0.06	0.05	0.04
埃及	0.31	0.37	0.41	0.42	0.38	0.38	0.40	0.38	0.45	0.52
伊朗	0.46	0.60	0.56	0.65	0.69	0.76	0.56	0.63	1.02	0.77
伊拉克	0.05	0.06	0.09	0.15	0.23	0.20	0.24	0.31	0.33	0.34
以色列	0.26	0.30	0.30	0.30	0.32	0.35	0.34	0.35	0.33	0.38
约旦	0.10	0.09	0.13	0.16	0.12	0.13	0.14	0.16	0.14	0.15
科威特	0.09	0.11	0.12	0.13	0.12	0.11	0.10	0.12	0.15	0.16
黎巴嫩	0.05	0.06	0.08	0.09	0.08	0.08	0.08	0.11	0.11	0.10
阿曼	0.03	0.04	0.05	0.06	0.06	0.05	0.09	0.09	0.09	0.09
巴勒斯坦	0.003	0.003	0.003	0.002	0.002	0.003	0.002	0.004	0.003	0.003
卡塔尔	0.05	0.05	0.07	0.07	0.05	0.06	0.06	0.08	0.10	0.10

续表

国家（地区）	2006	2007	2008	2009	2010	2011	2012	2013	2014	2015
苏丹	0.51	0.63	0.74	0.73	0.64	0.76	0.87	0.83	0.86	0.93
叙利亚	0.14	0.16	0.16	0.18	0.15	0.13	0.06	0.03	0.04	0.04
土耳其	0.75	0.86	0.74	0.69	0.76	0.82	0.76	0.80	0.82	0.82
阿联酋	1.17	1.40	1.65	1.55	1.34	1.41	1.43	1.50	1.65	1.61
也门	0.08	0.08	0.08	0.10	0.08	0.06	0.10	0.10	0.09	0.06

在中东欧，中国出口对各国的依赖程度普遍较低。从依赖程度的变化来看，除对匈牙利、罗马尼亚、塞尔维亚的依赖程度出现降低外，中国出口对该地区其他各国的依赖程度基本保持不变。（见表3.6）

表3.6 2006—2015年中国出口对中东欧16国的HM指数（%）

国家（地区）	2006	2007	2008	2009	2010	2011	2012	2013	2014	2015
中东欧	2.19	2.04	2.28	2.18	2.18	2.10	1.88	1.82	1.85	1.83
阿尔巴尼亚	0.007	0.007	0.014	0.017	0.013	0.015	0.017	0.015	0.016	0.019
波斯尼亚和黑塞哥维那	0.002	0.004	0.005	0.003	0.002	0.002	0.002	0.004	0.012	0.003
保加利亚	0.18	0.07	0.08	0.05	0.04	0.05	0.05	0.05	0.05	0.05
克罗地亚	0.09	0.13	0.12	0.09	0.09	0.08	0.06	0.06	0.06	0.04
捷克	0.24	0.34	0.38	0.42	0.45	0.40	0.31	0.31	0.34	0.36
爱沙尼亚	0.047	0.048	0.041	0.030	0.043	0.060	0.060	0.050	0.049	0.042
匈牙利	0.34	0.41	0.43	0.44	0.41	0.36	0.28	0.26	0.25	0.23
拉脱维亚	0.05	0.06	0.06	0.04	0.05	0.06	0.06	0.06	0.06	0.04
立陶宛共和国	0.06	0.07	0.07	0.05	0.06	0.07	0.08	0.08	0.07	0.05
马其顿共和国	0.003	0.006	0.005	0.005	0.003	0.005	0.004	0.003	0.003	0.004
黑山共和国	0.000	0.004	0.006	0.006	0.005	0.007	0.007	0.004	0.007	0.006
波兰	0.41	0.54	0.63	0.63	0.60	0.58	0.60	0.57	0.61	0.63
罗马尼亚	0.63	0.17	0.20	0.20	0.19	0.18	0.14	0.13	0.14	0.14
塞尔维亚	0.031	0.030	0.034	0.026	0.022	0.021	0.020	0.020	0.018	0.018
斯洛伐克	0.06	0.12	0.14	0.12	0.12	0.13	0.12	0.14	0.12	0.12
斯洛文尼亚	0.05	0.06	0.07	0.06	0.09	0.09	0.08	0.08	0.09	0.09

在中亚，中国出口对各国的依赖程度普遍较低。从依赖程度的变化来看，中国出口对该地区其他各国的依赖程度基本上呈现出在2010年前增强、而之后减弱的趋势，总体看维持不变。（见表3.7）

表3.7 2006—2015年中国出口对中亚5国的HM指数（%）

国家（地区）	2006	2007	2008	2009	2010	2011	2012	2013	2014	2015
中亚	0.79	1.03	1.57	1.38	1.04	0.97	1.03	1.04	1.02	0.76
哈萨克斯坦	0.49	0.61	0.68	0.64	0.59	0.50	0.53	0.56	0.54	0.37
吉尔吉斯斯坦	0.22	0.30	0.64	0.44	0.26	0.26	0.25	0.23	0.22	0.19
塔吉克斯坦	0.03	0.04	0.10	0.10	0.09	0.11	0.09	0.08	0.11	0.08
土库曼斯坦	0.02	0.02	0.06	0.08	0.03	0.04	0.08	0.05	0.04	0.04
乌兹别克斯坦	0.04	0.06	0.09	0.13	0.07	0.07	0.09	0.12	0.11	0.10

在这6个独联体国家中，中国出口对各国的依赖程度普遍很低，仅乌克兰稍高一些。从依赖程度的变化来看，中国出口对该地区其他各国的依赖程度基本上维持不变。（见表3.8）

表3.8 2006—2015年中国出口对独联体其他6国的HM指数（%）

国家（地区）	2006	2007	2008	2009	2010	2011	2012	2013	2014	2015
独联体	2.806	3.829	4.388	3.143	3.308	3.408	3.545	3.643	3.535	2.464
亚美尼亚	0.003	0.004	0.005	0.007	0.007	0.007	0.006	0.005	0.005	0.005
阿塞拜疆	0.036	0.039	0.048	0.046	0.054	0.047	0.052	0.039	0.028	0.019
白俄罗斯	0.022	0.019	0.025	0.023	0.050	0.037	0.045	0.039	0.047	0.033
格鲁吉亚	0.008	0.015	0.020	0.016	0.017	0.040	0.036	0.039	0.039	0.034
摩尔多瓦	0.003	0.004	0.005	0.006	0.005	0.005	0.006	0.005	0.005	0.004
乌克兰	0.384	0.485	0.528	0.299	0.352	0.376	0.357	0.355	0.218	0.154

从中国出口对各区域的依赖程度看，依赖程度由强到弱依次为东北亚、东南亚、中东、南亚、独联体国家、中东欧、中亚，而且，从2014年开始对东南亚的依赖超过东北亚。从依赖程度的变化看，中国出口对于东南亚、中东与南亚的依赖在增强，对于东亚、中东欧的依赖在减弱，而在中亚、独联体国家，中国出口的依赖在2010年左右先增后减。（见图3.35）

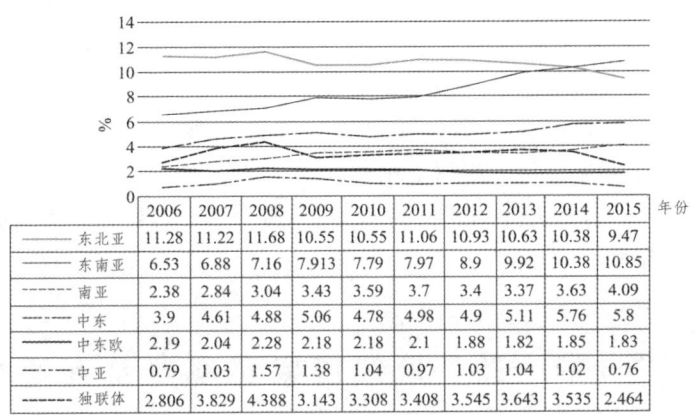

图 3.35　2006—2015 年中国出口对各区域的 HM 指数

如图 3.36 所示,从各区域出口对中国的依赖程度看,"一带一路"沿线各区域除中东欧外,其他各区域的出口对中国的依赖均较强,其中,中亚、东北亚与东南亚的出口对中国依赖尤为明显。从各区域出口对中国的依赖程度的变化看,除南亚出口对中国的依赖逐渐减弱外,其他各区域出口对中国的依赖均快速增强,特别是中亚地区的出口对中国的依赖增长非常大。

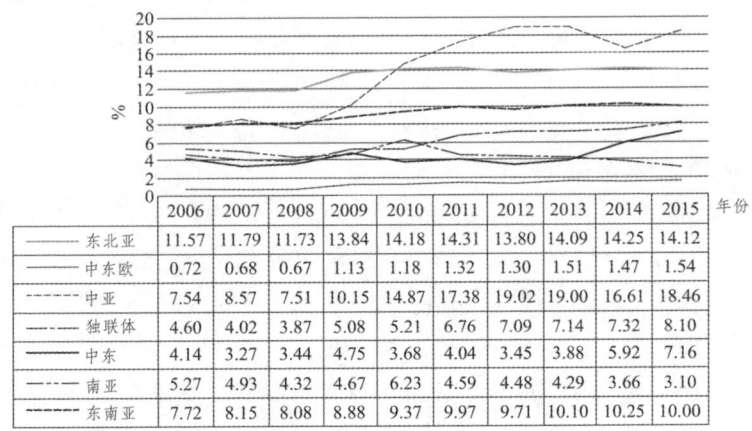

注:2008、2009、2015 年蒙古数据缺失,这三年数据计算中不包括蒙古的进口与出口数据。

图 3.36　2006—2015 年各区域出口对中国的 HM 指数

对比中国出口对"一带一路"沿线各区域的依赖程度与这些区域出口对中国的依赖程度，可以看出，这些区域对中国的依赖程度都要强于中国对这些区域的依赖程度，并且对中国的依赖程度还在进一步加强，有些区域如东南亚、中东地区，出现中国与这些区域的经贸依赖性双向增强的趋势。这也说明，中国经贸与"一带一路"沿线国家的经贸往来有着很强的互补性，经贸发展具有很大的潜力。

第三节 "一带一路"沿线国家实现贸易互通模式与对策

一、跨区域产业转移的基本理论

近年来，大量的研究集中于对跨区域产业转移方向及空间布局、动力与路径等方面，构建了较为完整的理论框架。这些研究将为"一带一路"产业转移的推进提供理论支撑。

（一）产业在不同区域的空间布局的理论

这方面的理论主要有杜能的农业区位理论、韦伯的工业区位理论、克鲁格曼的新经济地理学理论等。这些理论从影响产业布局与区位选择的影响因素出发，对产业转移路径选择有指导价值。

1. 运输成本与费用推动产业布局

著名德国经济学家冯·杜能在 1826 年出版的《孤立国对农业及国民经济之关系》一书中，提出农业区位的理论：不同地方对中心城市距离远近所带来的运费差，决定不同地方农产品纯收益的大小，纯收益是市场距离的函数。一定地方应当生产获得纯收益最高的农产品。按照农民利益最大化的出发点布局生产地就会逐渐形成以城市为中心，由内向外呈同心圆状分布的不同的农业地带。杜能的理论模式对于区位论的建立起到奠基作用。他也提到运输费用是影响区域产业形成及发展的一个重要因素。

德国经济学家 A.韦伯，于 1909 年在《工业区位论》一书中，提出工业区位理论。韦伯认为区位因子决定生产场所，将企业吸引到生产费用最小、节约费用最大的地点。韦伯分别采用三个原则说明产业区位选择：运输区位法则、劳动区位法则、集聚（分散）区位法则。该理论给出了工业区位形成与发展的过程及影响因素。

2."报酬递增"效率与产业聚集布局

诺贝尔经济学得主克鲁格曼在 1991 年发表的论文《收益递增与经济地理》中，对新经济地理理论从产业布局或聚集如何实现"报酬递增规律"出发，解释市场和地理之间的相互联系：产业在空间上的分布不均匀性是"报酬递增"的结果。当生产所有环节的分工因为地理聚集产生规模报酬递增，就会节约原材料采购成本和分工协调的交易费用。这样某些区域就会随着产业集聚和分工细化而产生"中心"效应，这样就实现了"报酬递增"。克鲁格曼认为这是现代国际贸易运行的核心。

克鲁格曼进一步提出"核心—外围"模型，分析特定区域内产业集聚的形成动力。在这个模型中，不同产业的区位决定依赖于规模经济和交通成本：处于中心或核心的是制造业地区，外围是农业地区。核心—外围理论可以预测一个经济体中经济地理模式的渐进化过程：初始状态时，一个国家的地理区位可能有某种优势，它对另一地区的特定厂商具有一定的吸引力，并导致这些厂商生产区位的改变，一旦某个区位形成行业的地理集中，则该地区的聚集经济就会迅速发展，并获得地区垄断竞争优势。

克鲁格曼研究还发现劳动力、中间投入品和技术的使用都可能因为区位选择和聚集效应产生来自于供应方面的外部经济性。

第一，劳动力市场的"蓄水池"效应。在同一个地方，来自同一行业众多企业的集聚力量，可以吸引越来越多的技术工人。这个蓄水池的不断扩大，可以帮助企业克服种种不确定性，加上规模经济的作用，报酬递增的效应便出现了。

第二，中间投入品效应。一种产业长期集聚在某地，可以吸引许多提供特定投入和专业化服务的供应商，并使之逐渐成为地区的生产中心；由于规模经济和范围经济的作用，这种生产中心规模越来越大，就会吸引更多有效率的供应商。

第三，技术的"外溢"效应。假设有关新技术、新产品和新工艺的信息，在某地区内部比其他地区更容易流动和获得，那么相对于远离该地区的企业来说，集聚在该地区的企业更容易获得正的外部性效应。

核心—外围模型反映的区域经济演变过程，不是一个逐渐趋收敛的过程。快速经济增长或工业化首先发生在某些区域，产业集聚导致区域间不平等扩大，形成工业"核心"与农业、原材料供应的"外围"。当离心力小于集聚力时，这种"核心—外围"模式会进一步强化；当离心力超过集聚力时，工业化会波浪状地由核心向周围的外围地带扩散，使某一些落后地区加入进来，而其他地区仍旧处于落后状态。

新经济地理理论对于区域经济发展及产业转移的指导意义在于：贸易自由化、劳动力流动、贸易便利性、技术扩散的外部性这些因素，对于某一个区域的产业形成聚集或分散具有重要的影响。

（二）产品生命周期论

哈佛经济学家雷蒙·弗农（Raymond Vernon）于 1966 年在《产品周期中的国际投资和国际贸易》一文中提出产品生命周期论。产品生命周期理论认为，产品的生命周期要经历 3 个阶段：新产品阶段（新产品的发明和研制阶段）、成熟阶段（新产品进入开发和生产）、标准化阶段（生产技术成熟，国外生产达到规模经济，原新产品厂商失去优势）。1968 年威尔斯在《国际贸易中有一个产品生命周期》一文中，以美国为例，将产品生命周期分为 4 个阶段。

第一阶段是创新国新产品出口垄断时期。由于产品需求弹性小，成本差异对企业生产区位的选择影响不大，因此，产品生产一般集中在国内，国外市场需求基本依靠出口满足。

第二阶段为外国生产者模仿生产时期。产品技术逐渐成熟，国内外对产品的需求随之扩大，产品价格弹性增加。同时，产品仿制出现，技术优势弱化。由于竞争对手出现以及担心丧失国外市场，企业纷纷将生产转移到国外，投资地区一般是收入水平和技术水平与母国相近的地区。被投资国，一般先通过贸易或者许可证等制度安排获得新产品。

第三阶段是国外生产者大量增多，参与出口市场的竞争时期。随着发达国家内部竞争加剧，产品的生产趋于成熟和标准化，企业的技术优势丧失，产品竞争围绕价格开展。为了降低成本，并延长产品生命周期，发达国家的跨国公司开始向发展中国家直接投资，生产转移到劳动力成本比较低的国家和地区。这些投资具有溢出效应，发展中国家的公司、工人、技术人员通过与跨国公司产生联系，逐渐培养其发展本国工业产品的生产能力。

第四阶段是外国生产者的产品开始进入美国市场，使美国由出口国变为进口国，使美国的出口减少到几乎没有的程度。

产品周期论的核心假设是技术领先和创新性，其分析对象是美国跨国公司的全球经营和向外产业转移。20世纪70年代后期，随着欧洲、日本等国家和地区人均收入与美国相差无几（法德两国与美国齐平、日本为美国的70%），产品周期论在解释发达国家间投资时效力下降，但仍然可以用于描述发展差距比较大的国家之间的直接投资（钟飞腾，2015）。

（三）投资发展路径理论

英国跨国公司专家约翰·邓宁（John Dunning）1981年总结的投资发展路径理论认为，一国的对外直接投资净额与该国人均收入呈正相关关系，经历5个阶段。第一阶段的国家处于前工业化阶段，只有少量国外直接投资流入，而没有对外直接投资，因而对外直接投资净额为零或接近于零的负数；第二阶段对国外资本的吸引力明显增强，外资开始大量流入。但对外直接投资仍十分有限，对外直接投资净额表现为负数且不断增加；第三阶段，将会发生一个转折，对外直接投资大幅上升，其发展速度快于国外直接投资的流入，对外直接投资净额仍为负数，其绝对值呈不断减小的趋势；第四阶段，国内企业有足够竞争力参与到国际竞争，对外直接投资明显快于国外直接投资的流入，对外直接投资净额大于或等于零，且不断增长；第五阶段，一国的对外直接投资净额仍大于零，但由于直接投资流出的增长速度低于直接投资流入的增长速度，净投资额已经开始下降，且逐渐趋于零，意味着对外投资和吸收外资处于一个比较平衡的状态。邓宁认为，所有寻求发展的国家在外资流动方面都将经历上述5个阶段，往人均收入较低的国家直接投资时，最好是在该国人均GDP不高的第二阶段。

（四）产业转移的"雁行模式"

日本经济学家赤松要（Kaname Akamatsu）、小泽辉智（Terutomo Ozawa）等人以日本与东亚国家（地区）的产业转移为范本发展而来的"雁行模式"。该模式的早期版本将日本当作领头雁（后来认为美国是领头雁），产业的国别（地区）转移从日本到东亚"四小龙"，然后到东盟"老五国"（马来西亚等），再到中国和东盟剩余的几个国家（如越南、柬埔寨等）。产业自身的跨国转移是从低到高，先是纺织服装，其次是钢铁，再次是电视机、录像机，然后是高清电视机，技术含量越高越往后。这种学说尽管以产业转移为主要分析对象，但分析单元都是民族国家（地区），强调在国内缺乏竞争力的产业转移到国外，而欠发达国家（地区）则可以通过发挥比较优势、承接较高等级的产业转移来实现工业化（钟飞腾，2015）。

上述理论基本上给出了实现产业转移可以考虑的两个思路：

第一种思路，根据各国的自身特点和比较优势确定产业转移的区位及项目。比如参考各国的资源优势、技术水平、劳动力价格、基础设施状况、收入水平、市场大小、贸易便利性等方面所具有的条件和优势，依据优势互补、资源优化配置的原则，展开产能合作。

第二种思路，根据经济与产业的发展水平实现产业转移。即从产业发展程度高的地区向低的地区转移，从技术与创新能力高的区域向能力低的地区转移，从收入水平高的地区向收入水平低的地区转移。

中国GDP总量虽然已经达到世界第二位，但人均GDP仍低于世界平均水平，同时，在对外投资方面，按流量计算已经成为全球第二大对外直接投资国。"一带一路"国家中，中国的对外直接投资目的地既有发展中国家，又有发达国家。因此，中国的产业转移实际上是有两个方向的：一个方向，是基于日本经验的"雁行模式"，从高收入的母国向低收入的东道国转移产业；另外一个方向，则是投向更高收入的经济体，但进入的行业也是在中国相对于东道国具有比较优势的行业，比如传媒、IT和先进制造业等。从"一带一路"沿线各国的构成看，产业转移的重点应是第一个方向，即向那些比中国发展水平略低的国家转移一部分产业。一方面，在这个方向上的产业转移我们自身的发展可以提供经验，另一方面，这个方向的转移的可涉及的范围较大、难度较低。从中国当前的对外直接投资目的地构成看，发展中国家占据首要地位。2013年，中国流向发展中地区的直接投资917.3亿美元，占当年流量的85.1%，且增幅远高于对发达经济体的投资。

林毅夫在《繁荣的求索：发展中经济如何崛起》一书中提供了"两轨六步法"的筛选框架（Growth Identification and Facilitation Framework，GIFF），帮助东道国基于比较优势进行技术和产业的升级。该六步法中的前三步，对于理解中国在"一带一路"沿线进行产业转移的经济理性具有重要参考价值。这里参考六步法的前三步，并结合产业转移的两个思路，中国实现产业转移可大致考虑以下三个步骤：

第一步，选择适当的产业转移的目标。发展程度较低的国家为了产业升级，需要找到一个合适的国家，并向其学习。林毅夫认为，人均收入水平高出本国水平100%（以购买力平价计算），或者20年前人均收入与本国相同、且始终保持经济增长的国家，可作为向其学习的国家。因此，这一步首先可以参考人均收入低于中国水平100%，或与中国20年前人均收入相同的国家作为中国产业转移的目标国。选择好这些国家之后，根据这些国家的自身特点，以及同中国和该国周边国家的比较优势，选择适宜该国，同时在中国有处于相对成熟的贸易产品和服务的产业清单。

第二步，消除本国的相关约束。进一步缩小第一步中筛选出来的产业清单，在可能的情况下，排列出产业清单的优先次序，并结合中国相关产业中企业的生产经营及对外投资状况，规划出相关产业的投资项目清单或大纲。与此同时，帮助先行进入这些产业的企业排除进一步发展的障碍。比较优势产业的计算，可采用国际贸易中的显性比较优势指数，或者用资本和劳动力的比率，甚至也可以用劳动力的工资率增加速度。这个步骤，实际上是在第一步确定了具体转移某个产业之后，制订产业转移的计划。

第三步，吸引全球投资者。这一步主要是针对国内企业还没有进入的行业，政策制定者应该致力从被其效仿的国家那里吸引外资。因此，从这个角度看，中国在"一带一路"的投资项目选择时，可投资一些符合东道国比较优势，但目前东道国企业还没有开发的产业。

二、"一带一路"产业转移选择

依据2009年国务院提出的《重点产业调整和振兴规划工作方案》（下称方案），以及2012年提出的《"十二五"国家战略性新兴产业发展规划》，我国传统产业一般指钢铁、汽车、船舶、石化、有色金属、纺织、装备制造和轻工业10个重点产业。最近几年在经济新常态下，传统产业原始粗放式发展模式已不可持续，其发展速度、产业结构和发展动力均与改革开放前有了明显不同。

在"一带一路"沿线国家当中，中国的产业门类齐全，尤其是在制造业领域拥有门类非常齐全的优势，但也存在高端制造业相对薄弱的劣势。按照经济发展的一般规律，各国都存在从农业国向制造业为主、再向服务业为主的产业演进过程。"一带一路"沿线各国的产业发展阶段，以及区域经济发展存在不同的差异，这些差异导致产业及经济的互补性存在。同时，由于各国在收入水平、要素资源、各产业的生产能力、各国市场状况、经济服务的中间要素等影响产业转移的重要因素上的差异，也导致各国具有不同的产业特点，并导致国家或区域间产业转移存在经济的合理性。通过产业转移，促进要素资源在国家或区域间的流通和扩散，实现资源的优化配置与产业结构调整，提高各国的收入水平，扩大各国的市场需求，增强各国的贸易流通。

三、"一带一路"沿线产能合作重点地区与领域

由于"一带一路"沿线国家的产业划分标准不同、产业统计口径不同,甚至有些国家、地区没有详细的产业数据,使其利用区位商判定产能合作的区位选择成为不可能,因此,本书从进口、出口和对外直接投资 3 个可获得数据对产能合作的可能区位进行判定。

又由于每一地区都有数量较大的国家,且地理区位、资源要素禀赋、政治外交和经济发展水平等差异也较大,本书选取各地区经济总量较大的国家进行分析,忽略经济体量较小的国家,同时,从各个国家的支柱产业以及贸易角度出发,按地区分类分析具体国家与中国实现产能合作的路径和领域。

1. 东南亚地区及合作领域

东南亚地区共有 11 个国家,该地区劳动生产要素价格较低,自然资源丰富,橡胶和锡矿资源尤其富足,建设"一带一路"可以重点发展进出口贸易,以及进行劳动密集型产业转移和基础设施投资。

东南亚各国的经济发展水平见图 3.37。

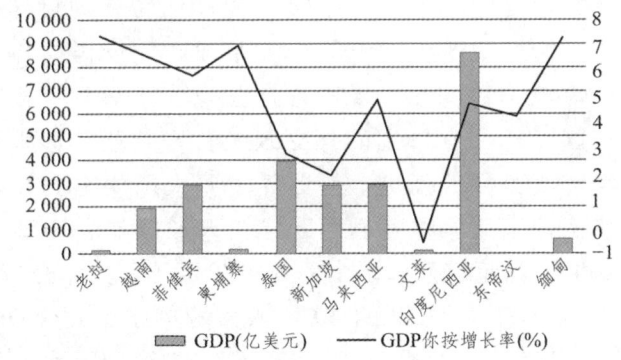

数据来源:世界银行公开数据库

图 3.37 东南亚 11 国 2015 年 GDP 与 GDP 年增长率

从图 3.37 看,印度尼西亚的经济总量在东南亚各国中处于最高水平,且有较高的增速。

图 3.38 为东南亚各国按购买力平价计算的人均 GDP。

086 产业经济
"一带一路"倡议实施的关键环节与核心动力

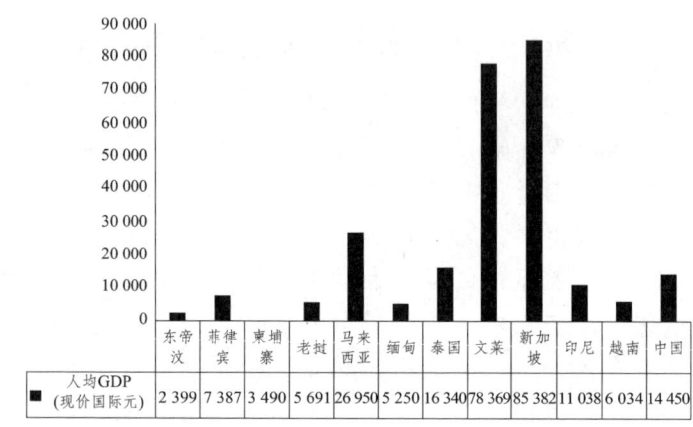

数据来源：世界银行公开数据库

图 3.38 东南亚 11 国 2015 年按购买力平价计算的人均 GDP（现价国际元）

根据前述的林毅夫给出的目标国选定的标准，东南亚各国中，东帝汶、菲律宾、柬埔寨、老挝、缅甸、越南 6 国是适合产业转移的目标国，而印度尼西亚的人均收入略低于中国。不过同时林毅夫也提到，选定目标国还应参考禀赋结构相近。因此结合禀赋结构、比较优势、发展水平来看，印度尼西亚应是一个优先产业转移的目标国。

印度尼西亚地处亚洲和大洋洲、太平洋和印度洋交界处，紧邻重要节点马六甲海峡，棕榈油、橡胶等产量巨大，多种矿产资源储量均非常丰富。该国奉行独立自主的外交政策，坚持不干涉他国内政、平等协商和和平解决争端的原则，与世界主要大国均有交往，2010 年与中国建立战略伙伴关系。印度尼西亚经济增长较快，2015 年国内生产总值达 8619.34 亿美元，经济增长率为 4.79%，国内农业增加值占 GDP 的 13.5%；工业增加值占 GDP 的 40%，服务业附加值占 GDP 的 43.3%。2015 年中国对印度尼西亚出口为 343.75 亿美元，同比下降 12%，然而，2011—2015 年间中国对印度尼西亚出口年平均增长率为 5%，其中 2011—2015 年间中国对印度尼西亚出口平均增长最快的产品为宝石及贵金属、铅及其制品、衣物等；中国对印度尼西亚进口为 198.14 亿美元，同比下降 19%，2011—2015 年间中国对印度尼西亚出口年平均增长率为 -11%，其中 2011—2015 年间中国对印度尼西亚进口平增长最快的产品为鱼类等海产品、钢铁、活体动物等。虽然经济危机导致了国际贸易额下降，但总体上，中国对印度尼西亚的出口仍是增长的。此外，中国对印度尼西亚的直接投资也非常活跃。中资企业在印度尼西亚的主要投资和承包项目有：泗马大桥、加迪格蒂大坝、巨港电站、风港电站等基础设施项目，以及巴丹岛中石化油储项目和西电变电器生产项目等。"一带一路"建设中，中国可与印度尼西亚在农用机械设备、矿产开采设备、工业制造设备、公路铁路海运交通设备等装备制造业领域实现产能合作，在道路交通建设、风力水力发电建设、石油和天然气管道建设等基础设施建设领域实现产能合作，进而带动钢铁水泥产品和产业的同步转移。在石油和天然气等能源领域实现产能合作，在锡、铁、铜和铝等矿产资源领域实现产能合作。此外，在金融业和通信产业等也存在产能合作的可能。

2. 南亚地区及合作领域

南亚地区各国，主要是新兴经济体，各国工业基础薄弱，交通、电力等基础设施落后，劳动生产要素价格较低，在"一带一路"建设中可以重点发展制造业，以及进行劳动密集型产业转移和基础设施投资。

南亚各国中，印度具有良好的经济发展基础，其经济水平远高于其他各国。（见图 3.39）

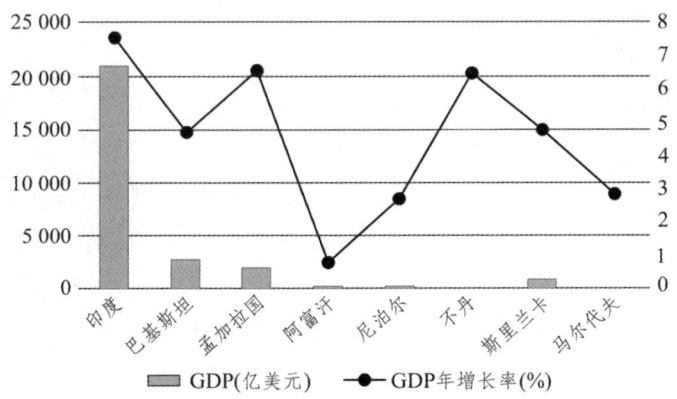

数据来源：世界银行公开数据库。

图 3.39 南亚国家 2015 年 GDP 与 GDP 年增长率

印度与中国接壤，东临孟加拉湾，西临阿拉伯海，南临印度洋，是"21世纪海上丝绸之路"上的重要国家。该国能源和矿产等资源丰富，劳动力数量庞大，主要集中在农业或与农业相关的产业。该国以不结盟为基本外交政策，努力与所有国家发展关系，与世界主要大国均有交往。2013年中国和印度两国高层领导人互访，深化了两国战略合作伙伴关系。印度2015年国内生产总值为20 953.98亿美元，经济增长率为7.56%，国内农业增加值占GDP的17.05%，工业增加值占GDP的29.72%，服务等附加值增加值占GDP的53.23%。2015年中国对印度出口582.62亿美元,同比增长7.45%；中国对印度进口133.95亿美元，同比增长-18.11%。双边投资规模不断扩大，2013年中国在印度新签署承包工程合同金额22.69亿美元，至2013年年底，中国对印度直接投资存量24.47亿美元，劳工3 037人。中资企业在印度的主要投资和承包项目有：古德洛尔二期2 * 600MW电站，NNPL2 *600MW燃煤电站等电力设施，以及电信、杜咖泊尔火电厂汽轮发电机组项目等。在"一带一路"建设中，中国可与印度在农用机械设备、制造业设备、化工生产设备、铁路交通设备等装备制造业领域实现产能合作，在道路交通建设、港口建设、居民住宅建设、水力发电建设等基础设施建设领域实现产能合作，在农产品深加工、矿产能源开发、电子产品（包括软件）研发等领域存在产能合作的可能。此外，在工业生产体系建立、工业产成品质量标准、工业人才培养管理等方面，中印也具有实现产能合作的机会。

3. 中亚地区及合作领域

中亚地区国家均以石油产业、重工业为主，基础设施建设落后，油气资源丰富，铁、煤等矿产资源富足，且位于丝绸之路经济带的重要地理节点上。在"一带一路"建设中，中国可与沿线中亚国家重点合作的领域集中在公路、铁路、管道交通建设，以及工业园区建设、能源资源合作等领域。

中亚各国中，哈萨克斯坦经济水平远高于其他各国。（见图3.40）

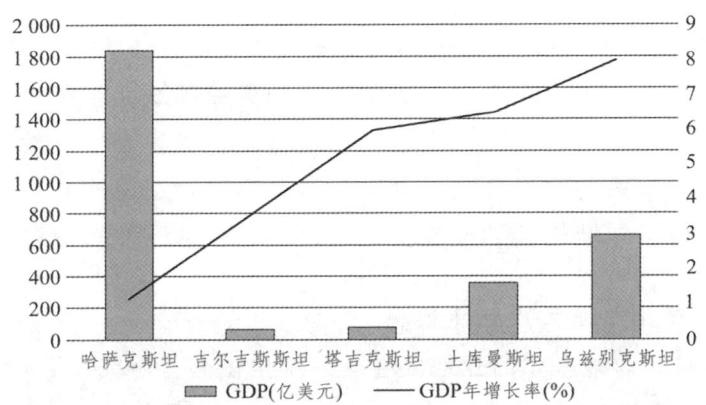

数据来源：世界银行公开数据库。

图 3.40　中亚国家 2015 年 GDP 与 GDP 年增长率

哈萨克斯坦位于亚洲中部，与俄罗斯、中国等国家相邻，是丝绸之路经济带中陆上重要的节点国家。该国矿产资源在种类上和数量上都很丰富，奉行以巩固独立和主权为中心的"全方位务实平面"外交，与世界主要大国均有交往。2011 年中国与哈萨克斯坦建立全面战略伙伴关系。2006—2015 年哈萨克斯坦国内生产总值年平均增长约 5.5%，2015 年国内生产总值为 1843.88 亿美元，经济增长率为 1.2%，国内农业增加值占 GDP 的 4.96%，工业增加值占 GDP 的 32.53%，服务等附加值增加值占 GDP 的 62.51%。2015 年中国对哈萨克斯坦出口 84.27 亿美元，同比增长 -33.71%，2011 年至 2015 年，中国对哈萨克斯坦出口年平均增长率为 -1%；进口 58.4 亿美元，同比增长 -40%，2011 年至 2015 年，中国对哈萨克斯坦进口年平均增长率为 -21%。双边投资规模不断扩大。2013 年中国在哈萨克斯坦新签署承包工程合同金额 21.37 亿美元，至 2013 年年底，中国对哈萨克斯坦直接投资存量 69.57 亿美元，劳工 6 109 人。中资企业在哈萨克斯坦的主要投资和承包项目主要集中在石油勘探开发、电力、农副产品加工、电信、皮革加工、食宿餐饮和贸易等方面。"一带一路"建设中，中国可与哈萨克斯坦在电子设备、机械设备、化工生产设备和轻工业制成品等装备制造业领域实现产能合作,在公路、铁路交通建设、空港建设、火力发电建设、水利枢纽建设、工业园区建设等基础设施建设领域实现产能合作,同时基于哈萨克斯坦在关税、国家实物赠与、税收优惠、外籍劳工免除配额限制等方面的政策红利,中国与哈萨克斯坦在原油开采、地质勘探、钻井技术领域的基础设施、工业设备和技术开发领域存在产能合作的可能性。

4. 西亚北非地区及合作领域

本书将北非地区和西亚地区看作一个整体进行研究,因为北非地区和西亚地区在地理上相邻,而且北非在"一带一路"中只有一个国家。

由图3.41可见,西亚北非地区各国中,2015年经济总量最大的国家是沙特阿拉伯。该地区所在国家以石油产业为主,是世界主要石油产出国,部分产油国资金储备充裕。但该地区的基础设施建设相对落后。"一带一路"建设可重点突破能源领域、基建领域和金融领域的产能合作。

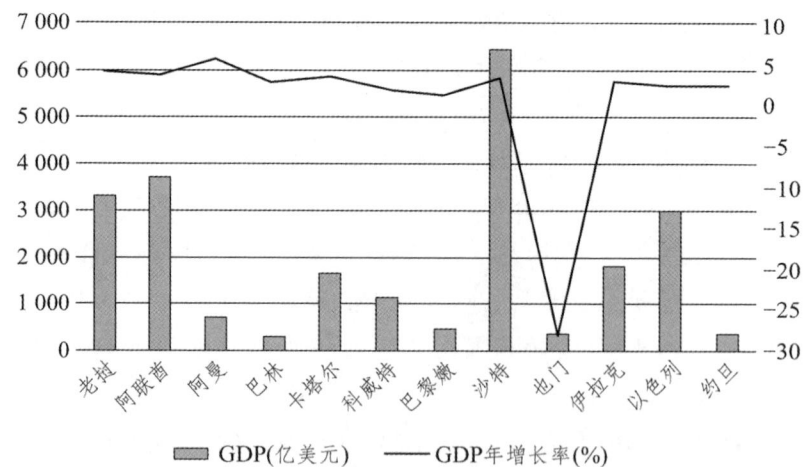

数据来源:世界银行公开数据库。

图 3.41 西亚北非地区国家 2015 年 GDP 与 GDP 年增长率

沙特阿拉伯西临红海,与世界著名的苏伊士运河相邻,东临阿拉伯海,在"21世纪海上丝绸之路"中占有重要的地理优势。该国石油和天然气储量丰富,矿产资源十分丰富。该国实行睦邻友好、不干涉他国内政、不结盟政策,将与美国的关系放在外交首位,且与世界主要大国均有交往。2008年中国与沙特阿拉伯建立战略性友好关系。

2015年沙特阿拉伯国内生产总值为460.026亿美元,经济增长率为3.9%。该国以石油和石化产业为主,无论是石油数量种类,还是与石油相关的机械设备、开采加工技术均为世界领先。近年来,该国尝试利用石油和天然气资源优势,开始突破非石油产业。2015年中国对沙特阿拉伯出口216.84亿美元,同比增长5.38%;中国对沙特阿拉伯进口301.51亿美元,同比增长-37.84%。双边投资规模不断扩大,2013年中国在沙特阿拉伯新签署承包工程合同金额63.75亿美元,至2013年年底,中国对沙特阿拉伯直接投资存量17.47亿美元,劳工35 325人。中资企业在沙特阿拉伯新签的主要投资和承包项目有:阿美5+2年钻机11部项目、沙特阿拉伯吉达防洪项目合同包和沙特阿拉伯电信项目。在"一带一路"建设中,中国可与沙特阿拉伯在农用机械设备、化工生产设备、食品生产设备、纺织品生产设备、钢铁生产设备、水泥生产设备等装备制造业领域实现产能合作,在石油天然气管道建设、配套电力建设、海水淡化建设、工业园区建设等基础设施建设领域开展产能合作,在工业生产体系建立、工业产成品质量标准、工业人才培养管理等方面也可实现产能合作。此外,中国与沙特阿拉伯在食品、纺织品、钢铁、水泥产品等方面还有进一步贸易合作的潜力。

5. 中东欧地区及合作领域

中东欧地区多数国家位于亚欧大陆桥上,经济战略意义重大。整体来看产业结构需要进一步调整,基础设施建设相对滞后,矿产资源丰富。在"一带一路"建设中可以重点发展进出口贸易、资本密集型产业转移和基础设施投资。

中东欧地区国家中,波兰的经济发展水平明显高于其他国家。(见图3.42)

092　产业经济
"一带一路"倡议实施的关键环节与核心动力

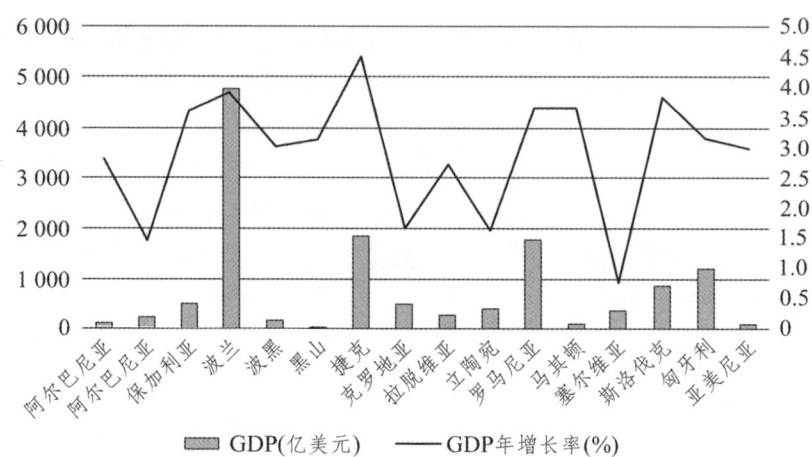

数据来源：世界银行公开数据库。

图 3.42　中东欧地区国家 2015 年 GDP 与 GDP 年增长率

波兰地处亚洲和欧洲交汇点，是"一带一路"由亚洲延伸至欧洲的重要国家。该国矿产资源丰富，多种能源和矿产的产量及出口量位居世界前列。该国长期持有理性务实的外交主张，积极构建全方位的外交格局，并与世界主要大国均有交往。2004 年中国与波兰建立友好合作伙伴关系，2011 年两国建立战略伙伴关系。

2015 年波兰国内生产总值约合 4770.66 亿美元，经济增长率为 3.94%，国内农业增加值占 GDP 的 2.6%，工业增加值占 GDP 的 34.14%，服务等附加值增加值占 GDP 的 63.25%。2015 年中国对波兰出口 143.47 亿美元，同比增长 0.63%；中国对波兰进口 27.44 亿美元，同比增长 -6.42%，波兰是中国在中东欧最大的贸易伙伴。双边投资规模不断扩大，2013 年中国在波兰签署承包工程合同金额 1.55 亿美元；至 2013 年年底，中国对波兰直接投资存量 2.57 亿美元，劳工 104 人。中资企业在波兰投资和承包的项目主要集中在通信设施、工程机械、采矿设备和电厂建设。新签大型项目有 400 kV 变电站及线路项目、ZP2075 波兰岸桥项目。

"一带一路"建设中，中国可与波兰在纺织机械设备、矿产开采、冶炼设备、交通机械设备、化工生产设备和船舶加工设备等装备制造业领域实现产能合作，在公路铁路交通建设、通信网络、管道运输建设、生态保护园建设、工业园区建设等基础设施建设领域开展产能合作，同时在金融、商业、电器维修等服务业也存在产能合作的可能。此外，中国与波兰在食品、纺织服装、化工产品、金属制品、交通设备等方面也有产品贸易机会。

6. 独联体（含蒙古）地区及合作领域

独联体国家中，其他各国相对于俄罗斯的经济总量来说非常小，因而，俄罗斯具有较好的同中国发展产能合作基础。（见图3.43）

俄罗斯横跨亚欧大陆，包括欧洲东部和亚洲西部，是世界上国土面积最大的国家。该国自然资源十分丰富，能源、矿产资源、水资源极为丰富。国际政治立场主要是维护地区和全球稳定，对外政策的优先目标是苏联地区一体化，次要优先目标是欧洲伙伴，最后目标是美国。2013年中国与俄罗斯建立全面战略协作伙伴关系，并在多个领域展开大量工作。

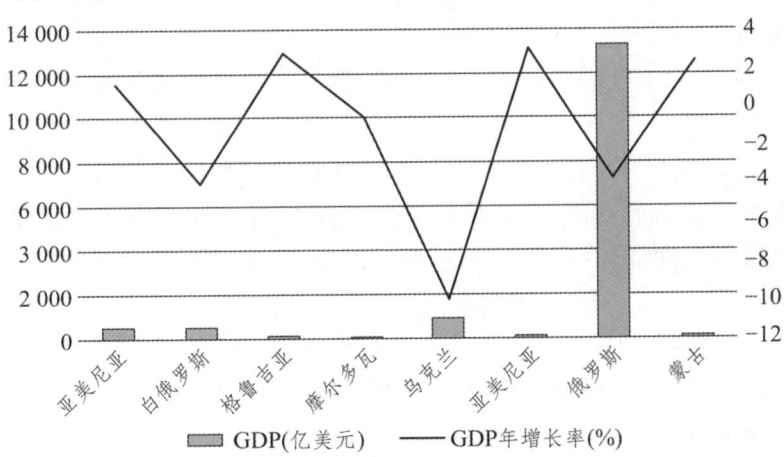

数据来源：世界银行公开数据库。

图 3.43 独联体国家(含蒙古)2015 年 GDP 与 GDP 年增长率

2015 年俄罗斯国内生产总值为 13 312.08 亿美元，同比增长

－3.73%，人均GDP为9092.58美元，国内农业增加值占GDP的4.63%，工业增加值占GDP的32.60%，服务等附加值增加值占GDP的62.77%。该国的石油天然气产业、冶金产业和国防产业具有较强的国际竞争力。2015年中国对俄罗斯出口348.1亿美元，同比增长－35.15%；中国对俄罗斯进口332.17亿美元，同比增长－20.19%。双边投资规模不断扩大，2013年中国在俄罗斯签署承包工程合同金额21.69亿美元；至2013年年底，中国对俄罗斯直接投资存量75.82亿美元，劳工15 337人。中资企业在俄罗斯的投资和承包项目主要集中在能源、矿产资源开发、林业、建筑和建材生产、贸易、轻纺、家电、通信、服务等领域。新签大型项目有中国内蒙古森林工业集团有限责任公司承建的俄罗斯6.5亿美元森林采伐木材加工项目、华为技术有限责任公司承建的俄罗斯电信项目等。

中国可与俄罗斯在食品生产机械设备、纺织机械设备、矿产开采设备、交通机械设备、化工生产设备和金属加工设备等装备制造业领域实现产能合作，在居民住宅建设、铁路交通建设、管道运输建设、火力水力发电建设、生态保护园建设、工业园区建设等基础设施建设领域开展产能合作，同时在金融、商业、电器维修等服务业也存在产能合作的可能。此外，中国与俄罗斯在食品、农业原料、纺织服装、化工产品、金属制品、交通设备等方面也有产品贸易机会。

综合考虑经济互补性与经贸联系紧密程度、区位因素、要素禀赋、政治社会稳定情况等因素，可粗略地概括中国传统产业国际产能合作的三个方向：

其一，发展与东南亚、南亚、中亚地区的产能合作，产能转移地首选印度尼西亚、印度和哈萨克斯坦。该地区与中国相邻，在经济上具有较强的互补性。

其二，发展与西亚北非地区的产能合作，产能转移地首选沙特阿拉伯。该地区与中国的地缘经济相关性较弱，在经济互补性和投资需求上也较弱。

其三，发展与中东欧、独联体（含蒙古）地区的产能合作，产能转移地首选波兰、俄罗斯。该地区与中国经济结构存在同质性，政治敏感度高，局势动荡。

在"一带一路"产业转移与合作战略中，根据沿线国家的具体情况：

（1）可以向东南亚和南亚国家转移传统产业中的劳动密集型产业，以纺织产业和轻工业产业为主，并且以直接投资方式实施产业转移，其中以交通运输建设、空港海港建设为主要投资方向，带动钢铁产业、有色金属产业、水泥产业等资本密集型产业的部分生产加工环节转移，配以水电等配套设施的建设投资，实现产业立体化转移合作。

（2）可以在中亚、西亚北非地区转移传统产业中的资本密集型产业，以装备制造业为主，特别是高铁装备制造、石油天然气开采加工装备制造，并且以直接投资方式实施产业转移，其中以管道运输建设、通讯基地建设、工业园区建设为主要投资方向，以海水淡化、电子器材投资为辅，实现产业错位转移合作。

（3）可以在北亚和独联体地区转移传统产业中的资本密集型产业，包括钢铁产业、石化产业和装备制造业，通过直接投资方式参与国际产业转移，其中以管道运输建设、工业园区建设为主要投资领域。在中亚、西亚、北非、北亚和独联体地区还可以以产品贸易展开合作，主要集中在食品、日常生活用品和化工产品等轻工业产品方面。

表 3.9　中国与部分国家可能的产能合作领域

国家名称	产业名称
印度尼西亚	装备制造业（农业机械、矿产开采设备、工业品制造设备、交通运输设备）、钢铁产业、石化产业、纺织产业和轻工业等
印度	装备制造业（农业机械、工业品制造设备、化工生产设备、交通运输设备）、电子信息服务产业（电子设备制造产业、软件服务业）、纺织产业和轻工业等
哈萨克斯坦	装备制造业（电子设备、工业品制造设备、化工生产设备、交通运输设备）、电子信息服务产业（电子设备制造产业、软件服务业）、纺织产业和轻工业等

续表

国家名称	产业名称
沙特阿拉伯	装备制造业（农用机械设备、化工生产设备、食品生产设备、纺织品生产设备、钢铁生产设备、水泥生产设备、淡化海水及发电设备、信息通讯设备）、石化产业（原油炼化、石油、化肥）等
波兰	装备制造业（纺织机械设备、矿产开采、冶炼设备、交通运输设备、化工生产设备和船舶加工设备）、石化产业等
俄罗斯	装备制造业（食品生产机械设备，纺织机械设备、矿产开采设备、交通运输设备、化工生产设备和金属加工设备）、电子信息产业（电子设备制造、维修产业）、石化产业等

四、中国产业国际化合作案例及其启示

在中国对外贸易和对外投资快速发展的背景下，中国企业在海外的投资方式也呈现多元化发展趋势，其中海外并购是中国对外投资的主要方式。最近几年比较成功的海外并购有：2002年中海油收购瑞普索在印度尼西亚的石油资产、2006年蓝星集团并购法国安迪苏和罗地亚公司、2011年中国石油化工集团公司收购加拿大石油和天然气开采商、2012年中国北车集团获得孟加拉国的内燃动车组项目牵引及网络控制系统的配套合同。除了国有企业在海外投资不断扩大，民营企业的海外投资也扩张较快，比如万向集团收购舍勒公司、美国AUI公司和洛克福特公司等；此外，海尔集团、华为集团、吉利控股集团、三一重工集团也通过建立工业技术园区、公司分支机构、并购股权等各种方式实现了海外投资。

但是，中国在海外一方面投资规模逐年扩大，另一方面收益状况却令人担忧。在"走出去"的过程中，中国企业在海外的项目承包、公司股权并购多呈现投资规模大、对当地影响大的特点，同时呈现出风险大、收益低的尴尬局面。2005年上半年中海油几乎和美国雪佛龙公司同时提出收购优尼科计划，并且收购价格和条件远优于雪佛龙公司，后因美国国会、美国能源部和美国海外投资委员会等以涉及国家

能源安全为由干扰阻碍,中海油不得不于 2005 年 8 月放弃收购优尼科公司股份计划。

案例一:中国中车建立共赢机制占领国际行业制高点

2016 年 9 月 22 日,根据中国中车发布的消息,正在柏林举办的"德国柏林轨道交通展"上,世界著名咨询公司德国 SCI Verkehr 公司发布了 2015 年度世界轨道交通装备的排名——中国中车位居全球轨道交通装备行业世界冠军。(见图 3.44)

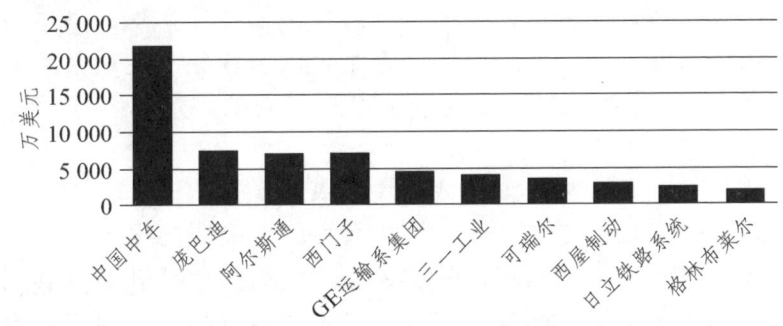

图 3.44　世界轨道交通装备排名

位居第二名到第十名的企业分别是加拿大庞巴迪、法国阿尔斯通、德国西门子、美国 GE 公司、美国三一工业公司、德国克诺尔公司、美国西屋制动公司、日本日立铁路系统、美国格林布莱尔公司。值得注意的是,中国中车 2015 年的销售收入大于第二名、第三名和第四名销售收入的总和。

这一排名以轨道交通装备企业的新造机车车辆的销售额为标准,中国中车以超过 220 亿欧元的销售收入位居首位。

近年来,中国中车凭借其逐渐强大的势力和影响力向海外拓展业务,其中美国波士顿项目是最值得借鉴的成功项目之一。

中国中车在美国的第一个轨道交通装配工厂于 2015 年 9 月 3 日在马萨诸塞州的斯普林菲尔德奠基。未来的几年,中国中车将在这里投资 6 000 万美元,建造一个占地 40 英亩(1 英亩 ≈ 4046.86 平方米)的装配工厂。马萨诸塞州的州长、斯普林菲尔德市的市长,以及几个州的参议员、众议员和当地上百市民，还有未来的供应商都参加了奠基仪式。这样的历史性事件背后往往存在着让人难以置信的巧合。

143年前，清政府派一群中国幼童来美国留学，最早就落脚在这里。其中就有我们的"中国铁路之父"——詹天佑。詹天佑在耶鲁大学学习了土木工程之后，回国主持了国内第一条自主修建的铁路——京张铁路，就此奠基了中国铁路和中国铁路工业的发展基石。如今，中国企业带着世界领先的轨道交通技术来到美国，参与美国的基础设施建设。这样巧合的背后，是中国综合国力增强的体现，是中国装备制造工业快速发展的结果，同时，也是中国企业在"走出去"的过程中不断交流学习，国际商业交往能力提升的成果。这其中付出的努力，值得认真总结、借鉴。

1. 融合本土文化与利益，减少摩擦成本

前美国总统奥巴马自上任开始就大力倡导美国的再工业化，这一战略已成为美国社会的共识。3年前，波士顿地铁就开始了其红线和橙线共计284辆车的更换招标项目。标书中明确指出，中标的企业需要在本州建立装配工厂，为当地提供一定的就业机会。中车在接到标书之后，负责此项目的团队就意识到美国对制造业重新重视的程度，当即开始了寻找厂址工作，经过考察，锁定了原著名西屋电气公司的一家工厂所在地，该工厂在最辉煌的时候曾经有7 000名工人工作，20世纪80年代，工厂逐渐衰败。曾经有投资商想要买下这块土地建赌场，但是遭到了当地人的强烈反对。此次中车建设装配工厂的意向迅速得到了当地市政府和民众的欢迎。最终业主与中车达成协议，中车以按期缴纳锁定抵押金的方式持有该土地至招标结束。在所有的竞标者当中，中车是唯一一个在中标之前未雨绸缪拿到可利用土地的企业，中车用实际行动表达了诚意，将招标国家的要求落实到具体，这为最后赢得项目加分不少。

中国中车是中国最早实现产品国际化的产业之一。自20世纪70年代开始，作为中车前身的铁道部机车车辆总公司就已经开始向很多发展中国家出口电力机车、内燃机车、客车和铁路货车等产品。近年来，中国企业进入了全球发展阶段，中车也开始从单一的产品输出转向资本、产品、技术、管理的全方位输出，进一步占有市场，宣传品牌。他们意识到，要想做到真正全方位的国际化，必须受到当地群众的认可。如果说前面实现本土化靠的是诚意，那么下面接地气的办公楼修整方案不仅受到了当地群众的欢迎，还宣传了中国中车品牌，进一步实现本土化。

位于斯普林菲尔德的西屋工厂已经有长达近百年的历史，出售之前所有的厂房都已经被推平，只剩下一座办公楼。当地很多人的祖辈、父辈都曾是该工厂的员工，市民们自然希望能留下厂房作为城市的一部分，但是没有任何法律明确规定新业主不能拆除厂房。中车在了解了当地群众的意愿之后，找检测机构对厂房的安全性进行了评估，在得到厂房修缮后仍有利用价值的结果后，当即决定停止拆除计划，并主动和市政府沟通，保留办公楼。市民反应十分热烈，媒体也对此进行报道，中车在当地又得到了加分。在筹备的过程中，中车还主动联系当地的工会，承诺招聘当地工会会员，允许工会在员工中发展会员。在奠基当天，工会主动打出了"欢迎中国中车"的条幅。

地铁制造虽然是 B2B 项目，但是基础设施建设毕竟是和群众生活息息相关的，因此品牌打造也是很重要的。这方面中国企业一直是短板，但是中国中车通过积极与当地群众沟通，获得了大家的赞赏和欢迎。中车的本土化经验对于"走出去"的国内装备制造业，尤其是装备制造业中的国企具有非常现实的借鉴意义。

2. 建立资源和利益互补机制，实现合作共赢

如今，中车海外业务的发展态势如火如荼，2016 年 9 月，中国中车与澳大利亚轨道交通制造企业唐那集团（DOWNER）和负责 PPP 融资及项目管理公司 PLENARY 组成的联合体中标墨尔本地铁列车项目。中国中车将为墨尔本制造 65 列大容量地铁列车，订单由中国中车全资子公司长春轨道客车股份有限公司（下称长客股份）负责具体执行。

中国中车总裁奚国华表示：这是中国中车国际化战略调整的标志，未来中国中车海外拓展要从过去的"游击战"转向"阵地战"，中国中车要在美国"生根发芽"。未来中国中车将成为总部设在中国的跨国企业，"中车中国""中车美国""中车欧洲"都是中车品牌的一部分。中国中车未来计划成立的海外区域公司多达11个，将覆盖除南极洲外的所有区域，包括南美、南非、欧洲、俄罗斯、大洋洲及东南亚地区。

案例二：中国中铁的国际化之路

中国中铁股份有限公司（CREC）是集基建建设、勘察设计与咨询服务、工程设备和零部件制造、房地产开发、铁路和公路投资及运营、矿产资源开发、物资贸易等业务于一体的多功能、特大型企业集团，也是中国和亚洲最大的多功能综合型建设集团。

公司先后参加了国内外 5 000 余项公路、机场、码头、水电、地铁、高层建筑、市政等大型工程的设计与施工，经营范围覆盖到土木建筑的各个领域，工程项目遍布全国各省市自治区和全球 60 多个国家和地区。（见图 3.45）

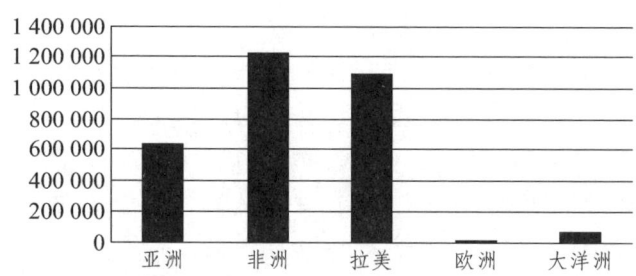

注：按照 2015 年 12 月 31 日汇率 1 美元对人民币 6.4936 元折算，境外在建项目合同总额约为人民币 1970.9 亿元。

图 3.45　中国中铁 2015 年海外在建项目合同总金额

中国"一带一路"倡议的目标是通过加大海外投资力度，尤其是在基础设施建设等方面的投资，有效地实现产业国际化合作，同时推进人民币的国际化战略，增加我国国际及相关区域内的影响力。同时化解美国针对中国提出的"亚太再平衡"战略对中国造成的不利影响。

可以预期,在中国政府有利政策及资金的引导下,中国企业在海外的投资将会更加的"海潮涌动"。但是如何规避风险,更加合理的进行海外投资,提高海外投资的回报率及成功率成为中国企业所面临的重大难题。

在"一带一路"倡议的带动下,在中国企业大力发展海外投资的热潮中,中国铁建竞标墨西哥高铁失利事件则为更多的中国企业敲响了警钟,提醒中国企业对海外市场的不确定性和风险性提高警惕,加大对投资的审核力度。

2014年11月4日,在北京即将召开亚太经济合作组织峰会前夕,墨西哥通信和交通部宣布中国铁建牵头的国际联合体中标墨西哥城至克雷塔罗高速铁路项目。该项目成为中国高铁海外出口的第一单。更为重要的意义是该项目成为中国海外承建并完全采用中国标准建设的首个高铁项目。

起初,人们认为这是墨西哥总统涅托为中国送来的大礼。但中国铁建还未将胜利的果实品尝多久,11月7日,墨西哥单方面宣布撤销11月3日下午的投标结果,并决定重启投标程序。消息一经公布,铁路基建类股票大幅受挫,中国铁建一度暴跌超过7%。墨西哥突然变卦给中国的海外项目建设带来了不可估量的打击。墨西哥通信和交通部部长给出的理由是为了避免"对投票过程中出现任何透明度和合法性方面的质疑"。

因为该项目招标过程中,仅有中国一家企业参与竞标,导致墨西哥参议员们对招标的持续时间、程序是否合法等问题存在诸多疑虑。而这个项目由于其重要性和巨大的投入,墨西哥总统认为该项目不应该导致国会及社会存在任何疑虑,故而重新进行招标。重新招标的过程中,为其他国际企业准备了更多的投标准备时间。墨西哥交通部决定,2015年1月14日重启招标事项,并同意中铁建参与投标。

2015年1月30日,墨西哥财政和公共信贷部发布公告。宣布刚刚重新启动的墨西哥城至克雷塔罗的高铁项目招标被"无限期"搁置。至此，中铁建牵头的财团正式向墨西哥提出要求赔偿墨西哥高铁项目竞标过程中所产生的成本。这不是中国企业第一次在海外项目中受挫，同时，这也不会是最后一次。相比较而言，虽然该项目中国企业以失败告终，但与之前众多的海外投资项目相比较，中国在该项目中已有较大的进步，为中国的海外项目的前进奠定下了基础。但其中的各种意外，仍值得我们深思。

未来，中国的海外项目投资将会更加广泛，分布在更多的国家和地区，相关国家的国情更加复杂。一些国家希望借助中国的经济援助，实现自身经济的腾飞。但是还有些国家则担心中国更加深入相关行业之后，对国内产业造成挤压，甚至导致国内相关产业的崩溃。这将会引起相关国家国内激烈的辩论。尤其在西方国家引导的舆论下，中国投资往往成为需要"被警惕""被透明化"的对象。

总结此次中国铁建失败的原因，是未实行"本地化"或"本地制造"战略。"本地化"或"本地制造"模式在日本和其他国家在北美市场攻城略地时期体现出巨大的优势和生命力。这样做的优势是：可以将中国企业在当地的开发对当地经济发展的不良影响及对民众的不良影响降到最低，增加当地的就业率。同时，更加容易通过当地特有的工业标准和安全标准，减少由于贸易壁垒及特殊的管制规格对企业造成不利的影响。

中国企业在进入一个全新且陌生的市场时，可以考虑与当地的知名企业进行联手开发，以换取进入市场的资质。与名企的合作，减轻当地贸易保护主义干涉的同时，还可以学习对方先进的管理经验和理念。同时，合作的模式可以分为多种。既可以成立新的股份公司，也可以在提供技术和产品的基础上借助对方的名义进入相应的市场，还可以入股参与，挂两个牌子。

总而言之，中国企业现在的重中之重，是打造自己的品牌，取得对方政府的信任，进而依靠相关贸易协定的贸易力量，与其他合作伙伴进军世界市场。

案例三：中国铁建的国际化之路

中国铁道建筑总公司（中文简称中国铁建，英文简称CRCC），前身是组建于1948年7月的中国人民解放军铁道兵，由国务院国资委管理。中国铁道建筑总公司是国有独资特大型建筑企业，也是中国乃至全球最具实力、最具规模的特大型综合建设集团之一。企业以工程承包为主业，集勘察、设计、投融资、施工、设备安装、工程监理、技术咨询、外经外贸于一体，经营业务遍及除台湾省外31个省（自治区、直辖市）、世界20多个国家和地区。（见图3.46）

在境外，中国铁建在中国香港、尼日利亚、阿拉伯联合酋长国、阿尔及利亚、以色列、土耳其、肯尼亚、沙特阿拉伯、坦桑尼亚和博茨瓦纳等国家和地区均取得了当地经营的最高资质。

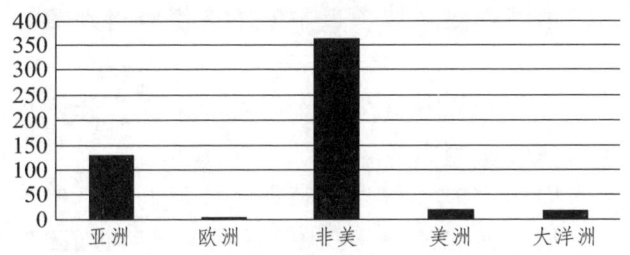

图3.46 中国铁建2015年海外在建项目数量

沙特阿拉伯位于亚洲西南部的阿拉伯半岛。麦加是伊斯兰教圣地，地处沙特阿拉伯西部，终年炎热，多沙漠。沙特政府一直想在麦加萨法和穆戈达莎之间修建一条轻轨，但是因为室外温度高、设计运量较大、同类工程工期短等原因，各方竞标公司报价十分高，沙特政府迟迟没有开始这项工程。当时有很多海外的工程公司参与了这次投标，其中夺标呼声最高的是沙特阿拉伯当地实力最强的铁路建设集团。根据国内广州轻轨的投标成本，中国铁建给出了一个十分保守的报价。最后，他们以比第一位竞标对手整整降低了10亿美元的报价拿下了这个项目。

合同于2009年2月正式签署，计划于次年11月开通运营。这是沙特阿拉伯国内50年来第一个轻轨铁路项目，线路两端为阿拉法特山和麦加禁寺，途经穆茨达里法、米纳。建成后，从麦加至麦地那只需要半小时。

在 2009 年年报中，中国铁建将该项目作为典型案例予以大肆宣传。按照中国铁建当时的测算，这个项目的盈利一定可以为中国铁建添上浓墨重彩的一笔。

然而当这个项目开始实际操作后，中国铁建发现，麦加轻轨项目工程跟他们想象中的差别很大。在项目实施过程中，出现了许多问题。除了恶劣的自然环境造成的限制之外，还不可避免地存在工作习惯差异、语言不通等障碍，工作效率不高使得这种矛盾更加突出。另外，施工范围主要集中在穆斯林地区，非穆斯林教徒无法进入，制约因素很多。随着项目施工进度的推进，项目的预算收入和成本开始出现入不敷出的局面。中国铁建从该项目中，不仅没有得到盈利，反而出现了大量亏损。

2010 年下半年，中国铁建发布公告称计划工期出现阶段性延误。造成这种情况出现的原因很多，为了如期完成该工程，中国铁建在麦加投入了大量人力、物力和财力。在那一段时间内，中国铁建从国内就调拨了几千名员工前往沙特阿拉伯，如此匆忙地赴国外工作，对于这些由国内派过来的工人来说十分不适应。他们背井离乡，语言不通再加上沙特阿拉伯当地的工作环境又非常恶劣，引发了管理的混乱。2010 年 9 月 23 日，麦加轻轨铁路全线铺通。一个月后，中国铁建表示，由于实际工程量比原计划大幅度增加等原因，项目完成总成本大幅增加，该项目实际亏损 41.53 亿元。

沙特阿拉伯麦加项目失败的主要原因是未能对合作国家的文化和用工法规有充分的理解，本土化失败。

首先，员工存在跨文化沟通障碍。语言与非语言沟通都会造成沟通障碍，进而产生文化冲突。要想了解一个国家的文化，关键的一步就是掌握该国的语言。语言上的沟通障碍表现得更鲜明、更直接，而非语言沟通障碍表现得更委婉，更复杂，覆盖面更广。

其次，两国价值观差异很大。价值观是人们是非对错的基本判断，也是文化的深层体现。每个人都有自己独特的价值观。价值观决定了人们的行为准则。相同的价值观是企业文化的核心。而不同文化背景下的员工自然具有不同的价值观。这样就导致了麦加轻轨项目中具有不同价值观的员工在面对同一种情况时采取了不同的具体行为。

最后，宗教信仰与风俗习惯导致差异。宗教和信仰是文化中真正能够持久的基质，凝聚着一个民族的历史和文化，不同的宗教有不同的倾向和禁忌，影响人们认识事物的方式、行为准则、价值观念。因此，来自不同国家和不同文化背景下的人，势必有着不同的宗教信仰与风俗习惯。如果不了解这些风俗，就可能造成管理上的失败。

在麦加轻轨项目实施进程中，中国铁建采取的处理方式带有浓厚的东方色彩。盲目讲究面子工程、缺乏准备、遇到问题处理不当。在日后"一带一路"建设过程中，中资企业应该注重对目标地文化的研究，对海外工作的中国员工进行系统的培训。

在短时间内，解决文化差异最基本、最有效的手段就是跨文化训练。跨文化训练主要是培养人的跨文化理解能力和文化适应能力，建立起培训者对对方文化的多样性认识。接受过跨文化训练的人可以更好地理解异文化，有效地调整在异文化下生活的压力，提高工作效率。

案例四：华为开拓欧洲市场

华为致力提供通信网络设备及产品服务。直至今天，仅仅用了约15年的时间已然成为国际通信行业的龙头。华为的海外市场不但包括发展中国家也包括欧洲、日本等发达国家。而在欧洲市场的成功实属不易。欧洲长期以来就是世界顶级电信设备供应商的聚集地：德国西门子是发明第一台电报机的国际技术巨头、法国阿尔卡特曾占据中国固定电话大半市场、历史悠久和技术力量雄厚的移动通讯企业爱立信、移动通讯终端设备巨头诺基亚等。技术与产品日新月异，竞争十分激烈，华为如何逆袭国际通讯巨头而茁壮成长？

1. 国际化初期

（1）提供"性价比高"的产品。

华为进入欧洲市场的初期，以中低端市场嵌入为主。华为通过对东欧国家的通讯运营商进行拜访,发现其运营资金有限,而竞争又比较激烈,所以这部分客户对价格十分敏感,于是华为的通讯设备价格比当时的欧洲厂商价格低了 30%或更多,一下吸引了不少营运商的高度关注。除了价格低廉,华为充分考虑到通讯设备运行必须保证稳定的性能,这甚至是高于价格的要求。遵循"以客户为中心"的企业核心价值观,华为的产品不一定是技术最优的,但一定是高稳定性且实用性强的。这样的市场定位,初期可能牺牲掉一些利润,但质优价低的产品很快突破了欧洲低端运营商市场。近些年来,整个欧洲经济低迷、需求不足、创新乏力又加上金融风暴的冲击,欧洲的大运营商也被迫面对降低固定资产投入、降低设备采购成本以提高收益率,这给华为产品带来了更多的机遇。

(2)优质配套服务。

以"客户为中心的价值观"为出发点,华为在设备运送、安装、售后维护等延伸产品方面,为客户提供了"保姆一站式服务",即从合同签订后到设备开通试运行半年内,全程派员跟踪,提供 7×24 小时的服务。相比于欧洲设备制造商提供的是 5×8 小时另收高额费用的服务,华为的一体化服务还不收费。在进入欧洲市场的初期,"不计成本"的一站式服务体系与迅捷的市场响应,使高技术、大品牌而有些傲慢的大牌资深欧洲通讯企业就在 15 年间将欧洲的半壁市场让给了华为。

2. 国际化中期

任何企业都以赢利为目的,企业开辟新市场也不例外。华为以"低价及不计成本的服务方式"作为进入欧洲市场的敲门砖,但绝非长久之计。与此同时,本土厂商由于竞争压力也在调整自己的策略:通过控制成本、降低利润,大幅降价以防守市场,这些变化使华为的原有优势逐渐缩小;另外,低价极有可能引发对手在目标国通过反倾销等法律手段予以制裁。为了孕育市场后续的发展,提升市场品牌和产品技术就成为华为营销策略的重点。

(1)多渠道树立品牌。

积极参加欧洲的通讯专业各种展览和峰会。在国际知名的电信产品展会如巴塞罗那展览、瑞士 ITU 展会上，华为将自己的展台与行业巨头的展台放在一起，甚至规模比其更大，布置更精美，展示更完全，让自己的产品接受业界顶尖人士的检验。华为从 2000 年开始，每年用于欧洲通信设备展、各种通讯论坛峰会的资金投入达上亿美元。在品牌宣传上，从客户连 HUAWEI 这个词都读不出，到通过无数次的技术交流、宣讲，使客户对华为耳熟能详，进而到客户认可华为的技术，尝试使用华为产品，最终接受华为设备，每个推广环节华为都做到不遗余力地投入。

诚邀客户及媒体到华为总部和样板点参观考察。2001 年前后，且不说对华为，就算对中国，客户的认识还只停留在张艺谋拍的电影《红高粱》《大红灯笼高高挂》里。华为采取了先让客户了解中国，再让客户了解华为品牌的策略。当时华为印制了很多反映中国建设成就和美丽风光的精美画册送给客户；又通过各种渠道，把客户请到国内，安排参观的线路是北京—上海—深圳，向客户展示中国改革开放后的巨大变化，展示华为的规模和实力。随后，在深圳，客户看到了耗费上百亿元建立的规模及让人震撼的华为总部、最先进的物流生产中心、全球一体化高效数据监控中心、数十亿元投资的设备展示、体验中心。客户开始释除疑虑，从心里开始认可华为的实力。

（2）让最稳定的产品先行。

在当时西方客户心里，来自中国的华为产品还被打着低价、低质的"标签"。在这种顾虑下，任何一个小的产品问题都有可能被客户进一步放大并坚定其对华为品牌的不认可。因此，在欧洲品牌创建初期，华为一改其在其他市场多产品"轰炸"的办法，而采用了"最稳定产品先行"策略，选用了华为最稳定的传输设备和宽带设备向欧洲客户进行推荐。在此阶段，即便客户对华为的其他产品有需求，抛出有诱惑力的订单意向，华为也坚定自己原则不为所动，最终用自己最稳定的产品品质赢得了客户对华为品牌的尊重。

（3）借船出海，借竞争对手之名提升华为品牌。

华为在正面树品牌的同时，还采用借船出海的策略，通过与跨国公司的广泛合作来提升品牌。如 2003 年，华为与 3COM 成立合资公司；2004 年，华为与西门子成立 TD—SCDMA 合资公司等。当年欧洲客户知道华为的不多，但却没有人不知道爱立信、诺基亚、西门子和 3COM 等。与这些巨头们形成战略联盟，无疑是一种借船出海提升品牌的有效策略。

（4）持续提升技术创新能力。

设备制造商对于运营商的技术策略有两种：一是技术领先策略。将高端、先进的技术提供给客户，这需要投入大量的经费并需要较长时间的积累，但可以赢得品牌优势和获得高利润。二是技术适配策略。也就是根据客户的需求设计产品，技术并不一定最先进，但能满足客户的需求，通常要投入较多的人力，开发的技术可能只对单一客户使用。两者相比，后者更易在较短时间内成功并获得客户认可。华为进入欧洲市场初期采用的是技术适配策略，技术发展是"被引导性"的。随着华为市场不断壮大、竞争日益激烈，仅作为技术跟随者，已经跟不上市场扩张的需求。华为的发展已不可避免地要求成为行业领先者。因此，其技术策略逐步由过去的强调技术适配转变为技术领先与技术适配策略并重。华为官网显示，截至 2011 年年底，华为投入了 4.36 万名员工（占公司总人数的 46%）进行产品与解决方案的研究开发，仅 2009 年，华为新申请专利 6 770 件，累计申请专利达到 4.25 万件，其中包括中国专利申请 2.90 万件、国际专利申请 7 144 件、国外专利申请 6 388 件。据世界知识产权组织（WIPO）报道，2009 年 PCT（PatentCooperationTreaty，专利合作条约）的国际专利申请数华为位居全球第二。华为在德国、瑞典、法国等多国设立了研究所和联合创新中心，这些都是公司致力技术创新能力提升的表现。

3. 国际化成熟期

（1）成本优势。

华为研发人员的成本远低于其他西方对手，而拼搏精神远胜于他们。为一个客户项目，华为可以投入数倍于国外同行的技术人员，在客户响应时间上占了很大优势，而这些是竞争对手不可能做到的。

（2）优质产品。

对客户而言，其需求往往是一揽子产品解决方案，然而在通信界，爱立信侧重于移动网络，思科侧重于数据产品，阿尔卡特－朗讯侧重于固网产品。相比之下，没有一个厂商能像华为一样提供全系列且在业界地位排名都靠前的通讯产品。这些全系列产品跟华为多年快速扩张、打拼、积累是分不开的。

（3）优质服务。

为快速实现与客户的业务匹配，华为不仅请客户到公司考察、交流指导，还投入巨资与客户建立联合开发实验室。如2008年华为与沃达丰在西班牙建立了全球应用创新中心；2009年华为与沃达丰在意大利联合建立了核心网创新中心；2010年华为与挪威Telenor建立了联合创新中心等。这些联合开发实验室的成立，有利于华为能精准挖掘客户需求，并快速提供优质服务。

除了建立联合开发实验室外，华为还通过对很多环节的流程再造，实现与运营商的组织匹配，从而提供优质服务。华为的管理变革首先从研发、供应链等后端业务流程入手，同IBM、HayGroup、普华永道、KTFR等世界一流管理咨询公司合作，引进了集成产品开发（IPD）、集成供应链（ISC）、集成财务管理（IFMM）等流程，在人力资源管理、财务管理和质量控制等方面进行了深刻变革，建立了基于IT的管理体系。按照运营商提出的标准，对很多环节实施流程再造，最终实现与运营商的组织匹配。

第四章 金融领引——"一带一路"倡议实施的关键产业

第一节 金融业与"一带一路"产业战略关联机制

当今世界经济全球化、区域经济一体化进程逐年加快,经济增长、贸易、投资格局都在调整和变化的过程中,全球经济格局处于转型升级的关键阶段。目前我国的经济发展处于换挡期、阵痛期、消化期"三期叠加"状态,要想抓住时机,实现中华民族的伟大复兴,对外开放政策需及时调整、转向。我国对外开放长期以来的主要对象是发达国家,然而随着近年来经济的发展、全球化的进程,我国周边的东盟、中亚、南亚等发展中国家和地区资源丰富、潜力巨大,急需通过合作来激发发展动力。在这样的背景之下,积极推进"一带一路"建设势在必行。

一方面,积极推进"一带一路"可以转移我国过剩的产能,为实现经济结构调整和可持续发展的目标提供动力。在此基础上,中国可以通过与沿线国家的深入合作实现双赢,获得周边国家的尊重、理解和支持,最终实现经济影响力向政治影响力的转换,提升我国在国际上的政治地位。

另一方面,"一带一路"倡议的实现将惠及微观群体。首先,伴随着沿线国家基础设施的逐渐完善、公共服务供给的增加,各国的广大人民群众不仅能提前享受到更快捷、更先进、更便利的生活,还有望在合作单位获得工作机会,获得更好的福利待遇。其次,伴随着"一带一路"建设的逐年推进，中国与沿线国家的合作机会越来越多，这为很多相关企业提供了发展的机会，实现互利共赢终将成为必然。此外，伴随着"一带一路"融资需求的增加，中国金融机构获得了无限的机会和挑战，这为中国金融业国际化发展提供了契机。

因此，"一带一路"建设意义重大，是未来中国对外开放的主导方向。当然，战略实施的路上我们也会遇到重重困难。困难主要体现在以下两个方面：

一方面，沿线国家众多，呈现出多重分化状态。第一，沿线的60多个国家多为发展中国家，经济、金融发展水平各不相同，并且大多面临着经济、政治或社会转型的不同挑战。第二，"一带一路"经过多个东西方文明交汇的区域。其中既有社会主义国家，又有资本主义国家；既有发展中国家，又有发达国家；既有以基督教、佛教为信仰的，也有信仰伊斯兰教的；既有东方文明，又有西方文明。不同种族之间、不同民族和信仰之间的矛盾和冲突是长期存在的，一旦矛盾突发，我国将会处于十分尴尬的境地。第三，沿线国家和中国的历史渊源、经济联系和政治关系也各有差别。第四，"一带一路"沿线东南亚、南亚、中亚、中东欧等地区是政治角力的焦点区域，几个主要发达国家在叙利亚、伊朗、乌克兰等问题上存在很多政治分歧，以至于动荡和战乱不断发生，甚至会出现政权更迭的现象，这些沿线国家的多重分化特征将是我国建设"一带一路"道路上不可忽视的困难与挑战。

另一方面，沿线国家的金融发展水平参差不齐。第一，"一带一路"沿线特别是中亚、南亚等国家资本市场发展缓慢，融资能力较低，在基础设施建设方面严重缺乏建设资金，也没有能力和对应的渠道获得相应的资金。第二，"一带一路"涉及多个国家、多个币种的广泛跨境合作，如何构建一个行之有效的多边国家间的多领域合作框架，包括完善的货币兑换体系及资本市场方面的投融资市场及其有保障的信用体系都困难重重。所以在"一带一路"倡议实施过程中需要将重点放在如何构建完善的坚实的互信金融合作体系。所以，需要通过设计合理的金融政策体系，特别需要在初期率先建设资金池，以引导前期资金的合理投入，以商业运作和市场准则为管理和运作的基本原则，在"一带一路"建设过程中给沿线国家的互联互通以金融支持和保障，这样既加强了跨国家的金融合作，也可以减轻"中国色彩"，打消沿线国家的政治疑虑，换取良好的认同效果。因此，金融业是"一带一路"建设过程中的关键产业。

一、金融业与产业发展机制

现代市场经济中投资活动是以金融为媒介的，经济规模的扩大和产业结构的变迁，必然要求金融业提供更大规模的金融服务。金融对产业选择与发展的影响进一步促进区域的经济增长。表 4.1 总结了理论界数十年来对金融影响效应的确认、作用机制及条件的分析。

表 4.1 金融与产业发展的理论研究进展

	主要理论观点
Schumpeter（1912）	《经济发展理论》指出，银行通过将资金向创新型产业领域配置，能够达到促进产业结构升级的效果，金融的发展对产业和经济的增长在长期内会产生良性影响
Patrick（1966）	《欠发达国家金融发展与经济增长》提出了著名的金融发展"需求引致"和"供给引导"命题，认为在经济欠发达阶段，需要采取供给引导的方式刺激金融发展，带动产业进步，从而促进经济增长，该理论是现代金融发展理论的基础
Gurley&Shaw（1976）	将银行理论和货币理论同时纳入金融理论研究范畴，认为金融中介发展的多样化才能更有效地促进储蓄向投资转化，金融通过配置资源，调整资源结构为经济发展提供支持。他们也发现经济增长和金融发展之间存在互动的关系
Goldsmith（1969）	《金融结构与金融发展》的问世，标志着金融发展理论体系的创立。他提出了经典的金融相关比率（FIR）指标，也同样证明了经济发展水平、产业结构推进与金融发展之间的正相关关系

续表

	主要理论观点
McKinnon & Shaw（1973）	分别提出金融抑制和金融深化理论，针对发展中国家特殊的经济环境，论证了解除金融抑制、实行金融自由化对经济增长的重要意义
King & Levine、Galbis、Kapur（1993）	探讨了金融发展对技术进步的作用，认为有效的技术进步和创新需要完善的金融体系来支撑。通过建立微观实证模型对金融发展进行解释，回归分析结果显示股票市场的发展有利于劳动生产率的提高和经济增长，且金融发展体现为金融中介和金融市场的共同发展
Wurgler（2000）	整理了65个国家制造业产业增加值与总投资的数据，得出金融市场发达的国家，资源配置效率更高的结论，说明金融市场的发展有利于提高资本配置效率，促进产业结构升级
Da Rin & Hellmann（2002）	银行对新兴产业成长起促进作用，也能引导衰退产业的退出，促使产业结构高级化

从表 4.1 可见，理论界一致认为金融的先行是区域经济发展和产业有效率扩张的基本动力。区域产业结构进行优化调整是产业相关生产要素升级和有效率利用的过程，也是更高级更符合需求的产业升级和再选择。于是，金融发展扮演产业选择中生产要素升级与产业再调整与合理化升级的全过程。其中：在以生产要素升级为基础的产业结构变迁逐渐达到某个阶段后，需要通过特定的技术创新对产业结构进行变革性的升级，即以技术创新带动全生产要素生产率的全面提升，最终达到整个产业群的高附加值的实现能力，真正实现由资源粗放利用型推动的增长模式向集约和创新驱动型模式的有效转变。因此，金融发展可以通过资金选择而有效地促进实现产业结构高级化的转型。金融是现代经济的核心，是引导经济资源配置的重要动力机制。金融业通过市场性金融和政策性金融两个平台实现与产业的选择机理，如图 4.1 所示（顾海峰，2010）。

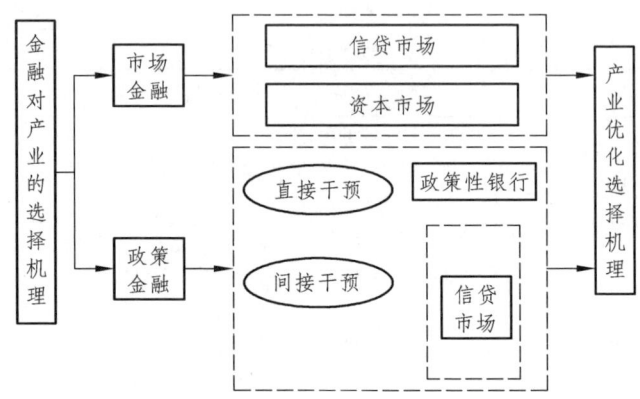

图 4.1　金融与产业选择的机理性架构图

进一步,金融业通过直接融资和间接融资两个手段实现产业类型和结构的优化,如图 4.2 所示。

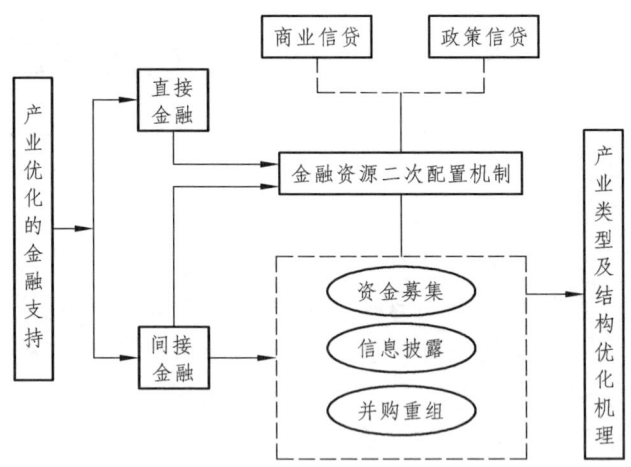

图 4.2　金融与产业选择的机理性架构图

图 4.2 的框架表明,金融业是产业扩张的先行和促进要素。其以风险和利益评估为选择依据,以金融信贷、资金募集、信息披露、股权变更等运行机制实现对价值(或非价值)产业的促进或者退出。

二、金融业与"一带一路"产业战略的促进机理

"一带一路"建设实质上是跨越边境的次区域合作。以沿线国家的边境区位独特性为基础，关注其对跨国家经济发展与合作的影响，通过寻求沿线国家政府支持建立各类经济联系以促进跨境需求、吸引各地企业集聚，将边境打造为"一带一路"沿线经济联系的桥梁与中介，带动跨境经济交流与合作，将边境区由一个国家内部的"边缘区"转化为具有发展潜力的"核心区"，增进其空间可达性与辐射力，达到"一带一路"国家共赢、共同发展的终极目标。其核心是通过边境经济发展，不但带来产品的跨国家流动，也促使生产要素的跨国家流动，进而通过优势互补实现共同发展。跨境次区域合作的研究始于20世纪八九十年代，其理论的直接来源是地缘区位理论，如图4.3所示。

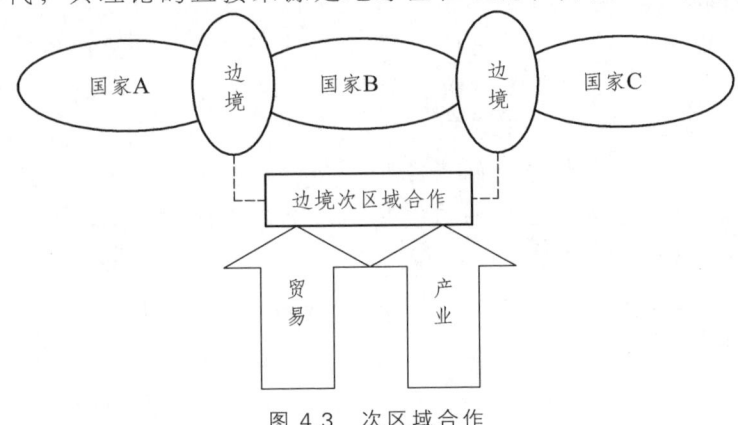

图 4.3　次区域合作

从图 4.3 可见，边境区可能成为次区域合作的中心区。次区域的经济合作将具有如下几个特点：

（1）区域边界为连接点。边界的连接，可产生以边界为依托的区域经济扩散效应。新地缘区位理论有效地揭示了次区域合作最新的动态发展过程。"一带一路"倡议以跨境次区域合作理论为依据，对国际国内的政治及经济环境做出反应，提出连接东亚、中亚边界等为基础的区域合作共赢战略。

（2）跨境次区域合作的核心单位是"一带一路"沿线国家的边境的区位特征，通过激发和选择边境区位优势而带动跨境经济发展，实现"一带一路"沿线的经济结构再调整和重构区域空间系统（Edgar Malone Hoover，2014）。

（3）跨境次区域合作和经济构建的联系纽带，会形成"一带一路"沿线国家实力梯度之间的过渡层，可成为区域国际经济合作的示范区，促使生产要素的跨边境流动（柳思思，2014）。

根据以上理论，"一带一路"倡议将以跨国界的利益共享为目标，通过构建和深化跨边境经济合作与促进生产要素流通，进而提升相关区域的资源配置效率，这便是跨国家经济合作共赢的目标。

在次区域的经济合作战略推行中，从我国西部丝绸之路起点出发，要与沿线国家实现"五通"（政策沟通、设施联通、贸易联通、资金融通、民心相通），这其中蕴藏上万亿元的投资需求，包括大量的项目投资、资本投资与债权投资，所以金融业是促进"一带一路"实现跨国家产业转移和合作的关键环节。

"一带一路"主要分为两条路径："丝绸之路经济带"和"21世纪海上丝绸之路"。其核心是通过发挥沿线各国（区域）比较优势和互补效应以实现资源优化配置和共赢。

（一）金融与"一带一路"产业战略的关联机制

"一带一路"倡议在操作上，应先易后难，循序渐进。从"五通"来看，先解决货币流通、深化金融合作，通过货币流通带动和推动贸易畅通、道路联通，最终实现互联互通建设。金融是经济中最为活跃的生产要素。有效的金融机制可以在"一带一路"建设中扮演引导资源配置流动方向和保障各类基础设施建设启动的作用。金融的杠杆作用更可以促进跨国家信用的健全发展。

1. 金融与"一带一路"建设推进的关联关系

（1）金融是"一带一路"货币流通的直接载体。

国际经济合作的核心是商品和生产要素的跨国家流动，前提是货币的流动，而货币的信用和稳定性与这个国家的经济与金融发展水平是极为相关的。中国国有银行业为代表的分支机构的跨国家扩张，可以缓解"一带一路"沿线国家因国别、地域、生产要素的流动限制和差异性风险导致的各类困境，促使银行作为货币流通的直接载体，以极大发挥其货币流动受限最小的特征，促进商品和资源在金融（货币）支撑下无障碍的流通到"一带一路"沿线区域。

（2）金融是撬动"一带一路"贸易畅通的支点。

在跨国家的贸易交流中，金融既有引领产品和资源流动的作用，也是产品和资源跨国贸易实现的基本保证。与此，建立完善的货币汇兑制度、贷款与担保制度等金融服务将会有效地促进"一带一路"沿线的产品与资源贸易。金融的制度越完善，金融的规模将随之扩大，进而区域贸易规模也会随着融资规模和渠道的多元化、资本的聚集效率提升而大力发展。

（3）金融是"一带一路"道路联通的重要保障。

"一带一路"建设首先是"路通"。但基础设施建设周期长，见效慢，中亚等国家经济发展水平低导致需求不足，只有通过金融手段才能在经济发展不足的国家启动"一带一路"基础设施建设。创建在中国主导下以市场运作为原则的"亚洲基础设施投资银行"(AIIB)与"丝路基金"，充分利用既有的中亚区域经济合作机制(CAREC)、金砖国家合作机制等实现多渠道融资，同时充分发挥我国的政策性金融的引导作用，从多方面多层次支持和完善跨境交通基础设施。

2. 金融业对"一带一路"产业发展的作用机理

金融发展对"一带一路"产业的作用可由图 4.4 表现。

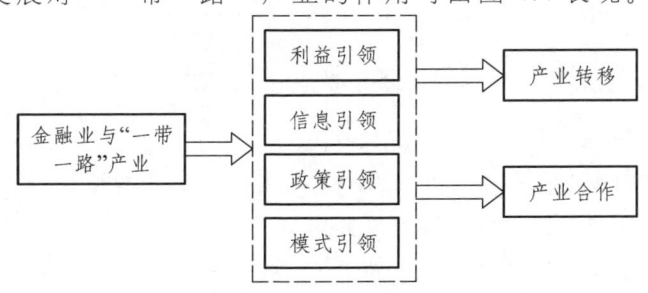

图 4.4 金融与"一带一路"产业

（1）金融应发挥战略引领的作用。

"一带一路"是实现中华民族伟大复兴的重要国家战略，国家战略制定的原则是国家利益的最大化，为了实现这一目标，在"一带一路"推进的过程中需要体现我国作为大国的责任意识和居安思危的底线思维。金融发展在"一带一路"的推进中有极为重要的战略地位，并具有鲜明的时代特质，所以可以说金融业是体现大国责任意识和底线思维的关键产业。一方面，在进行跨国家的金融投资过程中，中国的国有商业银行和投资银行应该是主力，引导和助力沿线国家的产业经济与我国合作实现发展。同时，大力促进人民币国际化，以实现中国在国际上的金融主动性。另外，金融应发挥其主要功能预测和评估、管理经营风险，力争避免我国企业在"一带一路"推进中遭遇的各类系统性、区域性风险，这是金融产业发展的底线，也是"一带一路"发展的底线思维。

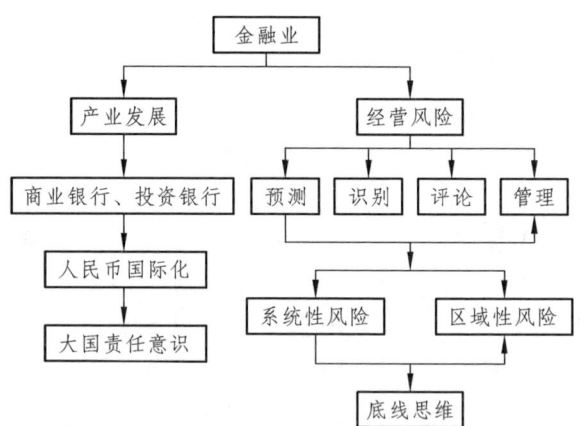

图 4.5 金融业战略引领"一带一路"产业发展

（2）金融应发挥模式引领作用。

中国改革开放 30 多年的经验和发展模式，特别是国有银行与国有企业的改革与贡献将为"一带一路"沿线国家发展有重要的示范作用和引领作用。在"一带一路"新兴的发展中国家合作中交流中国经验与发展模式，同时结合不同国家的文化与资源禀赋，将是中国对发展经济理论的贡献,也是再实践与反思改进的过程。

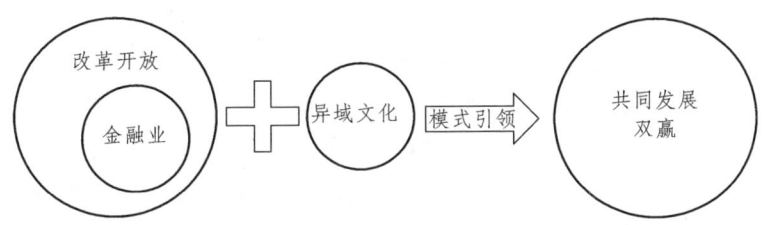

图 4.6 金融业模式引领"一带一路"建设

(3) 金融应发挥专业引领的作用。

金融是资源流动与配置的重要手段,将对"一带一路"这个既是长期又具系统性、需求及内涵都极为复杂的超级工程,实施"以点代面"式的业务引领,有序推进"一带一路"的具体实施。从"一带一路"推进顺序看,初期大规模的基础设施建设是关键;进而产生经贸深入合作,这是"一带一路"的实体,这时候,"一带一路"的重心为跨国家的能源的合作开发和利用;进一步,产生了多层次与多方位的贸易服务往来,于是产生多行业的投资机会与合作机会,逐渐实现政策沟通、设施联通、贸易畅通、资金融通、民心相通。金融在推进"一带一路"建设过程中,以资金保障、风险管控、融资方案制定,多层次金融创新服务如各类股权债券产品、风险管理等,引导"一带一路"互联互通的深入发展。

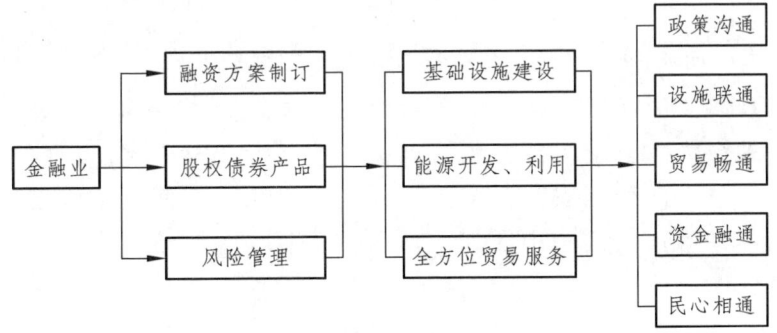

图 4.7 金融业专业引领"一带一路"建设

(4) 金融应发挥经验引领的作用。

中国的金融业特别是国有银行，近年来在国际化合作方面有了较好的合作经验和风险管控能力。"一带一路"沿线国家宗教文化差异巨大，政治纷争不断，在此复杂的体系中前行，需要充分掌握信息，合理把握尺度，并成为金融管理的能力。商务部统计显示，2004—2013 年 10 年间，中国与沿线国家贸易额年均增长 19%，对沿线国家的直接投资年均增长 46%，大幅高于同期对外贸易、对外直接投资的总增速。在国际合作的历程中，中国金融机构一直是主要力量，以此形成的宝贵经验将为"一带一路"的推进发挥经验引领的作用。

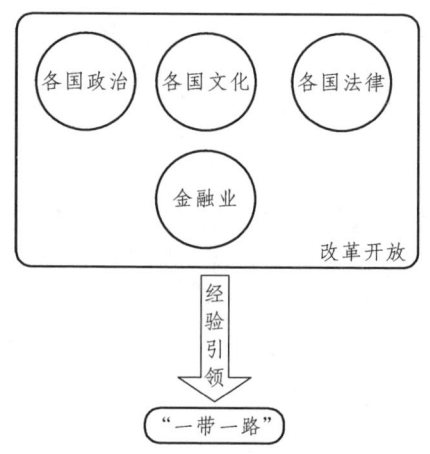

图 4.8　金融业经验引领"一带一路"建设

（二）金融与"丝绸之路经济带"产业战略

"丝绸之路经济带"，是中国与西亚各国之间形成的一个经济合作区域，主要为古丝绸之路范围。丝绸之路是西汉时张骞出使西域开辟的以长安（今陕西西安）为起点，经关中平原、河西走廊、塔里木盆地，到与乌浒河之间的中亚河中地区、伊朗，并联结地中海各国的陆上通道。在丝路贸易发展的同时，中外的货币流通和信用制度也得到发展。在陆上贸易最为繁荣的隋唐时期，商品输出为主，货币和信用的输出相对较少。当时的贸易主要以互市贸易、朝贡和绢马为主。唐开元二年（公元 713 年）颁布过"金铁并不得与诸蕃互市"的勒令。以后各代也发出过类似的禁令（即朝廷严禁货币输出）。由于我国古代商品货币关系不发达，统治者可能担心货币流出造成财政困难。随着陆路交通受阻以及航海技术的发展，海上丝绸之路逐渐发展起来，早期出现少量的货币输出，随着白银本位制的建立，中国开始表现出以商品输出、白银流入的特点。那样传统的货币体系可能导致国家的财富外流，也不可能有国家的产业选择和促进。

当前，我国与丝绸之路沿线国家的贸易合作正逐渐转变为多边合作机制框架下以货币和信用为基础的贸易和进一步的产业合作。"丝绸之路经济带"沿线许多国家属于新兴经济体，有较好的经济增长潜力，人口年龄结构好，劳动力供给比较充裕，自然资源丰富，但资金特别缺乏，基础设施落后，国家的负债率较高。相对而言中国则基本上正好相反，近年来发展速度趋缓，人口结构老龄化，自然资源相对短缺，资金相对充裕等。这表明，"丝绸之路经济带"沿线国家在很大程度上可以与中国进行优势互补。

产业的合作需要金融的先行引导与发挥优选机制。金融支撑与产业发展战略的关系如图 4.9 所示。

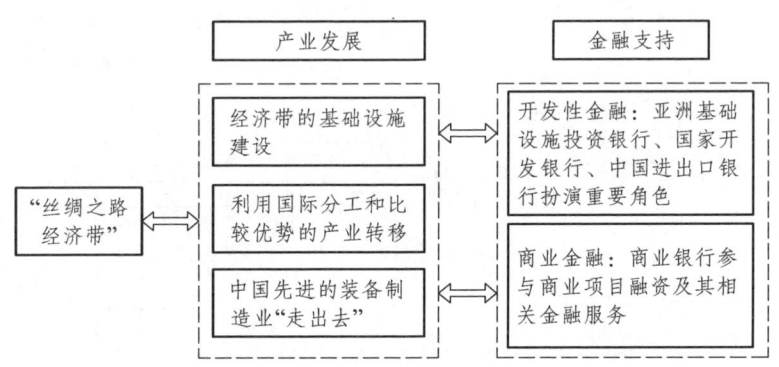

图 4.9　金融与"丝绸之路经济带"产业发展关系

（三）金融与"21 世纪海上丝绸之路"产业战略

"21 世纪海上丝绸之路"，是指中国与世界其他地区进行经济、文化交流交往的海上通道，最早开辟于秦汉时期，从福建等沿海城市出发，抵达南洋和阿拉伯海，甚至远达非洲东海岸。宋代和明代是海上丝绸之路的发展时期。中国输往海外以金、银、铜钱、绢和瓷器为主，从海外输入香料、珠玉、象牙和犀牛等奢侈品。自南宋以来，中国大量购买海外珍宝、香料、药材，造成长期贸易逆差，金、银、铜钱大量外流，成为一个严重问题。苏门答腊岛等地，流通使用中国铜钱，甚至引起"钱荒"，就与铜钱大量流出有着密切的关系。郑和下西洋之后，海上丝绸之路进一步发展，中国与西方的贸易开始表现出商品输出、白银流入的特点，国际收支随之逆转。海外白银的大量流入促成了白银本位制的建立，并且白银的地位更加突出，银钱体系得以建立。到了近代，国家之间的海上贸易往来日益频繁，考虑到异地兑换的难度和货币运送缺乏安全性等因素，近代货币信用制度应运而生。新式银行把货币、信用逐步与贸易发展结合在一起，有效地规避了贸易风险，极大地优化了外贸结构和运作。此外，近现代货币信用制度还促进了贸易融资，支持了技术和贸易的紧密结合。如股份公司通过承兑、贴现、抵押贷款等金融创新方式为贸易融资提供便利，扩展了贸易范围和规模。

海洋是各国经贸文化交流的天然纽带。随着国际化程度的不断提高，国际贸易与跨国家产业合作日趋繁荣，但贸易保护、社会经济动荡等"黑天鹅"事件导致的系统风险也在不断增加。在此，金融业将为"21世纪海上丝绸之路"贸易与产业合作提供必需的国际贸易相关的交易服务和风险管理等方面的金融服务。（见图4.10）

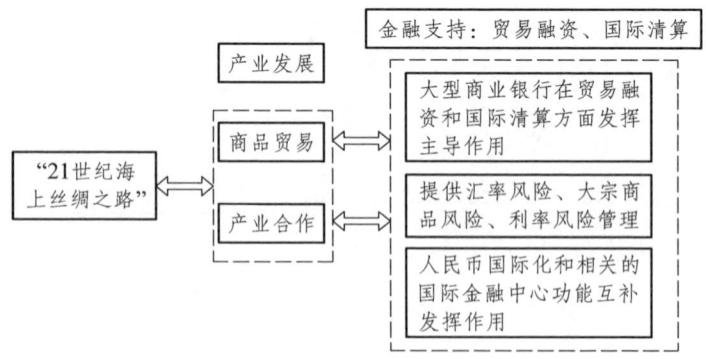

图 4.10　金融与"21 世纪海上丝绸之路"产业发展关系图

根据《推动共建丝绸之路经济带和21世纪海上丝绸之路的愿景与行动》报告,"一带一路"的建设需要很长的周期,所涉及互联互通建设需要大量的资本投入,一定离不开长期有效的金融支持。金融是区域经济一体化的重要载体,加强贸易畅通,促进货币流通,深化金融合作,是"一带一路"建设的重要组成部分。"一带一路"区域金融合作的功能可以归结如图 4.11 所示(夏彩云,2015)。

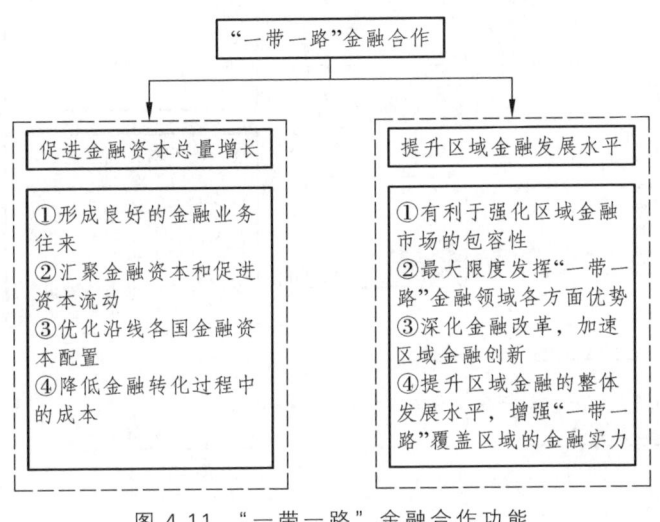

图 4.11 "一带一路"金融合作功能

第二节 "一带一路"沿线国家金融发展现状

"一带一路"沿线国家发展程度存在极大的差异,所以推动跨国家的金融合作将会依据差异化、阶段性、抗风险等基本原则展开,因此需要对"一带一路"沿线国家的金融发展现状进行分析和评价。这里以金融发展度来描述一个国家的金融业现状。

关于金融发展度的内涵,我们借鉴著名学者麦金农(1997)的思想来描述(见图 4.12)。

124 产业经济
"一带一路"倡议实施的关键环节与核心动力

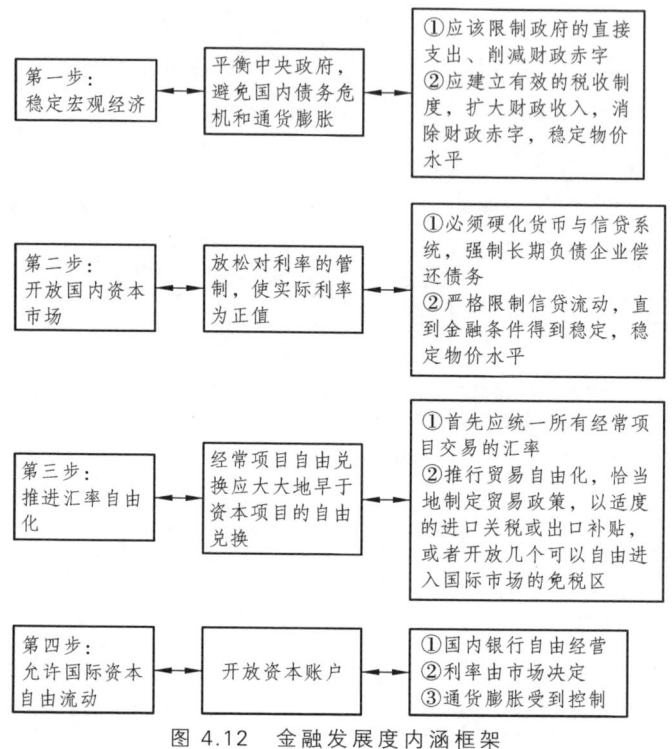

图4.12 金融发展度内涵框架

金融市场的发展度是国家（或区域）具备的金融成长能力以及金融有效运行的程度，这里我们选择用以下几个维度来说明：金融总量的增长程度、金融结构的合理程度和金融效率改善程度。金融发展度能够将诸多衡量金融成长和金融运行状态的指标纳入一个相对完整的理论框架和体系之内（刘云生，2009）。（见图4.13）

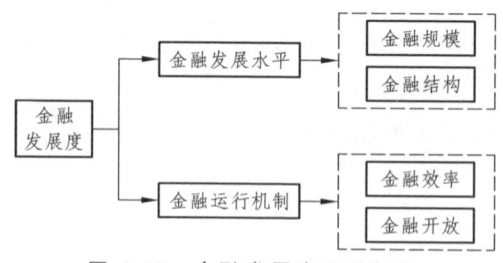

图4.13 金融发展度评价框架

第四章 金融领引

根据金融发展度的内涵，我们从以下四方面来分析"一带一路"沿线部分国家的金融发展度：金融市场规模；金融市场结构；金融市场运行效率；金融市场开放程度。（数据来源：世界银行数据库）

一、金融市场规模

（1）上市公司的市场资本总额占 GDP 的百分比。该指标反映一个国家利用公开市场直接融资的市场规模，是金融市场成熟的重要表现。

从图 4.14 可见，近几年来，"一带一路"主要区域的上市资本规模占 GDP 比重基本保持平稳，以南亚占比为最高，中亚占比最低。

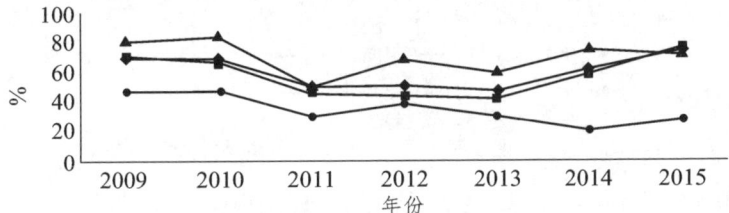

图 4.14 中国与中亚、南亚、东亚上市公司资本总额占比

进一步分析"一带一路"沿线部分国家的状况。从图 4.15 来看，"一带一路"沿线上的部分欧洲国家上市资本规模占比除土耳其外，有较大的波动且呈逐渐降低的趋势，以希腊的降幅最大，主要发生在希腊债务危机的时间段内。

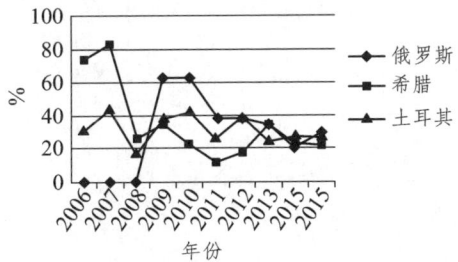

图 4.15 部分欧洲国家上市公司资本占比

近年来,南亚和东亚部分国家的上市资本占比则较为稳定,波动幅度较小。其中印度、马来西亚、泰国处在"一带一路"区域的平均线上。越南、哈萨克斯坦则处于区域的平均水平以下。

图4.16的数据表明,东南亚国家的金融市场规模较为稳定且保持较高的比重。

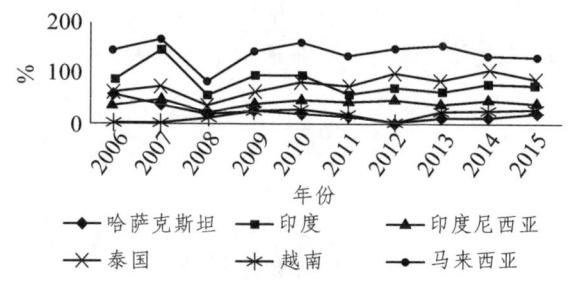

图4.16 部分亚洲国家上市公司资本占比

(2)股票交易总额占GDP的比重。该指标反映一个区域(国家)金融市场的繁荣程度和投资者的信心。

从图4.17中可以看出中国和东亚的股票交易总额占比一直都比较稳定,波动幅度较小,但2015年有一个较大的波动。中亚和南亚股票交易量占比较低。

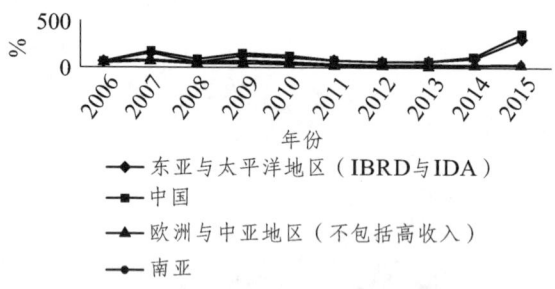

图4.17 "一带一路"相关区域股票交易规模占比

进一步,从图4.18看,"一带一路"沿线几个欧洲国家的数据让人比较悲观,除了土耳其、俄罗斯、希腊近十年来股票交易规模都有一个明显的下降趋势，某种程度上反映出资本市场的萧条和缺乏信心。

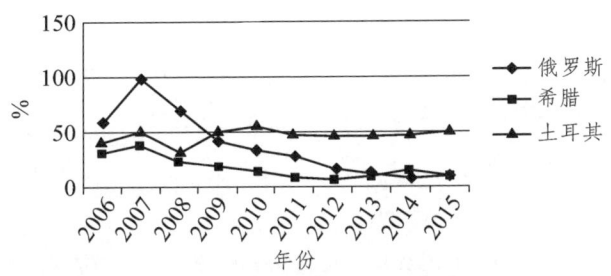

图 4.18　部分欧洲国家的股票交易规模占比

再看"一带一路"沿线亚洲的部分国家，印度的数据近年来出现一个较大幅度的波动，但占比仍然维持在一个较高的水平，表明印度的金融市场还是繁荣及充满活力。（见图 4.19）

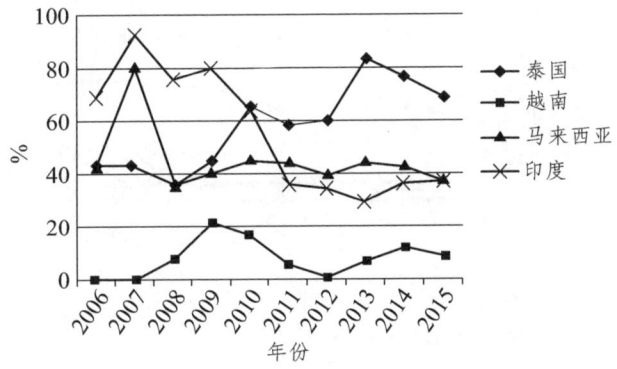

图 4.19　部分亚洲国家的股票交易规模占比

东南亚国家的数据则基本维持了一个稳定和略有增长的股票交易规模占比，说明该区域的金融市场运行稳定。

（3）商业银行分支机构（每 10 万成年人）。该指标反映一个区域（国家）金融服务对地域和人群覆盖程度，也能体现金融服务的渠道优势。

图 4.20 至图 4.22 的数据趋势来看,中国近年来银行分支机构有显著的增加。而"一带一路"沿线其余国家则基本保持一个较低水平,且远远低于中国。

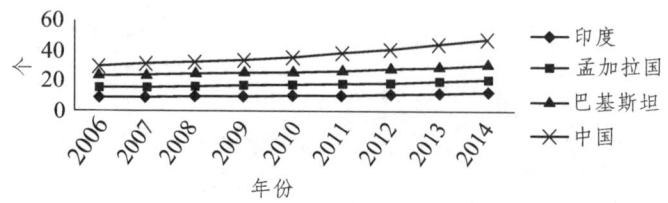

图 4.20　中国及部分南亚国家的银行分支机构数

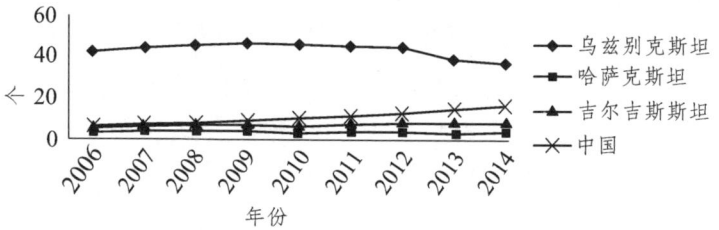

图 4.21　中国及中亚国家的银行分支机构数

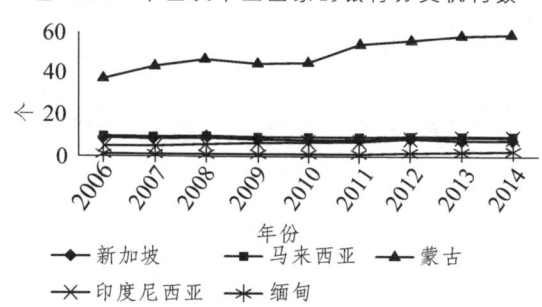

图 4.22　部分东南亚国家的银行分支机构数

(4) 银行资本对资产的比率是银行资本和储备对总资产的比率。该指标反映一个国家间接融资的规模。金融市场越成熟,银行的比重越应该维持在一个较为稳定的占比。

图 4.23 至图 4.25 是"一带一路"部分国家的银行资本占比及其变化趋势。

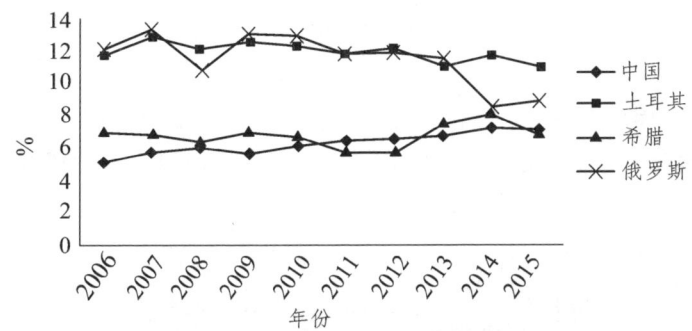

图 4.23　中国及部分欧洲国家的银行资产占比

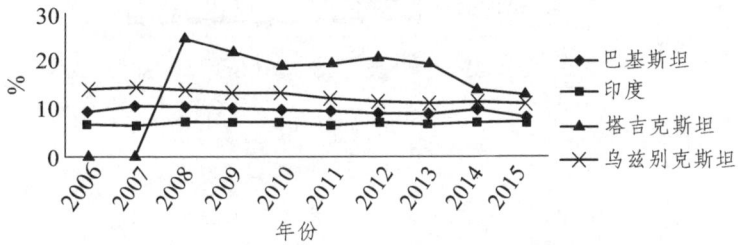

图 4.24　部分亚洲国家的银行资产占比

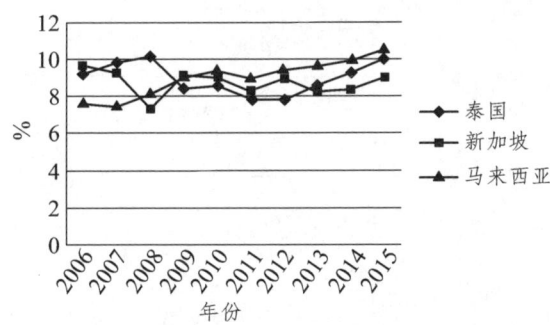

图 4.25　部分东南亚国家的银行资产占比

上图的数据表明,"一带一路"沿线部分国家的银行资产占比基本都保持在15%以下的范围内,且稳定。

二、金融市场结构

(1) 私人贷款比重。该指标反映银行系统对私人经济的支持程度,是国家（区域）市场发育度和信用程度的体现。该指标越高，则市场发育越完善。

从图 4.26、图 4.27 可见，近年来"一带一路"国家中东南亚国家的私人贷款占比保持了一个持续的增长，而南亚、中亚则维持在低于 50% 的水平。

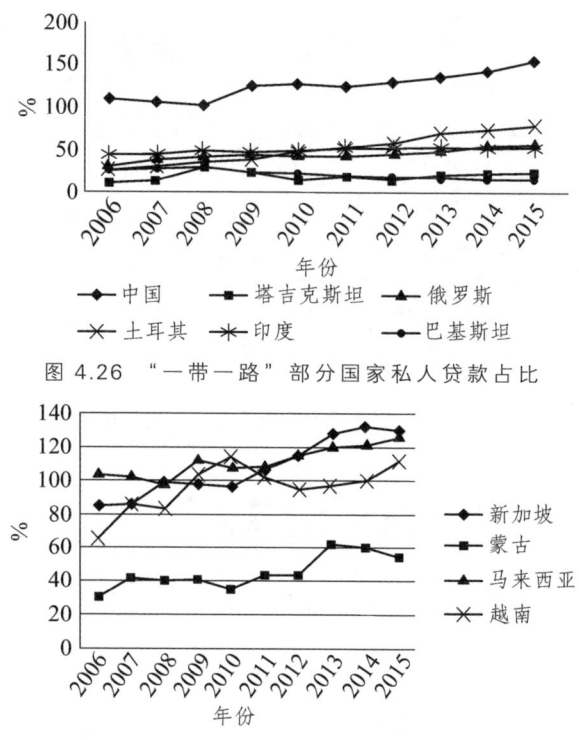

图 4.26 "一带一路"部分国家私人贷款占比

图 4.27 "一带一路"部分国家私人贷款占比

（2）存贷利差。该指标反映一个国家的银行存和贷的规模差异导致的利差，反映银行对存贷供需变化后的存贷价格调整的灵活性。

从图 4.28、图 4.29 可见，南亚部分国家的存贷利差波动最大，但逐年降低。中国的利差几乎未变化，这是由我国的银行体制决定的。东南亚部分国家的存贷利差有波动，基本平稳。俄罗斯利差在 3% 范围内上下波动，说明其存贷利差会因为存贷规模有变化。

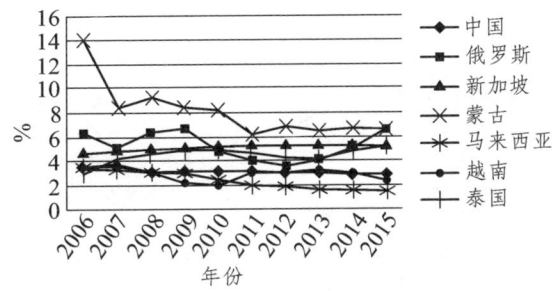

图 4.28 "一带一路"部分国家存贷利差

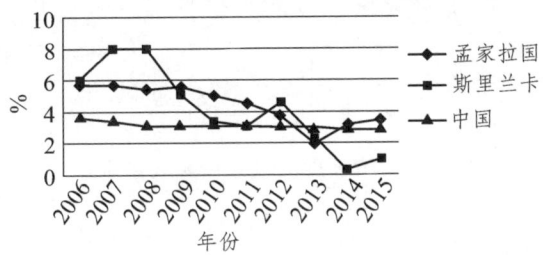

图 4.29 中国及南亚部分国家存贷利差

三、金融市场效率

实际利率是指按 GDP 平减指数衡量的通胀调整贷款利率，反映"一带一路"沿线国家货币供给及对资本的需求状况，也反映微观经济利用资本的成本。

由图 4.30、图 4.31 可见，"一带一路"部分国家的实际利率水平波动幅度较大。以越南、蒙古等国的波动幅度大。多数国家都出现了负实际利率水平。相比而言，中国的实际利率水平相对稳定，但也有几年出现了负利率水平。这些数据说明"一带一路"沿线国家都有一定的超发货币导致通货膨胀以刺激经济的情况。但从 2011 年后，沿线国家的实际利率普遍呈上涨趋势，表明对资金的需求增加较大。

132 产业经济
"一带一路"倡议实施的关键环节与核心动力

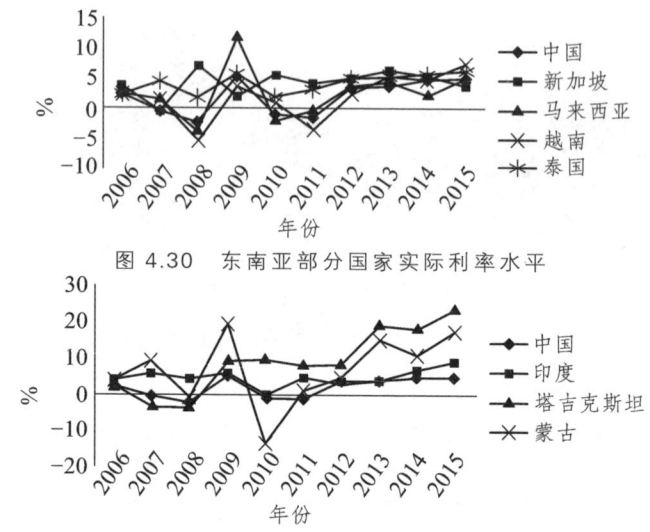

图 4.30 东南亚部分国家实际利率水平

图 4.31 亚洲部分国家实际利率水平

四、金融市场开放度

(1) 外国直接投资净流入。

以外国直接投资净流入来看"一带一路"沿线部分国家的贸易顺差及其市场开放的金融风险。

由图 4.32 至图 4.34 可见,中国与"一带一路"沿线主要的区域与国家相比,对外直接投资的净流入程度都是最高的。而俄罗斯、新加坡、印度相比"一带一路"沿线的其他国家则有较高的对外直接投资净流入。一定程度上可以说,"一带一路"的金融合作中,特别是直接投资类型的项目合作可以从这几个国家优先开始。

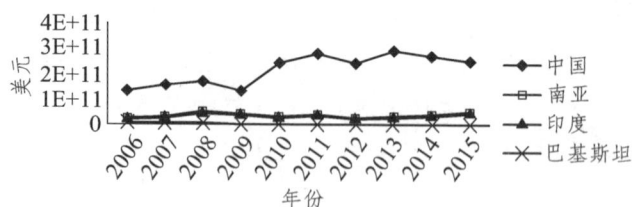

图 4.32 中国与南亚部分国家的对外投资净流入

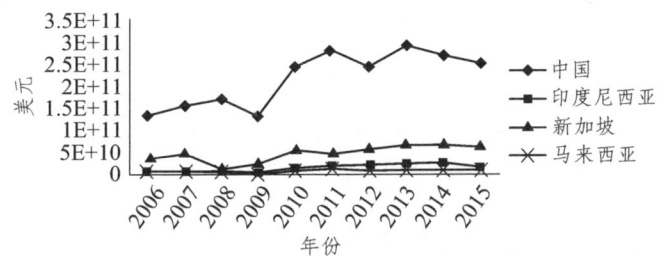

图 4.33 中国与东南亚部分国家的对外投资净流入

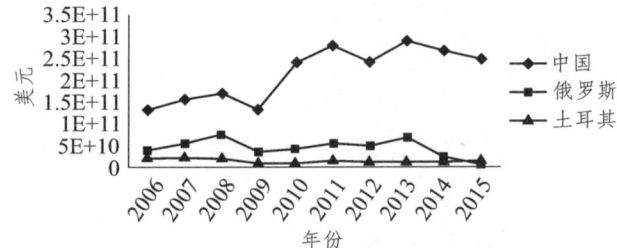

图 4.34 中国与欧洲部分国家的对外投资净流入

（2）保险与金融服务占服务进口的百分比。该指标反映一个国家金融体系多元化和多层次的开放程度。

从图 4.35 至图 4.37 可见，"一带一路"沿线大部分国家对于保险与金融占服务进口的比重都低于 10%，且在近十年来保持一个稳定的水平。欧洲的几个沿线国家保险与金融占服务进口的比重波动幅度相对于其他亚洲国家大，但占比一直维持在 15% 范围内。东南亚国家则保持平稳的增加。中亚、南亚都维持较低的占比。可以说保险与金融市场的开放一定和国家经济发展水平及金融市场的成熟有关。

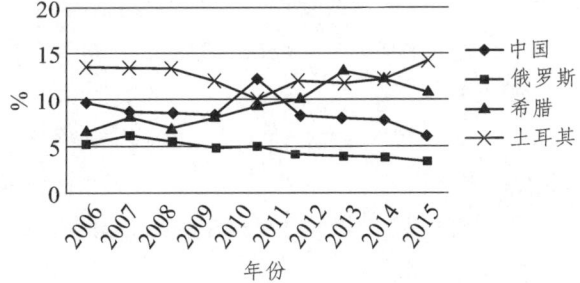

图 4.35 中国及欧洲部分国家保险与金融服务占服务进口的百分比

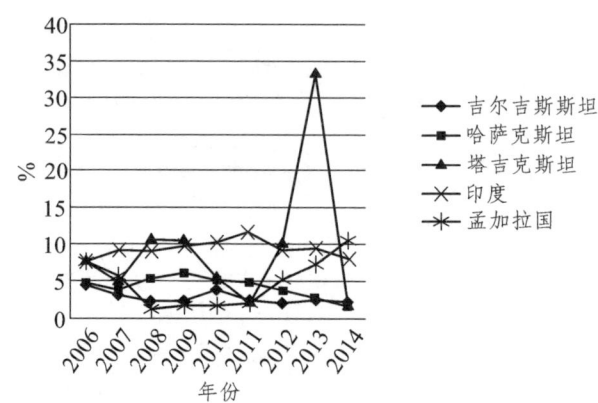

图 4.36 中亚、南亚部分国家保险与金融服务占服务进口的百分比

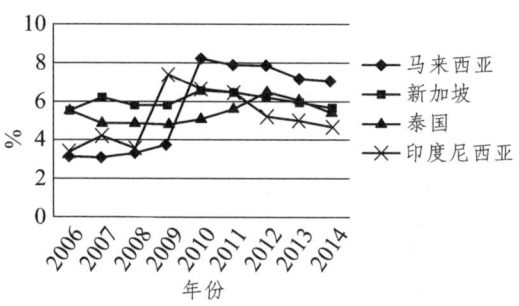

图 4.37 东南亚部分国家保险与金融服务占服务进口的百分比

（3）证券组合股权净流入[包括除记录为直接投资以外的股权证券净流入，包括股份、股票、存款收据（美国或全球的）以及外国投资者在当地股票市场中直接购买的股票。数据按现价美元计]。该指标说明"一带一路"沿线国家的证券市场的成熟与开放度。

从图 4.38 至图 4.39 可见，"一带一路"沿线国家中，证券组合净流入的规模较小，且还有较大的波动。但中国的规模一直在增加的过程中。印度有较大的规模，但波动幅度较大。东南亚保持了较为稳定的规模。可以说，"一带一路"沿线国家的资本市场关于证券市场的开放和多元化尚处在初级阶段。

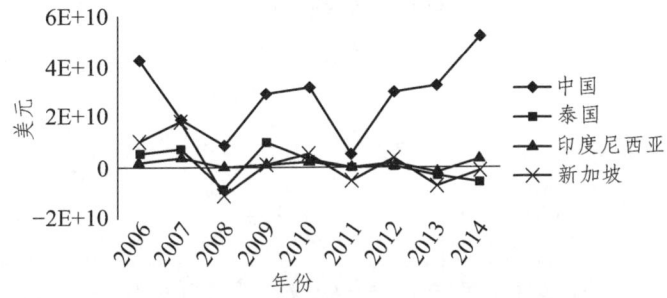

图 4.38 中国与东南亚部分国家证券组合股权净流入

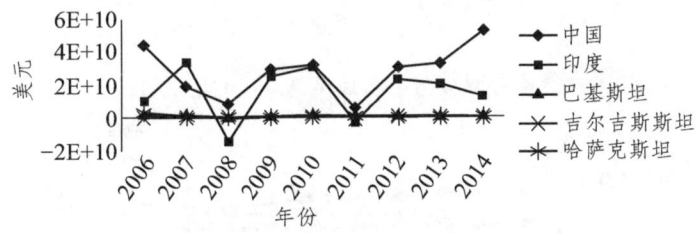

图 4.39 中国与南亚、中亚部分国家证券组合股权净流入

（4）多边优惠是公共和公共担保的多边贷款，包括世界银行、地区发展银行以及其他多边和政府间机构提供的贷款和信贷。该指标反映"一带一路"沿线国家从国际组织得到的金融支持，也可以反映该国家在国际上的信用度。

从"一带一路"相关国家的多边优惠贷款规模的变化比较来看，中国近年来规模及增长幅度最大。"一带一路"沿线多数国家则保持了一个较小规模（相对中国），但稳定且略有增加的趋势。（见图 4.40 至图 4.42）由于世界银行等国际区域性金融信贷等业务运作的成熟性和规范性，其仍然为差异巨大的众多国家提供金融服务，以促进当地的基础设施建设和经济发展。

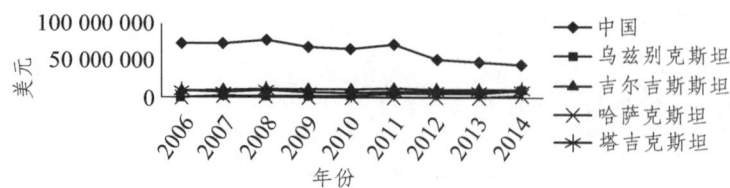

图 4.40　中国和中亚等国多边优惠（PPG，现价美元）

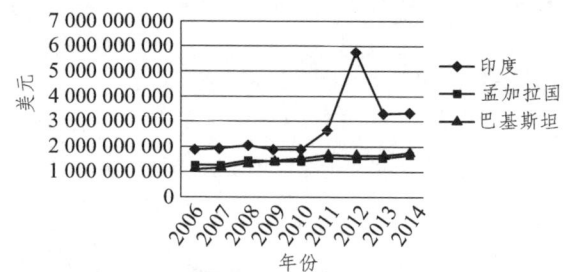

图 4.41　南亚部分国家多边优惠（PPG，现价美元）

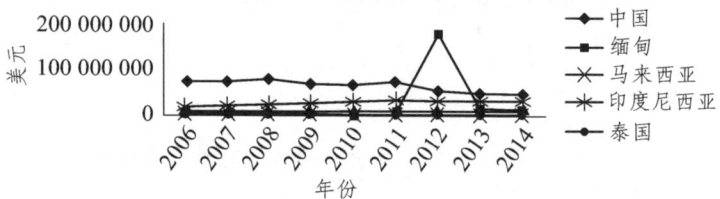

图 4.42　中国和东南亚部分国多边优惠（PPG，现价美元）

上文通过四个维度——金融规模、金融结构、金融效率、金融开放对"一带一路"部分国家的金融发展度进行了综合分析，可以得出如下的结论：

（1）整体而言，"一带一路"沿线国家的金融业发展水平都不高，依赖政府和国际组织的金融支持程度较高。

（2）"丝绸之路经济带"沿线国家即中亚、南亚的金融发展度较低，且波动性较大。印度的金融业发展性和增长性相对而言较显著。

（3）"21 世纪海上丝绸之路"沿线的东南亚国家的金融发展度整体较高，金融规模、效率、结构、开放性等各方面比较平稳，可以说这些国家的金融发展度较高。

依据以上对沿线金融发展度的分析，我们提出中国与"一带一路"沿线国家的金融合作路径如下：

（1）金融合作主体，对应于特定的产业发展合作应该呈这样的层次，如图4.43所示。

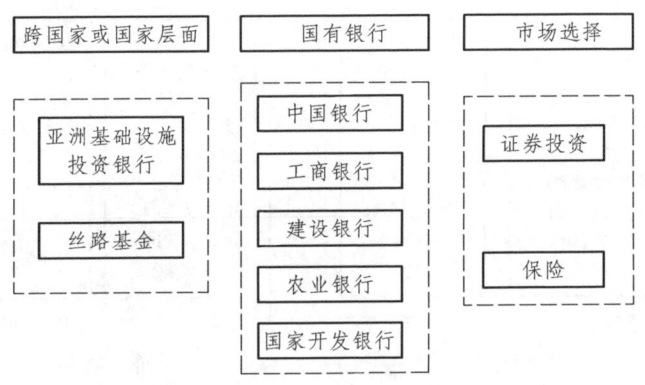

图 4.43 中国参与"一带一路"多金融主体

不同层级的主体，分别对应于"一带一路"不同行业的扩张与合作。国家层面关注大型跨国家的基础设施建设，而国有银行则对战略型产业的转移和合作提供支持。投行、保险业关注市场竞争优势选择和赢利项目的选择。

（2）合作区域：先从金融发展度较高的区域"21世纪海上丝绸之路"开始多个层面的合作，而金融发展度较低的区域"丝绸之路经济带"则采取先通过国际和国家层面进入基础设施投资，进一步再考虑从市场层面进行金融合作。

第三节　"一带一路"沿线国家金融合作与实践

到目前为止，"一带一路"跨国家的金融合作正在中国的有效推动下，从区域金融市场的形成到区域金融机构的建立及其国际贸易繁荣下的人民币的国际化进程推进，也进一步推进了"一带一路"区域下的金融机构与项目融资合作。图 4.44 反映了目前推动"一带一路"跨国家金融合作的基本阶段。

阶段一：区域金融市场的形成

2007年我国在货币与金融稳定委员会上宣布，建立区域金融危机管理体系，力图有效地监控区域金融风险。

2010年《清迈倡议》双边货币互换协议网络的构成实现了清迈倡议多边化机制（CMIM）。

阶段二：区域金融机构的建立

2013年年底筹建亚洲基础设施投资银行倡议。2016年9月，已有58个国家申请加入亚洲基础设施投资银行。

2014年7月，金砖国家开发银行正式建立。

图 4.44（1） "一带一路"金融合作的阶段特征

阶段三：人民币国际化逐步推进

2014年，经常项和资本项下跨境人民币结算涉及国家为174个；2014年上半年，仅中国银行的跨境人民币结算总额就达27 900亿元，全国跨境人民币结算额较上年共增长30%。

阶段四：金融机构与项目融资合作的优化

2014年我国包括工、农、中、建、交、国开行等9家银行机构，在"一带一路"国家开始设立分支机构；俄罗斯外贸银行公开股份公司、泰国开泰银行（大众）有限公司等多家银行机构在我国设立了金融机构。区域金融合作对项目融资合作提供了有力的金融支持。

图 4.44（2） "一带一路"金融合作的阶段特征

一、亚洲基础设施投资银行与"一带一路"金融合作推进

（一）亚洲基础设施投资银行成立背景及意义

2015 年 12 月 25 日，由中国倡议发起、57 国共同筹建的多边开发性金融机构亚洲基础设施投资银行（Asian Infrastructure Investment Bank，AIIB，下简称"亚投行"）在中国北京正式成立。它是继金砖

国家开发银行、上合组织开发银行之后成立的由中国主导的国际金融体系。亚投行的重点是支持基础设施建设，旨在促进亚洲区域的建设实现互联互通化和经济一体化，同时加强中国及其他亚洲国家和地区的合作，以弥补亚洲地区基础设施建设的资金缺口。优化投资环境，吸引全球资本投入，从而推动亚洲产业发展提供更多就业机会，改善各国福利水平。亚投行与现有的世界银行、亚洲开发银行等强调以减贫为主要宗旨并不一致。亚投行的成立，体现了一种大局思维，不仅让新兴市场国家不再受制，同时也推动中国金融服务业的改革发展和国际化接轨。亚投行以其开放性、建设性和创新性的理念，将为亚洲区域经济发展乃至全球经济增长作出自己的贡献。

1. 筹建背景

（1）金融危机后亚洲经济增长乏力。

2008年，金融危机的爆发导致区域性乃至全球基础设施投资不足，劳动生产率下降，全球经济增长开始萎靡。但在危机中未遭受直接冲击的广大新兴市场国家在全球经济总量中的占比超过发达国家，它们对全球经济增长的贡献度逐渐提高，从而在全球经济治理中的地位和话语权也随之提升；同时，以金砖国家为代表的新兴市场国家也面临着前所未有的问题与挑战，全球经济增速下降、国际资本大进大出、国内结构性改革压力、投资疲软、大宗商品价格走低等。全球动态经济格局和国际复杂经济形势，要求作为全球第二大经济体的中国和其他的新兴市场国家在新一轮的改革和开放战略上能有所作为，在实现自身发展的同时推动全球经济的可持续发展，全球急需多边金融格局的新力量来弥补旧的金融体系的不足，合理化解危机。由中国主导的亚投行的成立，不仅可推动亚洲基础设施的投资，又有利于建立世界金融新格局，完善现行的国际发展融资体系，促进亚洲经济融合与一体化发展，实现国际金融秩序改革。

（2）"一带一路"倡议的提出。

随着中国及周边国家尤其是东盟各国经济的快速发展，基础设施投资需求迅速增大，建设资金有限导致一些国家铁路、公路、桥梁、港口、机场和通讯等基础建设严重不足,限制了区域的经济发展。2013年9月及10月,中国国家主席习近平在访问哈萨克斯坦和出席亚太经济合作组织(APEC)领导人非正式会议期间,先后提出建设"丝绸之路经济带"和"21世纪海上丝绸之路"的设想和倡议。这一战略"以经济走廊为依托,以交通基础设施为突破,以建设融资平台为抓手,以人文交流为纽带,加强'一带一路'务实合作,深化亚洲国家互联互通伙伴关系"。由此可见,基础设施投资和相应的融资平台建设被摆在十分突出的位置。因此,为契合"一带一路"倡议,中国提议成立亚投行和丝路基金,以基础设施建设促进区域合作,推动国际产能合作,旨在从供给侧拉动有效需求,为"一带一路"倡议的落实提供支撑。

2. 发展进程

2013年10月,中国国家主席习近平首次提出筹建亚洲基础设施投资银行的倡议。通过一年时间的筹备,包括中国、印度、新加坡等国家在内的21个意向创始成员国在中国北京签署了《筹建亚洲基础设施投资银行备忘录》,决定成立亚投行,标志着亚投行的筹建进入了一个新阶段。2014年10月至2015年2月,印度尼西亚、马尔代夫、新西兰、沙特阿拉伯、塔吉克斯坦以及约旦各国申请加入亚投行,意向创始成员国数量增加至27个。2015年3月12日,英国申请加入,是首个申请加入亚投行的欧洲发达经济体。在英国的带动下,法、德、意大利、卢森堡、瑞士和奥地利先后于2015年3月下旬申请加入亚投行。韩国和澳大利亚经过反复权衡于2015年3月底之前正式宣布加入亚投行。2016年8月31日在北京宣布,加拿大宣布将正式申请加入亚投行,成为北美洲第一个加入该机构的国家。(见图4.45)

亚投行作为开放、包容的多边开发金融机构,其成员国的逐渐增加对亚投行未来的发展具有深远意义。第一,以英国为代表的欧洲国家加入,体现出西方发达国家逐渐对中国和亚投行的认可度,也改变了亚投行既有的股东结构,从而使亚投行从股权分配集中在亚

洲国家的区域性投资银行转变为一个由全球股东参与的重要开发性银行。（见图 4.46）

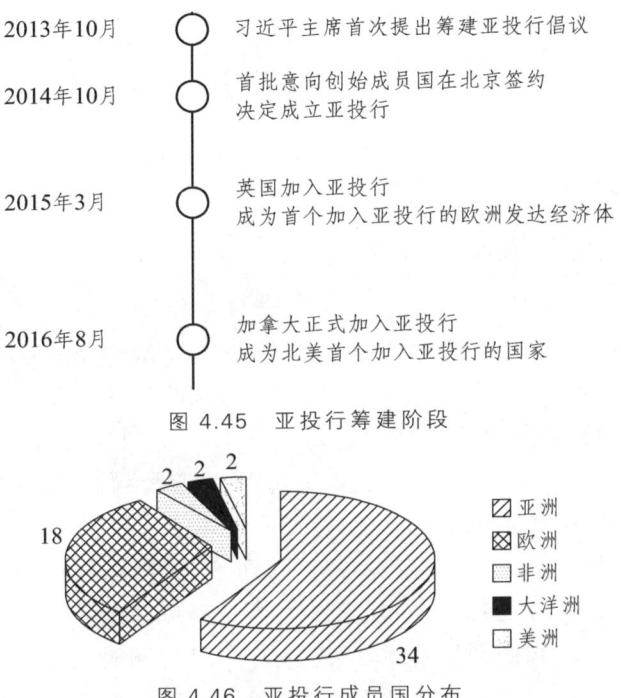

图 4.45 亚投行筹建阶段

图 4.46 亚投行成员国分布

第二，亚投行成立是中国参与国际金融秩序改革进程中发挥作用的里程碑事件，也是对全球经济、金融治理体系的补充与完善，是对国际合作开发模式、地区经济发展、融资标准等多方面的金融制度的创新。中国作为不可或缺的全球经济大国，在现有多边体制下的积极参与非常有助于巩固现有全球治理体系，为欠发达经济体的合作与成长提供更多帮助。同时，亚投行也是近代形成的经济格局中，第一次由发展中国家中国倡导和组织成立的国际性金融机构，具有重要的历史性的特殊意义，其对既有的有发达国家主导的世界金融体系来说是一股"新鲜血液"，也表示中国开始正式成为全球金融治理体系中重要角色。

第三，亚投行股权的多元化必将促进亚投行的治理与发展模式逐渐趋于完善。欧洲发达经济体在国际金融体系运营与管理方面具有丰富的经验，其作为亚投行股东之一必然会对亚投行的经营风险规避和效率提升提供有效的支持。同时当亚投行的股东结构转变成全球性多边金融平台后，对亚投行的违约即对全球主要国家违约，故而也会降低国家风险，特别是恶意违约率，除此之外，大量区域外国家的加入，将对未来亚投行进行域外投资带来更多机会。

（二）亚投行治理与运营

欧洲发达经济体的逐渐加入让亚投行前景乐观，但也给主导国中国带来更高的要求。亚投行作为一种多边金融格局的新力量，其如何起步和怎样实现可持续发展受到了国际社会的广泛关注。

截至目前亚投行有4个投资项目。(见表4.2)首个位于巴基斯坦，是高速公路项目，第二个在塔吉克斯坦，这个项目将首都杜尚别与乌兹别克斯坦联系起来，第三个项目在孟加拉国，这个项目将为250万个家庭供电，第四个项目在印度尼西亚，这个项目能提高数以百万印度尼西亚城镇人民的生活质量。4个项目总共耗费约7亿美元，今年计划发放贷款的总额为12亿美元，明年预计会增加到25亿美元。以上投资项目充分反映亚投行的重点是支持基础设施建设，促进亚洲区域建设实现互联互通化和经济一体化，弥补亚洲地区基础设施建设的资金缺口。

表 4.2　亚投行首批贷款项目

地区	项目类型	金额
巴基斯坦	M4高速公路贷款项目	1亿美元
塔吉克斯坦	公路升级项目	2 750万美元
印度尼西亚	贫民窟升级	2.165亿美元
孟加拉国	电力输送升级和扩容贷款项目	1.65亿美元

与已有多边开发银行相比，亚投行在治理和运营模式上有较大差别。亚投行无意取代现有国际多边金融机构，但亚投行的诞生无疑将发挥"鲶鱼效应"，刺激和促进现有多边机构改革，将带来"健康和有启迪意义"的竞争。作为一个全新多边机构，亚投行带来"一种竞争性的新治理模式"，有利于全球经济增长和发展问题的解决、治理结构的改善，促进通力合作。亚投行的开放包容的理念和定位，无疑将为合作共赢和改善全球治理带来新风。

1. 开放性与包容性

亚投行与现有的多边金融机构的首要区别在于其开放性与包容性。《亚洲基础设施投资银行协定》规定亚投行在其贷款项目中将进行全球采购，而不限于成员国采购，这充分体现出了开放性和包容性，将使得所有受援国能够在项目实施中购买到最适合自己的产品，获取最大的利益。除此之外，我国作为亚投行发起国和最大股东国，在投票权中不谋求长期拥有一票否决权，这也是其开放性的最重要体现。根据《亚洲基础设施投资银行协定》确立的股权结构，中方实占亚投行股权 30.34%，为第一大股东，比第二至第五大股东股权总和 23.4% 还高出 6.94 个百分点。股权大小关乎决策权大小，按照国际惯例，无论是以国际货币基金组织为支撑的国际金融体系，或以亚洲开发银行为代表的区域发展治理体系，投票权和实际经济地位的不匹配现象凸显，而中方若持有 30.34% 的股权即可相应获取大体同等的投票权。但为了体现团结共筹之诚意，中方对投票权作了适度削减。根据协定，中方投票权为 26.06%。由于亚投行重大决策需要 3/4 以上票数才能获得通过，这意味着目前中方拥有否决权。（见表 4.3）但今后，亚投行将一直对国际社会持开放的态度。某些发达经济体的加入会使我国的投票权下降，从而不再具备一票否决权，同时，亚投行也将赋予发展中国家更大的发言权。与世界银行相比，发展中国家在多边金融机构的地位有所转变。亚投行将始终秉承开放包容的态度致力对现有国际金融秩序的完善和推进。

表 4.3 各主要多边开发银行投票权情况

投票权分布	亚投行	世界银行	亚洲开发银行
中国	26.06%	4.82%	5.47%
区内成员	73.29%	—	65.13%
非区内成员	26.71%	—	34.87%
借款国	—	36.92%	25.88%
非借款国	—	63.08%	64.12%
通过重大决策所需投票权	75%	85%	66%

2. 精简高效

亚投行作为多边金融格局的新力量，必须要吸取现有多边开发银行经验及教训，并在此基础上进行改革创新。亚投行的核心理念是精干、廉洁、绿色，形成高度精简的机构。其精简表现在不设常驻执董会，在中国之外仅设几个办事处，且员工只有 500～600 人，约为亚洲开发银行和世界银行员工人数的 1/6 和 1/20，这一措施将杜绝多边机构的臃肿痼疾，降低亚投行的运营成本。同时亚投行在全球范围内以公开、透明、择优的原则选聘人才，高质量的人才队伍能够有力地保障亚投行全方位地实现高标准运营。其次，亚投行在贷款审批流程上将进行简化。亚投行在成立初期，已经深刻意识到现有国际金融机构繁琐苛刻的规则对其长期发展的不利影响，因此在项目审批方面将进行改革，包括缩短项目审批流程、提高审批效率等，从而将亚投行建成一个架构简单、运作高效的机构。（见表 4.4）

表 4.4 主要多边开发银行治理结构对比

	亚投行	世界银行	亚洲开发银行
成立时间	2015 年 12 月	1945 年 12 月	1966 年 11 月
总部所在地	中国北京	美国华盛顿	菲律宾马尼拉
成员数	58	188	67
法定资本	1000 亿美元	100 亿美元	1638 亿美元
董事会人数	12	26	12

3. 务实灵活

亚投行的投资模式较为灵活，银行贷款、股权投资和担保业务同时运作。除去传统的主信用担保贷款外，根据《亚洲基础设施投资银行协定》，亚投行还将进行直接投资，即学习世界银行下属国际金融公司（IFC）的模式，对私人部门进行股权投资，即采取灵活度较高的PPP模式，整合私人投资和市场资源参与基础设施建设，发挥杠杆效应，在能够在利益各方分担较高风险的同时保证获取较高和稳定的回报。另外，亚投行也会作为担保人，为资金需求方和供给方提供中间业务来促进投资。三种投资模式的配合使用，将使亚投行的市场适应能力大大增强，为"一带一路"区域合作发展融资做出更大贡献。

此外，亚投行的贷款标准适应性更强。与其他多边金融机构一样，亚投行将要求项目合法透明，保护社会和环境利益。但是，亚投行不会坚持"华盛顿共识"所崇尚的单一自由市场政策，不会要求借款国以私有化或放松管制等方式换取贷款。亚投行坚持国际通行的高标准，但兼顾环境与社会利益，同时也将调整某些不符合发展中国家国情的苛刻条件。事实上，多边机构的贷款标准会对一国发展模式和资金需求产生过度干预。而亚投行以发展中国家股东为主，其贷款标准以经济发展为主要目标，不谋求对借款国发展模式的干预，减少与政治的关联，这会更为符合发展中的经济体的资金需求实际情况。

（三）亚投行与"一带一路"契合

"要致富先修路""兵马未动粮草先行"，亚投行的成立为"一带一路"的推进提供了可靠的资金保障。亚投行是资源整合实现共赢的好平台，是沿线各国利益的交汇和融合。它的成立让人看到"一带一路"倡议实现的稳健步子。亚投行成立后的第一个目标就是投入"丝绸之路经济带"的建设，这与"一带一路"建设保持高度一致。"一带一路"连接着亚洲和欧洲大陆的60多个国家，涵盖了世界近2/3的人口。而作为世界上面积最大、人口最多，21世纪最具经济活力和增长潜力的经济带，随着未来亚洲地区基建和发展融资竞争日益激烈，在基础设施建设的资金需求方面存在巨大缺口。亚投行致力促进了亚洲地区基础设施建设和互联互通，其中就包括"一带一路"沿线亚投行成员国的相关基础设施建设项目。如果说"一带一路"是战略目标，那么，亚投行就是战略手段。中国主导筹建亚投行的一个重要考量也是为"一带一路"这一亚欧经济整合战略，提供金融支撑。同时亚投行给"一带一路"沿线国家和其他地区带来了福音，不仅是更多的贸易和投资机会，更是提供了一个重要的融资平台，为"一带一路"建设提供庞大的资金。亚投行始终关注亚太地区的基础设施建设，低收入的发展中国家可以借助亚投行获得资金的支持，提升自身的金融实力、维护国家利益，使实体经济与金融实力稳步增长。总的来说，亚投行的成立为亚洲地区基础设施建设提供了融资支持，促进亚洲地区区域经济的可持续发展，也为"一带一路"的发展提供了稳固的资金保障，同时刺激亚洲的经济增长，继而促进世界经济发展。

亚投行将为亚洲基础设施融资开辟新途径，将是推进"一带一路"建设的重要资金保障，而"一带一路"建设也会为亚投行提供更广阔的发展舞台，中国将在力所能及的范围内承担更多责任义务，以一贯坚持对外开放的基本国策，构建全方位开放新格局，深度融入世界经济体系，推进"一带一路"的建设和沿线地区的繁荣，也将让中国在建构世界经济和金融秩序中真正发挥"中国影响力"。

（四）亚投行运作面临的挑战与建议

亚投行要成为具备全球化和高度信息化新时代特征的区域多边金融机构，弥补既有金融体系对发展中国家特定需求关注的不足，需要处理跨国家资本合作及对应的商业模式、包括任何组织、管理流程安排和数字化平台运行等运营与利益分配等问题，又面临着与现有的国别或地域间的国内或国际金融机构之间的摩擦与合作关系的竞争合作关系的处理，也面临着新兴金融力量立足与发展的挑战。

1. 挑战

（1）政治经济博弈困扰。

国际经济关系政治化可以理解为国家之间正常的经济关系在特殊

国际政治环境的影响下具有了政治功能,引起或加强了国家对"价值信仰、信念或意识形态分歧"的强调,或者对"国家之间实力、权力对比变化的竞争"的重视,乃至将其理解为"本国国内政治问题"的诱因。过去很多年,亚洲可以说是美日主导的亚洲,美日联合在事关亚洲的重大事务中发挥主导作用,两国在亚洲开发银行中的配合就是一个印证。亚投行作为新生事物,难免会受到以美日为代表的部分国家的疑虑甚至阻碍,这背后的实质是世界主要经济体对全球经济金融影响力、话语权与主导权的较量与争夺,以及对所谓"中国威胁论"的潜在担忧。

(2) 项目开发能力欠缺。

亚投行面临的开发项目极为复杂,与此对应的项目开发能力贯穿于项目开发前期的规划、准备到后期的实施等各个阶段。这种能力不足表现在两大类:一是"一带一路"国家政府部门缺乏发展规划能力。即使了解相关领域的基础设施缺口巨大,但需要将"缺口"转变成系统的"发展规划"却并不容易。二是项目实施能力很不足。包括如何保障融资条件满足,并进一步实现吸引股权投资者和银行贷款,相关环节漏洞较多,逻辑关联差。由于系统规划的能力不足,许多发展中国家在基础设施项目开发上常常缺乏系统规划手段而陷于被动,造成后续的项目实施带来众多困难。

2. 建议

(1) 与现有多边开发机构合作。

亚投行与金砖国家新开发银行、上海合作组织开发银行等在区域涵盖、地缘和经济互联性等方面存在较大的互补性,可以有效回避业务交叉和恶性竞争,实现合作共赢。因此,亚投行是对现有多边开发机构的"增量"改革和有益补充,可实现共存互赢。而一定程度的竞争,反而会有效地促进竞争者提高效率有而助于提高资源配置效率。

对于合作,可以在以下几个方面开展工作:首先,促进全球多边开发性金融机构的业务合作,通过建立共享数据库,在银团贷款、共同担保、联合融资以及合作研究等领域开展深入合作。其次,建立"多边开发性金融机构反腐协调机制"。2014 年 G20 峰会通过了"反腐行动计划",如果我国能够成功倡议发起"多边开发性金融机构反腐协调机制",将是对落实 G20 反腐行动计划的一个创新性贡献。第三,建立"多边金融机构环境标准",在可持续发展问题上让全球多边金融机构承担"共同但有区别的责任",这既符合我国大力发展生态文明的政策方向,也是对国际社会质疑亚投行能否实施较高环境标准的有力回应,从而增强我国在全球可持续发展领域的话语权。

(2)控制融资成本。

作为开发性金融机构,亚投行不能吸收存款,主要通过在国际资本市场上发行债券来融资,而信用评级的高低直接影响发债融资的成本。从国际评级机构对多边开发银行的超主权评级标准来看,亚投行具有以下优势:职能定位准确、市场潜力巨大、资本实缴比例较高、获得股东全力支持等。但与此同时,亚投行在评级方面亦存在一定劣势。首先,评级机构可能担心亚投行的主要股东缺乏运营多边金融机构的经验,欠缺项目和知识储备;其次,评级机构对亚投行的运营准绳能否符合国际标准也会有所顾虑;最后,在目前亚投行的股东当中,对提升信用评级有积极作用的西方发达经济所占股权份额较小,这使得基于股本加权的股东信用评级可能相对较低。

亚投行可以通过初期良好的运营而逐步提升自身的信用评级。如果亚投行能够充分吸取其他多边开发银行的先进经验,确立良好的发展理念,优化组织架构,提高运营效率,强化风险管理,那么亚投行终将赢得国际社会的充分认可,获得高信用评级将是水到渠成的事情。

(3)坚持运营高标准。

国际社会对于亚投行的主要批评意见之一,就是质疑亚投行能否在业务运营中坚持高标准。这里所谓的"高标准",包括治理结构、环境保护、反腐败、移民、劳工保护等多方面内容。

基于目前初步形成的多元化的股东结构和良好的治理模式,亚投行已经具备了实现高标准运营的框架结构。在具体实施策略上,亚投行可以从以下几个方面展开努力:首先,吸取现有多边开发银行的经验。世界银行、亚洲开发银行、欧洲投资银行和欧洲复兴开发银行等多边机构在数十年的运营中,所形成的大量规章制度、积累的丰富实践经验,完全可供亚投行借鉴。其次,加强与现有多边开发银行的合作,通过与其他多边机构全方位的密切合作,快速"拿来"先进经验。事实上,现有多边开发银行也确实存在着与亚投行合作的现实需求。最后,结合自身特点,创建更加符合发展中国家需求的安全保障政策。正如财政部部长楼继伟所言,在多边机构运营中并不存在"最佳实践",包括世界银行、亚洲开发银行在内的多边开发银行都在不断改革自身的运营模式。

二、丝路基金与"一带一路"金融合作推进

(一)丝路基金成立背景

丝路基金是由外汇储备、中国投资有限责任公司、中国进出口银行、国家开发银行共同出资,依照《中华人民共和国公司法》,按照市场化、国际化、专业化原则设立的中长期开发投资基金,重点是在"一带一路"发展进程中寻找投资机会并提供相应的投融资服务。

2014年12月29日,丝路基金(全称"丝路基金有限责任公司")在北京正式注册成立,其历史使命是重点致力促进"一带一路"的建设。[①]

在"'一带一路'与共同体建设"丝路论坛上,丝路基金副总经理司欣波开宗明义:"丝路基金是为'一带一路'倡议而生长的。服务'一带一路'建设是丝路基金与生俱来的使命。通过以股权投资为主的多种方式,推进与相关国家和地区在基础设施、资源开发、产业合作、金融合作等的投融资合作,促进繁荣和发展,并实现积极合理的投资回报,这是丝路基金运作的总体模式。"

(二)丝路基金对"一带一路"的意义

(1)成立丝路基金是以金融方式推动"一带一路"建设的重要体现。成立丝路基金实际上是金融支持丝绸之路经济带建设的一次重要

---

① 丝路基金官网,http://www.silkroadfund.com.cn/.

尝试。从广义上讲，金融支持丝绸之路经济带建设涉及融资服务、金融合作、金融业开放以及金融与贸易投资便利化、对外开放体系之间的互动等问题。

（2）丝路基金可以有效弥补基础设施投资缺口。

基础设施投资是拉动经济增长的重要推动力量，20国集团增长计划中就鼓励高质量基础设施投资。未来4年，高质量基础设施投资，结合其他措施，将使全球经济增加超过2万亿美元，创造数以百万计的新就业岗位。发展中国家每年需要花费1万亿美元进行基础设施投资，随着城镇化加速推进，预计到2030年城市人口规模将增加20亿人，基础设施需求很大。规模庞大的城市移民对水、电、交通等基本公共服务的需求巨大。相关基础设施建设的需求强劲。到2020年每年额外需要增加1万亿美元至1.5万亿美元的基础设施投资。亚洲开发银行预计，2010—2020年，亚洲地区需要投入8万亿美元基础设施资金，才能支撑目前经济增长的水平。而整个亚太区域的基建融资规模超过20多万亿美元。仅总长1万多千米的"丝绸之路经济带"区域铁路建设一项，每年就需要投资上千亿元。丝路基金能够弥补现有基础设施投资资金缺口，释放"一带一路"经济增长潜力。

（3）丝路基金外汇储备投资多元化，助推中国资本"走出去"。

我国外汇储备一般投资于国际资本市场，尤其是购买一些主要国家的国债，对实体项目和产业的投资相对较少，设立丝路基金对"一带一路"沿线国家的基础设施建设、能源、钢铁、电力、通信等实业领域进行投资，通过与国内外投资机构主体进行合作投资方式，化解风险、获得相对稳定的投资回报，是确保外汇储备保值增值的一次重要探索和尝试。

从经济发展历史来看，对外投资是推动企业和产业"走出去"的重要力量。目前，我国的对外金融资产累计超过5万亿美元，对外直接投资约为5 000亿美元，资本配置结构单一，亟须优化。然而，当前，国内储蓄转化为投资进程较慢，缺乏有效渠道将储蓄转化为投资实现国民财富的保值增值，借助丝路基金这一平台适当吸收国内社会资本参与投资"一带一路"优质项目，助推中国资本"走出去"，为提升产业和企业国际竞争力提供资金支持。

（三）丝路基金的运作机制与实施案例

2014年11月8日，习近平主席在"加强互联互通伙伴关系"东道主伙伴对话会上宣布："中国将出资400亿美元成立丝路基金，为'一带一路'沿线国家基础设施、资源开发、产业合作和金融合作等与互联互通有关的项目提供投融资支持。"[1]同年12月29日，国家外汇储备、中国投资有限责任公司、中国进出口银行、国家开发银行共同出资100亿美元在北京注册成立丝路基金。其中，国家外汇储备出资65亿美元，中国投资有限责任公司和中国进出口银行各出资15亿美元，国家开发银行出资5亿美元。

丝路基金自成立以来，边组建、边投资，稳步推进境外项目投资。截至2016年2月底，已经先后成功启动了5单跨境直接投资项目，吸引了中国和"一带一路"沿线国家诸多投资者积极参与。

其中，丝路基金坚持"对接、效益、合作、开放"四大投资原则。

（1）对接原则，即投资优先支持"一带一路"框架内互联互通需要，注重与投资所在国家和地区发展战略和规划相衔接。

（2）效益原则，即投资于有效益的项目，实现中长期合理的投资回报，维护好股东的权益。

（3）合作原则，即维护国际通行的市场规则及中国和投资所在国家和地区的法律法规，注重绿色环保和可持续发展，与其他金融机构和投资者实现优势互补、合作共赢。

（4）开放原则，即在运作一段时间后，欢迎其他境内外投资者加入，或者在子基金层面上形成新的合作。

由此可见，在资本"走出去"的过程中，风险防范是丝路基金运行当中需要面对的一个重大问题。丝路基金定位在中长期的开发投资基金，这与其他机构存在不同，但是丝路基金也不是一个政策性和援

---

[1] 习近平：《联通引领发展，伙伴聚焦合作——在"加强互联互通伙伴关系"东道主伙伴对话会上的讲话》，载《人民日报》2014年11月9日。

助性的机构,也是要遵循市场定价原则,以较好的投资回报来衡量和筛选优质投资项目的机构。(见表4.5)

表4.5 丝路基金运作模式

投资对象	发展中国家清洁能源,发达国家高端制造项目,基础设施建设,能源资源,国际产能合作,金融合作等领域
利益与风险机制	将采取股权加债权的方式,为了更好地平衡风险和收益。 在开展项目评估、筛选和净值调查时全面梳理各种风险; 在投资方案当中,充分设计风险的缓释和补偿机制(包括充分利用主权担保、资产抵押和各类保险机制); 同时,设计合理的退出机制,对于商业性较强的项目希望实现上市以后退出,对于基础设施建设这一类中长期项目,可以选择在项目建成并且运营以后,通过政府转让、向企业主体的回购、公开上市、股权转让等方式退出,并且实现合理的收益回报

1. 丝路基金首单:携三峡集团投百亿于巴基斯坦水电站建设

2015年4月20日,丝路基金与中国长江三峡集团公司、巴基斯坦私营电力和基础设施委员会在伊斯兰堡共同签署《关于联合开发巴基斯坦水电项目的谅解合作备忘录》,启动首单对外投资。这项投资,不仅支持了巴方清洁能源建设,也推动中国技术标准和装备"走出去",标志着丝路基金按照市场化、国际化、专业化的方向开展实质性投资运作迈出了坚实步伐。(见表4.6)

表4.6 丝路基金运作模式

	运作	利益与风险机制
投资对象	巴基斯坦清洁能源开发、包括该公司的首个水电项目——吉拉姆河卡洛特水电项目	计划采用"建设—经营—转让"(BOT)模式运作,于2015年年底开工建设,2020年投入运营,运营期30年,到期后无偿转让给巴基斯坦政府。巴基斯坦政府则承诺该项目的投资人在回收合理建设成本和运营成本的前提下获得较好的投资收益。
投资规模	卡洛特水电站位于巴基斯坦吉拉姆河,是该条河水电5个梯级电站中的第4级,规划装机容量72万千瓦,年发电32.13亿千瓦	将采取股权加债权的方式:一是投资三峡南亚公司部分股权,为项目提供资本金支持。二是参与中国进出口银行牵头的银团,向项目提供贷款资金支持。

续表

	运作	利益与风险机制
投资规模	时，总投资金额约 16.5 亿美元（约等于人民币 102 亿元）	
投资时间	于 2015 年年底开工建设，2020 年投入运营，运营期 30 年，到期后无偿转让给巴基斯坦政府	在开展项目评估、筛选和净值调查时全面梳理各种风险； 在投资方案当中，充分设计风险的缓释和补偿机制（包括充分利用主权担保、资产抵押和各类保险机制）； 同时，设计合理的退出机制，对于商业性较强的项目希望实现上市以后退出，对于基础设施建设这一类中长期项目，可以选择在项目建成并且运营以后，通过政府转让、向企业主体的回购、公开上市、股权转让等方式退出，并且实现合理的收益回报

2. 丝路基金联手中国化工投资倍耐力公司

2015 年 6 月 5 日，丝路基金与中国化工集团公司签署合作投资协议，通过股权加贷款的方式，联手投资意大利倍耐力（Pirelli）公司。这是丝路基金对发达国家高端制造业的首单投资项目。（见表 4.7）

表 4.7 丝路基金运作模式

	运作	利益与风险机制
投资对象	全球第五大轮胎制造商意大利倍耐力公司	将采取股权加债权的方式，为了更好地平衡风险和收益。
投资规模	2015 年 6 月 5 日丝路基金与中国化工签署合作投资协议，成为中国橡胶国际控股（香港）有限公司股东并持股 25%。据 2015 年 3 月 22 日的公告，橡胶控股通过其子公司收购意大利 Camfin 公司持有的倍耐力的普通股，继而发起对倍耐力普通股的强制要约收购以及对倍耐力保留股的自愿要约收购（收购价格均为每股 15 欧元）	在开展项目评估、筛选和净值调查时全面梳理各种风险； 在投资方案当中，充分设计风险的缓释和补偿机制（包括充分利用主权担保、资产抵押和各类保险机制）； 同时，设计合理的退出机制，对于商业性较强的项目希望实现上市以后退出，对于基础设施建设这一类中长期项目，可以选

续表

运作		利益与风险机制
投资时间	2015年6月5日丝路基金与中国化工签署合作投资协议,截至目前,该收购已获得中国相关机构的批准,全球反垄断审查正在进行中,初次交割于2015年夏季完成	择在项目建成并且运营以后,通过政府转让、向企业主体的回购、公开上市、股权转让等方式退出,并且实现合理的收益回报

3. 丝路基金出资20亿美元设立中哈产能合作专项基金

2015年12月14日,丝路基金与哈萨克斯坦出口投资署在北京签署关于设立中哈产能合作专项基金的框架协议。这是丝路基金成立以来设立的首个专项基金。(见表4.8)

表4.8 丝路基金运作模式

运作		利益与风险机制
投资对象	中哈产能合作专项基金,重点支持中哈产能合作及相关领域的项目投资	将采取股权加债权的方式,为了更好地平衡风险和收益。 在开展项目评估、筛选和净值调查时全面梳理各种风险;
投资规模	丝路基金出资20亿美元	在投资方案当中,充分设计风险的缓释和补偿机制(包括充分利用主权担保、资产抵押和各类保险机制);
投资时间	丝路基金2015年12月14日与哈萨克斯坦出口投资署签署了框架协议	同时,设计合理的退出机制,对于商业性较强的项目希望实现上市以后退出,对于基础设施建设这一类中长期项目,可以选择在项目建成并且运营以后,通过政府转让、向企业主体的回购、公开上市、股权转让等方式退出,并且实现合理的收益回报

4. 丝路基金与俄罗斯公司签署油气项目协议

2015年12月17日,丝路基金与俄罗斯诺瓦泰克(Novatek)公司在北京签署俄罗斯亚马尔液化天然气一体化项目交易协议,开启在

油气领域的首单投资。（见表4.9）

表4.9 丝路基金运作模式

	运作	利益与风险机制
投资对象	亚马尔液化天然气一体化项目，位于俄罗斯亚马尔半岛，是目前全球最大的天然气勘探开发、液化、运输、销售一体化项目	将采取股权加债权的方式，为了更好地平衡风险和收益。 在开展项目评估、筛选和净值调查时全面梳理各种风险； 在投资方案当中，充分设计风险的缓释和补偿机制（包括充分利用主权担保、资产抵押和各类保险机制）； 同时，设计合理的退出机制，对于商业性较强的项目希望实现上市以后退出，对于基础设施建设这一类中长期项目，可以选择在项目建成并且运营以后，通过政府转让、向企业主体的回购、公开上市、股权转让等方式退出，并且实现合理的收益回报
投资规模	根据股权转让协议，丝路基金将从诺瓦泰克公司购买亚马尔项目9.9%股权。该9.9%股份的最终交割将取决于中俄两国政府间协议的修订和生效。 双方还签署了贷款协议，由丝路基金提供为期15年、总额约7.3亿欧元的贷款，支持亚马尔项目建设	
投资时间	2015年12月17日，丝路基金与俄罗斯诺瓦泰克公司签署了关于亚马尔液化天然气一体化项目的股权转让及贷款相关协议	

5. 丝路基金和沙特ACWA电力签合作备忘录

2016年1月19日，丝路基金与沙特国际电力和水务公司在利雅得签署关于共同开发阿联酋及埃及电站的谅解备忘录，开启在中东地区的首单投资。根据合作备忘录，双方将尽最大努力来合作项目，如阿联酋的Hassyan清洁煤电厂项目、埃及的Dairut联合循环电力项目等。

（三）建议

1. 做好风险防范，避免重大财务风险

相对公共投资基础设施建设，私人投资会对跨国家的经验风险非常敏感。以专业化、国际通行方式进行"丝路基金"项目的风险防控非常关键。除了与相关机构合作做好政治风险防范以外，更重要的是要避免重大财务失误，要按照国际通行规则和惯例推进相关项目的财务预算管理，从机制上杜绝重大财务风险。做好项目投资产业和区域布局，并作好必要风险隔离和防范。

2. 提升国家海外权益保护能力

在未来业务范围逐渐扩大，竞争能力显著提升的情况下，对于一些国家和地区投资项目所面临的国家安全审查，投资保护主义威胁，自身身份困境问题等都需要提前做出预案；对于未来可能面临的投资权益争端诉讼，贸易投资摩擦问题都需要有提前的应对。

海外权益保护能力，核心是需要配备相应的国际化风险管理人才才能保证地方性业务的顺利进行。所需要的人才涉及基础设施建设、法律、金融、通信等方面的各路精英。随着"一带一路"建设的推进，涉及国际相关业务会大幅增多，越来越激烈的竞争，加之某些国家投资保护主义的威胁等，都需求运营提前做出预案，对于可能面临的诉讼、摩擦问题都要有应急预案。

3. 要充分发挥多边开发机构的资金技术优势和跨国协调优势

国际上有许多双边、多边金融机构，世界银行、亚洲开发银行，亚洲基础设施投资银行、金砖国家新开发银行，还有世界银行下面的国际金融公司等，它们能够提供低成本、长期的资金。中资企业到海外投资，还要利用好现有的多边、双边机制等政府间协议。上合组织有对投资保护的机制，中国和东盟10+1的机制、和中东欧16+1的机制等，都是全球化治理的一部分。我们投资的时候，要充分地利用这些政府间合作机制，保护自己的利益。

4. 应当鼓励和带动社会资本共同参与"一带一路"建设

私人资本、社会资本规模很大，最具市场活力和效率，其逐利性决定有机会就不会放过，要很好地引领它们。欧洲推出的容克计划，是吸纳民间资本和私人资本非常好的机制，这方面值得我们借鉴。下一步具体如何注资、如何管理、如何分配回报等方面都要有明确的规则约束。

5. 提升自身可持续发展能力

丝路基金和"一带一路"虽有国家战略考量,但不是对外援助,在具体运作时把握两条核心:一是投资于"一带一路"互联互通,二是坚持商业可持续。这两条是做任何项目投资的前提条件,只有这两条兼备的项目才可以进行投资,这是可持续发展的根本路径。

三、中国国有银行推进"一带一路"金融合作

1. 国有银行在"一带一路"沿线的机构扩张(表 4.10)

表 4.10 国有银行在"一带一路"沿线的机构扩张

银行	机构扩张	截止日期
中国银行	沿线 18 个国家设立分支机构。 未来: 在印度、缅甸、捷克、蒙古、土耳其 5 个国家开设或升格经营性机构筹设工作; 在新加坡、泰国、柬埔寨等国家开展二级机构延伸; 在尚不具备机构设立条件的国家和地区,通过海外业务开展业务辐射	截至 2015 年
农业银行	沿线 13 个国家设立境外机构 17 家。通过近 1 600 家代理行网络通达全球 144 个国家和地区	截至 2015 年
工商银行	沿线 18 个国家设立分支机构 123 家	截至 2016 年 5 月
建设银行	沿线 25 个国家设立一级境外机构 27 家,各级境外机构共 130 余家	截至 2015 年
国家开发银行	沿线 64 个国家不设分行,但设有代表处和国别组	截至 2015 年 5 月

从表 4.10 可见,银行在"一带一路"沿线国家的金融合作方面已经有较大的覆盖面。

2. 国有银行在"一带一路"沿线的投资选择与规模（表 4.11）

表 4.11 国有银行在"一带一路"沿线的投资选择

银行	投资项目	
	行业	规模
中国银行	高铁、核电等重点行业	跟进境外重大项目约 300 个，项目总投资额超过 2500 亿美元，意向性授信支持约 680 亿美元。2016 年上半年，中行境内外机构对"一带一路"沿线国家新投放授信支持近 100 亿美元。2016 年该行支持"一带一路"建设相关授信力争不低于 200 亿美元，未来三年，累计达到 1 000 亿美元
农业银行	绿色环保项目、农业等	2015 年前三季度，该行累计在 60 多个国家和地区办理"走出去"业务约 200 多亿美元，其中，涉及"一带一路"国家业务近 30 亿美元
工商银行	电力、交通、油气、矿产、电信、机械、园区建设、农业等行业	2016 年 5 月，沿线已储备项目 208 个，投资总额 2 208 亿美元
建设银行	电力、建筑、矿产、交通、油气、通信等主要"走出去"行业	2015 年 8 月，已储备 268 个"一带一路"重大项目，投资总额 4 600 亿美元
国家开发银行	能源、矿产、交通基础设施、产业园区、装备制造、农业等行业	截至 2016 年 6 月底，在"一带一路"国家累计支持项目超过 600 个，贷款余额超过 1 100 亿美元

上表可见，国有银行在"一带一路"产业扩张战略中，扮演了非常重要的产业选择与支撑作用。其中，国有银行所选行业以基础设施、农业、能源开发等项目为主。

3. 国有银行在"一带一路"产业扩张战略中的风险管控（表 4.12）

表 4.12　国有银行在"一带一路"扩张中风险管控

银行	管理办法及风险控制
中国银行	①在筛选项目时坚持从商业性原则出发，保证综合回报水平，加强风险缓释手段的运用，利用外部担保增信工具缓释风险； ②积极跟踪地区监管政策变化，加强与当地监管机构的沟通协调，确保依法合规经营； ③加强国别风险管理，密切关注沿线国家情况变动，切实防范国别风险带来的潜在冲击； ④强化重大风险事件报告，提升海外机构风险管理信息化水平，严防当地系统性、行业性、区域性风险； ⑤为了加大对"一带一路"沿线各国的授信支持，采取差异化授信政策，给予沿线机构、重点区域和重点行业信贷资源倾斜
农业银行	①把握地缘政治风险。发挥与东盟长期友好合作取得的信息优势，选择重点、优质合作伙伴。参考中国出口信用保险公司国家评级，选取战略地位突出、政治稳定、往来密切的"一带一路"国家作为重点目标市场； ②关注国际金融风险。时刻关注国际货币市场外汇走势，对合作对象逐一具体分析，防范汇率波动和债务风险的冲击。加强对"走出去"客户和境外项目的风险研究，加强境内外联合营销，建立风险分散和缓释机制，实行客户全方位风险管理，完善风险管理机制； ③缓释资金投入风险。考虑基础设施建设先行带来的资金投入大、回收时间长的特点，采取包括信用担保体系、风险投资基金、公私合营（PPP）在内的各类方式和渠道，探索特许经营权抵押、收费权/收益权质押等单独设置的创新担保方式，支持企业开展境外基础设施建设投资。探索与政府、担保、保险等机构合作，通过利益共享、风险共担的机制设计，由地方政府提供专项基金、贷款贴息等风险补偿，专业担保机构进行担保或保险公司提供保险，破解担保难题，缓释项目风险

续表

银行	管理办法及风险控制
工商银行	①优先选择中资企业"走出去"比较密集的国家或者已经设立了该行分支机构和具备条件即将要设立分支机构国家或地区的项目; ②在选择项目时要将风险把控和合规放在首位,中资企业在境外发展业务的规模要和风险管理能力相匹配; ③原则:"商业可持续,项目自偿"。要增强信息系统的风险管理,强化对客户情况的及时监测和风险预警。改变只根据公开信息进行风险评估模式,依托全球网络,积极收集本地风险信息,并纳入其自主开发的"全球信贷管理系统",提前采取风险控制
建设银行	①对于过剩行业,严格控制信贷投放; ②落实跨境风险防范责任制。 一是建立和完善风险防控责任制,通过风险偏好的拟定和传导,推动全面风险管理责任制在境内外机构落地; 二是合理界定风险管理部门与境外业务部门在全面风险管理框架中的职责,既要保证彼此之间的密切配合,同时也要确保独立履行职责和有效制衡,实现涵盖条线、层级、员工的全面风险管理; 三是不断提升海外机构风险计量水平,持续优化海外机构经济资本计量的精细化水平,逐步完成海外经济资本的系统建设。 ③健全国别风险管理体系。"一带一路"国别风险问题十分突出,建立健全国别风险管理体系十分必要。 一是制定系统性的国别风险管理政策,建立符合监管要求和国别风险管理需要的管理体系,按照"合规适用、统一规范、有效管理、分工协作"的原则实施国别风险管理工作; 二是建立独立的国别风险内部评级体系,改进国别风险限额管理,建立基于对项目、客户、风险缓释措施综合评价的国别限额管理; 三是开发和优化国别风险限额测算模型,探索国别风险压力测试流程、技术方法,适时开展国别风险压力测试。 ④完善监测预警和应急处置机制。"一带一路"国别风险突发事件较多,需要及时监控并提高快速反应能力

续表

银　行	管理办法及风险控制
建设银行	一是制定并实施国别风险监测预警应急处置指引，要求海外机构对国别风险的动态变化进行持续跟踪监测，在第一时间向总行报告； 二是确定国别风险监测预警信号等级，并根据蓝色、黄色、红色等预警信号采取分级处置措施； 三是明确相关部门职责，密切跟踪和监控局势发展，把握相关业务风险，合理制定风险防控预案，严格执行各项风险防范措施。 ⑤加强跨境风险防范国际合作。"一带一路"沿线国家对合规与反洗钱、资本充足率等监管要求不同，必须加强跨境风险防范国际合作。 一是加强金融监管合作，推动签署双边或多边监管合作谅解备忘录，逐步在"一带一路"区域内建立高效监管协调机制； 二是完善风险应对和危机处置制度安排，构建区域性金融风险预警系统，建立应对跨境风险和危机处置的交流合作机制； 三是积极跟踪地区监管政策变化，加强与当地监管机构的沟通协调，确保依法合规经营，严防当地系统性、行业性、区域性金融风险
国家开发银行	发布《"一带一路"国家法律风险报告》，继续加强"一带一路"国家法律风险研究，强化风险研判识别，强化风险管控的主动性，建立总行—分行—境外分支机构安全保护联动机制

资料来源：http://bank.cnfol.com/yinhangyeneidongtai/20170324/24483518.shtml；http://finance.china.com.cn/news/20170309/4128806.shtml。

"一带一路"沿线国家的社会、经济、政治差异性巨大，且国际经济环境动荡，中国的银行在"一带一路"扩张过程中可能遭遇极大的不确定性风险，必须具备相应的抗风险能力和制度安排。从上表看，可知各大国有银行在风险识别、风险应对与管理方面做了特定的准备。

4. 国有银行在"一带一路"扩张中的业务创新（表 4.13）

表 4.13　国有银行在"一带一路"扩张中的业务创新

银行	创新方式
中国银行	金融产品。打造"产融通""业融通"等金融产品，降低了融资门槛，提供了融资便利
农业银行	① 债券类型。发行绿色债券，支持绿色环保项目。 ② 基金类型。中法绿色基金，实现联合国及两国节能减排。 ③ 合作方式。与塔吉克斯坦农业投资银行签署《支持农业领域合作协议》，推动两国金融服务理念融合和产品对接。2015年2月和5月，举办中塔金融研修班和塔吉克斯坦金融业高管研修班。设立东盟业务中心、泛亚业务中心、对蒙业务中心，建立国际金融合作和创新平台
工商银行	① 金融产品。商行+投行的创新模式以及全面多样的境外产品 ② 融资方式。大型重点项目，总行团队直接受理发起 ③ 风险识别规避方式。成立中小额跨境融资团队
建设银行	① 金融产品。推出了全球账务信息报告和跨境远程支付的管理类产品。对区域性物流中心及各类大宗商品交易平台等不同客户分别嵌入保理、网络银行、应收账款融资、标准仓单质押贷款等供应链金融产品。 ② 债券发行。在马来西亚首发挂牌人民币债券。 ③ 合作方式。银政企合作新模式，跟进混合所有制改革、政府和社会资本合作等新型融资模式的需求变化，获取信息设计契合客户需求的金融服务方案
国家开发银行	① 金融产品。开发新的业务品种，发挥"投贷债租证"综合金融优势。 ② 融资方式。搭建市场化融资主体，运用 PPP、BOT 等市场化投融资手段。 ③ 合作方式。结合区域资源禀赋、生态环境、国情特点等因素，与重点国别、重点领域、重点区域开展规划合作，照顾彼此利益关切。在此基础上，按战略性、经济性、成熟度等维度，共同开发培育，推动规划转化为项目。 ④ 合作机制。做好与多边开发性机构以及国内外金融机构的对接，完善合作机制，推进各领域合作和资源共享

"一带一路"产业战略的推进,对中国的国有银行无论从业务(产品及服务)还是运行机制上都提出了新的要求,国有银行必须适应和进行相应的创新。从上表看,五大国有银行从产品、融资方式、合作机制等方面进行了不同程度和不同方式的创新,以确保国有银行在"一带一路"产业战略中有效发挥作用。

四、以新疆(区域)为平台推进"一带一路"金融合作

新疆与中亚国家在贸易、投资、文化和旅游等领域的密切交往,独特的政治和经济区位、特殊的地理、位置和人文关系在中国与中亚国家促进区域合作中发挥着重要的桥梁作用。

中国政府为新疆发展的战略性部署为:一是加快新疆面向欧亚的物流大通道建设,努力把新疆打造成中国向西开放的重要门户和基地;二是加大边境城市的开放程度,在喀什和霍尔果斯各设立一个经济特区;三是为加快边境贸易和边境旅游事业的发展,增设铁路、航空和公路口岸;四是支持全国企业,尤其是新疆的外贸企业和资源类加工企业从西"走出去"。在上海合作组织(SCO)框架下,新疆与中亚国家经济金融关系日益密切,成员方部委间的经济活动最为显著;企业家委员会和银行间联合体采取更加切实的共同行动,逐步落实多边项目,加大投融资合作力度,加快研究建立上述项目的融资保障机制为促进成员国社会经济的发展发挥着不可替代的作用。

新疆特殊的地理、文化背景使得新疆与中亚国家的经贸金融合作关系持续不断。随着新疆与中亚国家进出口贸易的大力发展,在边境贸易中人民币结算试点的开展、数量的增加以及我国对中亚国家投资力度的提高,银行业打通了新疆与相关中亚国家金融、贸易和投资业务的大通道。目前中亚国家很多经贸办事机构在新疆设立办事机构,很多外贸企业在新疆设立分公司,他们利用新疆与中亚国家信息对接优势、人员交往优势开展与中国内地的贸易往来,新疆已成为中国通往中亚、西亚及欧洲市场的桥梁和通道,大量的资金以新疆为平台在

中国与中亚国家之间流转,从而对金融合作提出了新的需求。近年来,很多大型国有银行新疆分行与中亚国家陆续开展了一系列金融合作。中国进出口银行和国家开发银行与上海合作组织的成员国银行建立了代理行关系和授信关系,为多种领域的合作项目提供了联合融资。10个国家和6个国际机构(亚洲开发银行、国际货币基金组织、伊斯兰开发银行、欧洲复兴开发银行、联合国开发计划署和世界银行)的广泛货币关系基础上形成的中亚区域经济合作计划在中亚区域合作方面起到了推动作用,已经批准了100多个总价值约170亿美元的经济合作项目。目前亚行已拨款47亿美元,支持中亚国家未来3年在该区域内的经济合作。经过近30年的发展,中国香港已经成为一个成熟和高效率的金融市场,从市场成交量占有率可以看出香港证券市场能成功吸引来自全球各地的资金。为此,中亚国家与新疆的银行和企业在未来可以考虑依托香港的资本市场,实现筹资渠道的多元化。

综上所述,图4.47表达了新疆实现"一带一路"金融合作的逻辑。

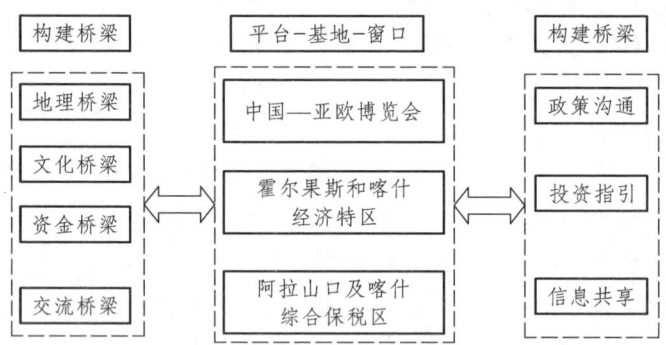

图 4.47 新疆与"一带一路"金融国家合作逻辑

进一步,这里提出中国新疆与"一带一路"国家金融合作的建议:

(1)在现有金融合作成果的基础上,继续加强霍尔果斯经济金融特区与哈萨克斯坦、喀什经济特区与吉尔吉斯斯坦和塔吉克斯坦的金融合作。

(2)扩大金融合作区域,建立霍尔果斯、喀什以及乌鲁木齐三家面向中亚国家的国际金融中心,形成中国四大国有银行新疆分行以及新疆本土银行与中亚国家银行建立代理行关系。

(3)继续扩大在国际贸易中本币结算的分量。以中国—亚欧博览会为平台、以霍尔果斯和喀什经济特区为基地、以阿拉山口及喀什综合保税区为窗口,构建政策沟通、投资指引信息共享的服务机制,鼓励金融机构以新疆为平台、资源投资向中亚国家拓展,支持金融机构的合作开发,促进能源金融的创新力度,能够实现"贷款换能源"模式。

前面我们分析了中国金融业与"一带一路"沿线国家的金融合作实践,总结起来看:现阶段"一带一路"跨国家的金融合作还是具有明显的双边特性、非制度性、松散性、单一功能性特征,且缺乏统一和完善的组织架构和制度安排,合作方式仍然主要表现为简单的信息交流、沟通、磋商,以及为促进贸易和经济发展建立支付清算体系和开放性金融机构等。这基本符合国际区域金融合作初级阶段的基本特点。可以说,中国与"一带一路"国家的金融合作尚处在起步阶段,具有明显的"功能性"特点。

而所谓高层次货币金融合作应具备多边性、有制度和组织保障、汇率协调与联动机制等特征。当前,实现"一带一路"国家高层次货币金融合作的条件尚未成熟,但这是"一带一路"沿线国家金融合作的未来努力方向和发展趋势。

图4.48是"一带一路"跨国家金融合作阶段性变迁特征。

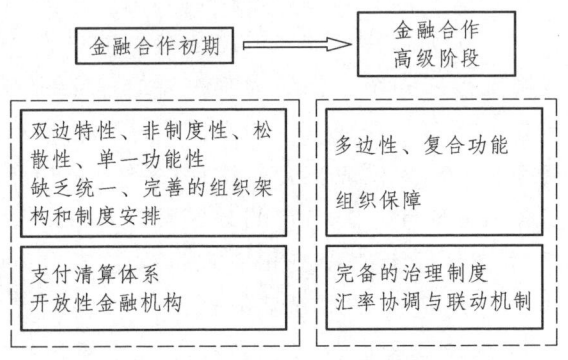

图4.48 跨区域金融合作模式阶段性特征

第四节 "一带一路"沿线国家金融合作的风险

尽管"一带一路"建设蕴含巨大的发展机遇,真正推动战略落地和执行仍将面临各方面挑战。

其一,"一带一路"沿线地区具有重要的战略区位优势、丰富的自然资源和广阔的发展前景。近些年来,美国、俄罗斯等相继实施了力图主导该区域事务的战略举措。其中,美国主导的跨太平洋伙伴关系协议(TPP),是美国"重返亚太"战略的重要组成部分,其内容和标准更多体现美国自由贸易理念及其战略利益诉求。2014年俄罗斯、哈萨克斯坦、白俄罗斯三国签署了《欧亚经济联盟条约》,并宣布欧亚经济联盟将于2015年1月1日正式启动。发展好"一带一路"沿线国家全面战略伙伴关系,寻找沿途地区政策沟通、道路联通、贸易畅通、货币流通、民心相通之间可行的契合点,是"一带一路"建设面临的难题。

其二,"一带一路"贯穿欧亚大陆,东连亚太经济圈,西进欧洲经济圈,各经济体之间经济发展水平和技术水平都存在较大差异,不同发展水平的国家在供应链合作上的利益需求也存在很大差异。对于低收入发展水平的国家而言,其面临的首要问题是解决本国公路、桥梁和铁路的基础建设问题;新兴国家关心的是对外出口的贸易保护问题;发达国家将不同合作机制下国际金融合作体系的路径分析的融合、投资政策的透明度以及跨区域物流标准的统一化作为其关注的焦点。因此,"一带一路"沿线国家基于不同发展水平在通关、检疫和交通运输标准上的不统一都可能成为未来直接制约亚太供应链合作伙伴关系顺利开展的障碍。

在"一带一路"众多目的国特定的政策环境约束下,中国企业"走出去"的核心问题仍是巨大的投资和资本运作如何实现收益最大化的问题。资本管理的市场化、资本项目的选择及投资配置都需要风险判断和识别,由于沿线涉及国家众多,各国发展水平及投资环境差异巨大,贸易壁垒及准入条件各异,地区安全风险频发,不同风险条件下的差异化投资策略如何制定，成为企业和资本"走出去"不得不考虑的首要问题。

"一带一路"的资本市场化运作决定了国家主权信用风险识别的必要性。主权信用是全球信用体系的重要组成部分，成为国家和世界金融体系赖以存在和发展的根本基础。国家主权信用风险本质上是指国际资本流动中面临的，因受特定国家事件影响而使资本接受国不能或不愿履约，造成债权人资本损失的可能性。实际上，国际资本市场上的股票、债券、金融衍生品及国际直接投资等，几乎一切国际资本流动都面临着因债务国"不能"或"不愿"而产生违约的风险。如图4.49所示，我们总结了"一带一路"金融合作可能产生的风险来源。

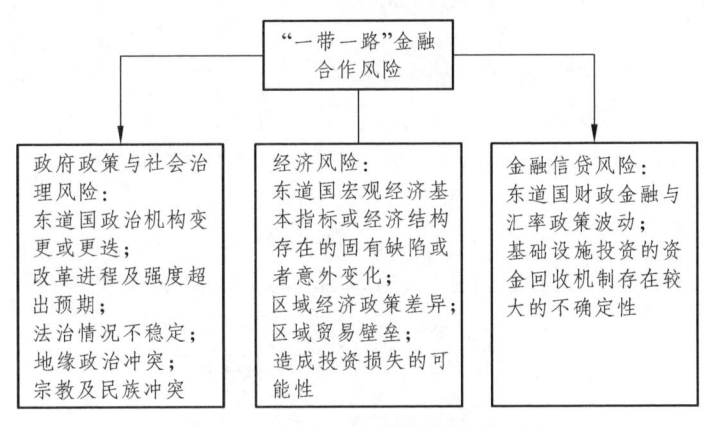

图 4.49 "一带一路"金融合作风险

本书依据以上三个维度，利用世界银行数据库，分析"一带一路"沿线部分国家经济、社会、文化差异带来的风险。

一、"一带一路"沿线国家经济风险

1. 经济总体发展水平导致的风险

（1）就业人口的人均GDP（2011年不变价购买力平价美元）。该指标反映"一带一路"沿线部分国家的经济发展水平差异。

进一步，图4.50是"一带一路"部分国家的经济发展水平变化特征。

168 产业经济
"一带一路"倡议实施的关键环节与核心动力

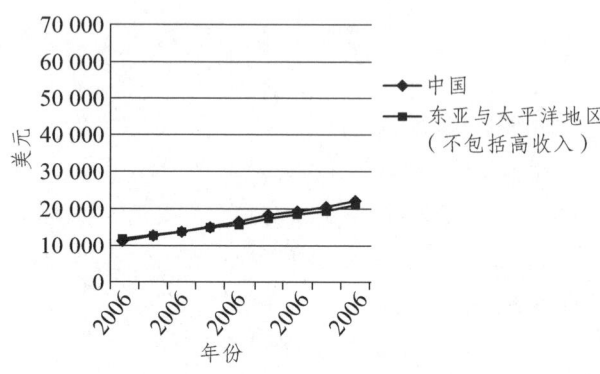

图 4.50 "一带一路"部分区域的经济发展水平

图 4.51 至图 4.53 的数据可见,"一带一路"沿线国家人均 GDP 水平有较大的差异。从区域来看,处于上升趋势的是中亚地区。从国家看,中亚国家有显著的向上的增长趋势。东南亚的新加坡、马来西亚、泰国一直保持有较高的人均 GDP 水平,但近年来增幅较小。其他"一带一路"沿线国家则近十年保持较低的人均 GDP 水平。

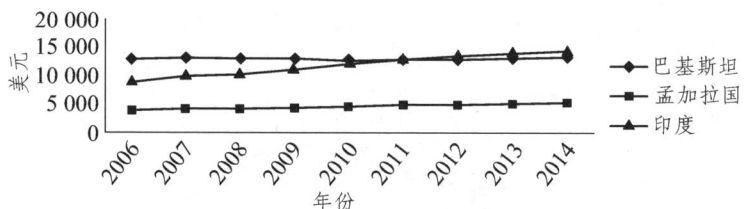

图 4.51 南亚部分国家的人均 GDP 水平

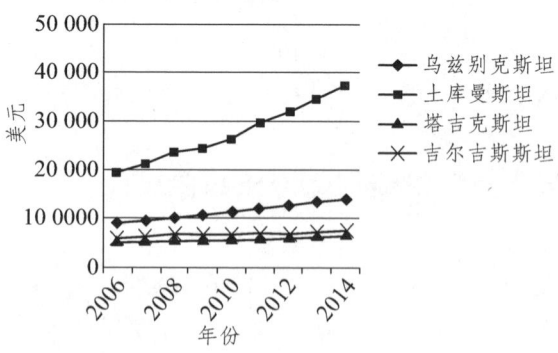

图 4.52 中亚部分国家的人均 GDP 水平

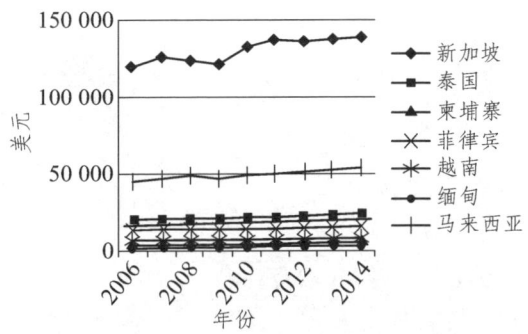

图 4.53 东南亚部分国家的人均 GDP 水平

（2）制造业增加值占 GDP 的百分比。该指标反映"一带一路"沿线国家的制造业的赢利能力。

从图 4.54 至图 4.56 可以看出，南亚、中亚的制造业赢利能力较低，且近年来一直维持在较低的水平。东南亚国家的制造业赢利能力，除老挝、柬埔寨、越南以外，有高于 20% 的制造业增加值占比。但 10 年来有一定的下降态势。

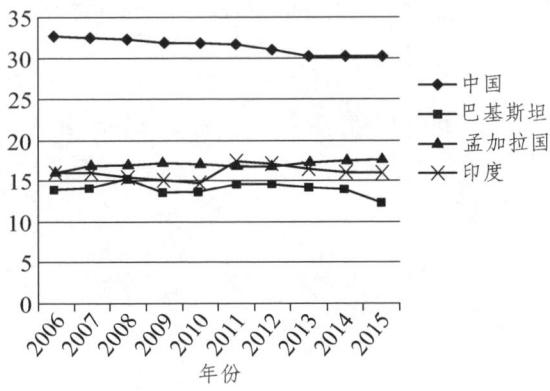

图 4.54 "一带一路"南亚地区的制造业赢利能力

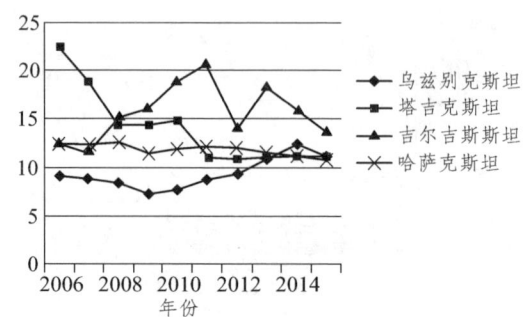

图 4.55 "一带一路"中亚地区的制造业赢利能力

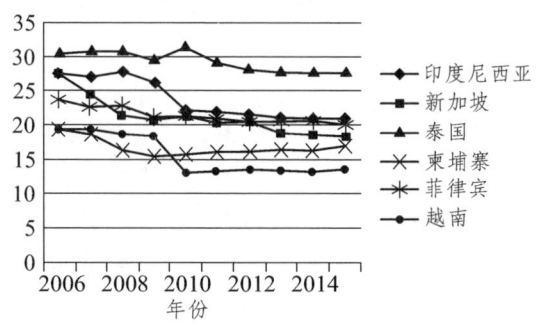

图 4.56 "一带一路"东南亚地区的制造业赢利能力

从经济发展水平及其制造能力的差异，可以判断与此对应的国家在"一带一路"合作中会存在不一样的合作期望和行为。

二、金融信贷风险

（1）银行不良贷款与贷款总额比率（百分比）是银行不良贷款占总贷款的不良贷款价值除以贷款组合的总价值。

从图 4.57 至图 4.60 可见，南亚、中亚的银行不良贷款占比显著高于东南亚和发达国家，且东南亚国家的不良贷款占比还呈逐年下降的态势。希腊 2010 年后不良贷款占比大幅度增加。

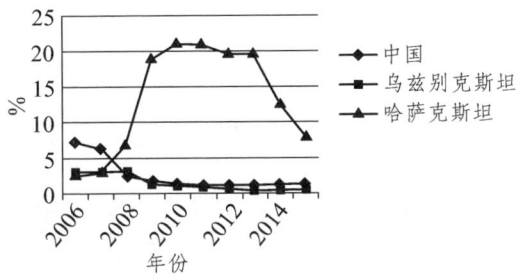

图 4.57 中国与部分中亚国家银行不良贷款占比

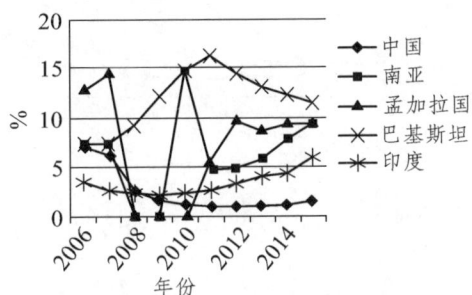

图 4.58 中国与部分南亚国家银行不良贷款占比

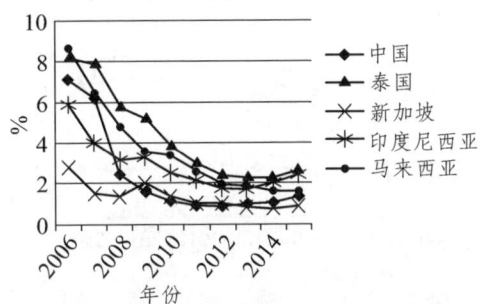

图 4.59 中国与部分东南亚国家银行不良贷款占比

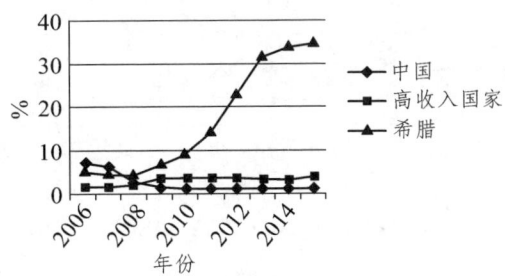

图 4.60 中国与部分发达国家的银行不良贷款占比

三、政府政策与公共治理

1. 中央政府的债权占 GDP 的百分比

该指标反映"一带一路"沿线国家的政府对经济的干预力量,其指标越高,政府的干预力度越大。

图 4.61 至图 4.63 的数据表明,"一带一路"多数国家对中央政府的债务占比在 20% 左右(新加坡和俄罗斯等除外),南亚的中央政府的债务占比是显著上升的趋势。

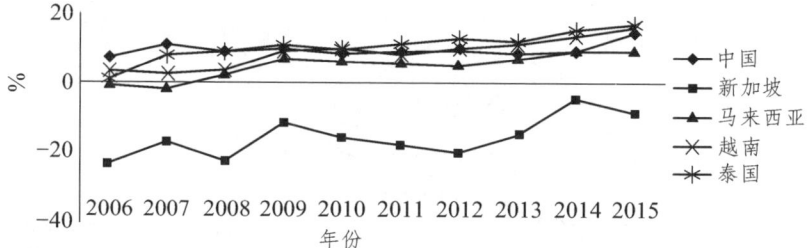

图 4.61　中国与部分东南亚国家对中央政府的债权占 GDP 比重

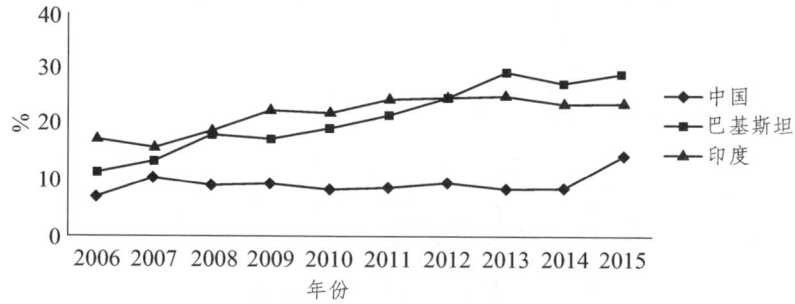

图 4.62　中国与南亚部分国家对中央政府的债权占 GDP 比重

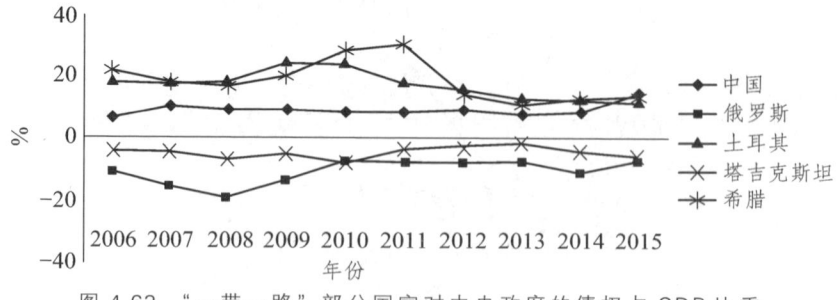

图 4.63　"一带一路"部分国家对中央政府的债权占 GDP 比重

2. 消费者价格指数衡量的通货膨胀（年通胀率）

该指标通常能反映"一带一路"沿线国家政府的货币政策指向与力度。

从图 4.64 可见，"一带一路"部分国家近年来通货膨胀水平波动幅度大，特别以南亚、中亚部分国家的通货膨胀高而且波动幅度较大，最高达到 20%。欧洲和东南亚的部分国家通货膨胀水平基本在 10% 以下波动，较为稳定。

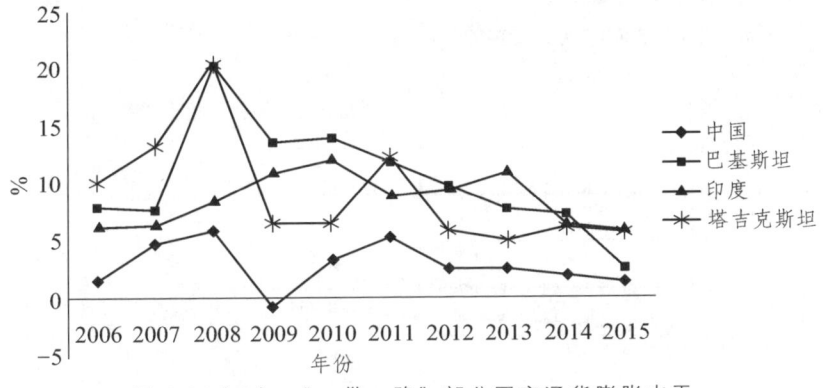

图 4.64（1） "一带一路"部分国家通货膨胀水平

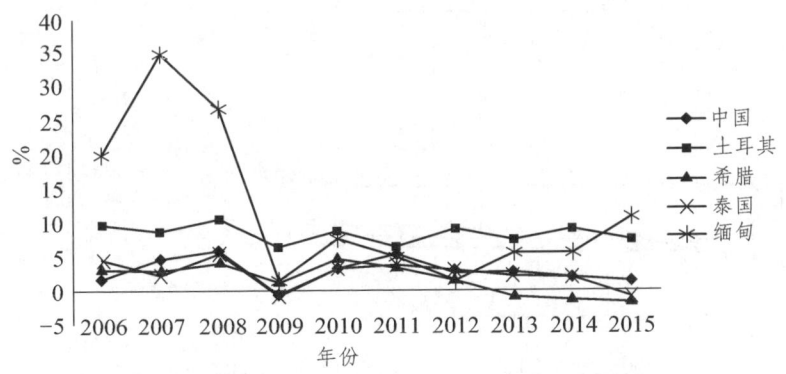

图 4.64（2） "一带一路"部分国家通货膨胀水平

3. 营商便利指数

该指数对世界银行营商环境项目所涉及的社会法制等多个专题评价后的简单平均值进行打分排名。参与的国家经济体排名第一位的为最佳。排名越高，表示法规环境越有利于营商。

图 4.65 的营商环境评价数据表明，越是发达的地区，营商环境越好。"一带一路"沿线多数国家营商环境在向更健康的方向改进。

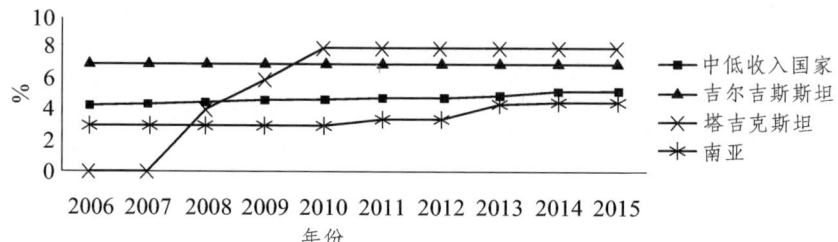

图 4.65（1） "一带一路"部分国家（地区）营商指数

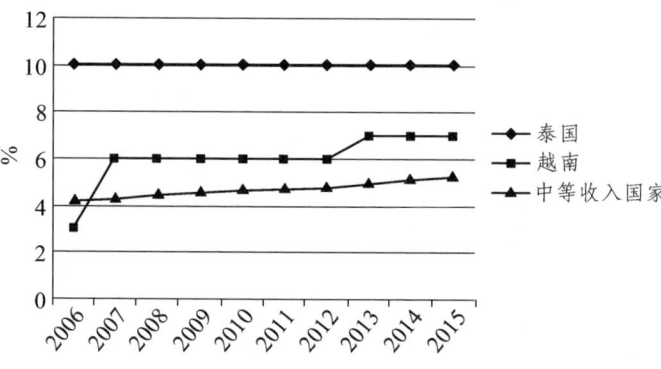

图 4.65（2） "一带一路"部分国家（地区）营商指数

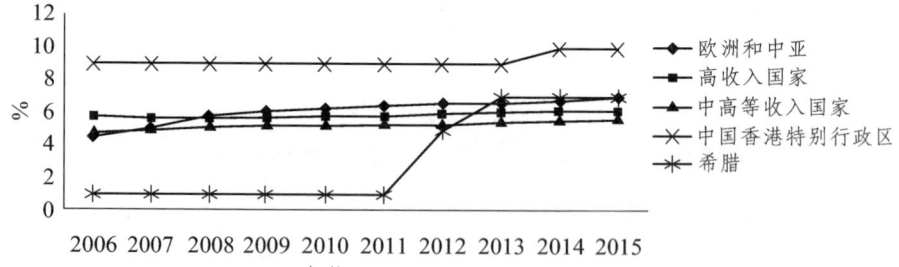

图 4.65（3） "一带一路"部分国家（地区）营商指数

总结以上分析，通过从经济发展差异、政府政策与社会治理差异、信贷信用差异三个维度对"一带一路"沿线主要国家的金融合作风险的分析，本书提出"一带一路"金融合作中需要注意的问题：

（1）区域金融发展不平衡阻碍"一带一路"沿线国家的金融合作。"一带一路"沿线国家主要位于亚洲和欧洲。亚洲除个别较发达国家之外，绝大多数国家的金融系统由政府监管的商业银行主导，对金融机构的依赖程度过高。同时，亚洲金融市场的发达程度和金融资源的调动能力远不如欧洲金融市场，所以很难全力应对高附加值、高风险的金融行业的发展。"一带一路"区域金融合作重点强调参与国金融发展一致性，所以各国的金融发展水平不一致，会阻碍金融合作的顺利进行。

（2）"一带一路"沿线国家主权信用等级跨度较大。

"一带一路"建设由于涉及国家众多、投入资本量大、投资周期较长，沿线国家主权信用状况不容乐观，且部分沿线国家存在主权级别下调风险。绝大多数欧元区国家具有较强的经济实力和国际货币地位，中亚国家的资源丰富，东盟多国的金融体系比较成熟，所以这些主权信用级别比较高。但是多数"一带一路"沿线的其他国家，政治格局不稳定，资本外逃风险较大，经济转型迫在眉睫，所以主权信用级别相对较弱。国家主权信用级差跨度大，容易形成主权债务危机和银行危机之间的恶性循环，这不利于"一带一路"区域金融合作的发展。

（3）"一带一路"区域金融合作需要合理的规划与协调。

"一带一路"框架的金融体系下，区域金融合作需要金融市场、金融机构和金融监管的共同作用。但是，"一带一路"所形成的庞大而复杂的产业链缺乏完善的金融模式，加上制度的限制和政策的障碍，导致了金融业的基础设施建设的程度较低。其次，很多国家的封闭式发展，影响了金融信息交流的畅通，阻碍了信息的共享，导致难以有效利用多边金融合作平台，创新思路和融资方式，有效地构建推动"一带一路"建设的创新思路和融资方式，投融资机制。另外，区域金融合作是"一带一路"倡议的实施目标，过程中会产生巨额的经济往来，但由于缺乏合理的规划，投资方和受援方一味追求利益，将建设资金挪作他用，助长了贪污腐败的不良之风。

（4）在选择"一带一路"金融合作模式的时候，还要需要充分考虑国家文化差异化的风险，如图 4.66 所示。

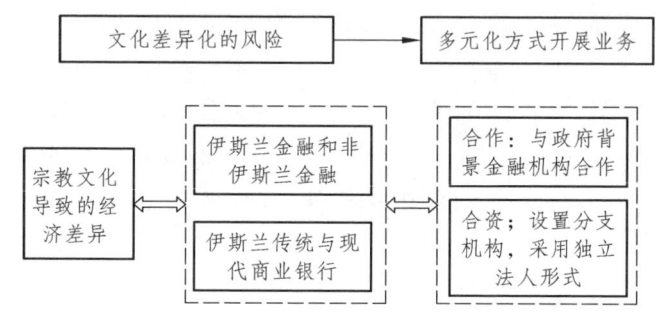

图 4.66 "一带一路"国家差异化与金融合作模式多元化

（5）金融合作的条件：一是深层次的金融合作离不开政治上的融洽；二是"一带一路"国家的经贸竞争性小于互补性；三是合作国金融市场的发展程度接近。

（6）对中国而言，在"一带一路"建设过程中金融要发挥应有的作用，中国所需要的大国金融首先是开放的，是国际金融中心。同时，中国一定要逐渐成为全球最重要的财富管理市场，这样才可配置全球的资源，也可以在全球分散风险，否则人民币国际化是不能完成的。（见图 4.67）

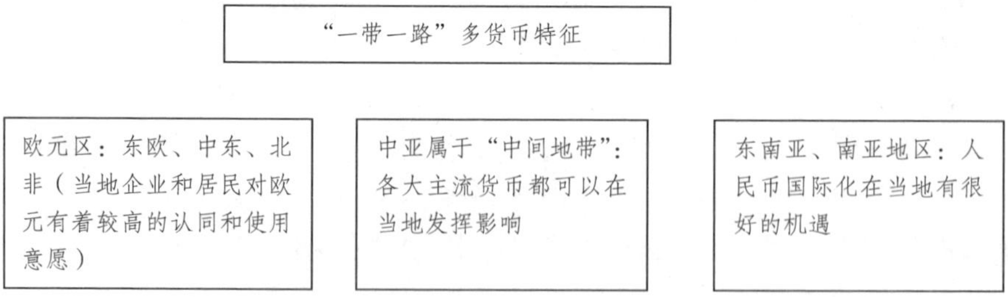

图 4.67 "一带一路"货币区域分类

原因是：多国家多种货币会造成合作的不稳定性及其金融风险的加大，需要主要国家为货币的稳定性承担责任。人民币的国际化是"一带一路"背景下中国经济发展稳定和增长的承诺，也是中国综合实力的体现。

对"一带一路"人民币影响力的判断，可以有效地规划人民币国际化的路径。

这里，人民币国际化的推动力量分别来自官方层面与市场层面（见图 4.68）：

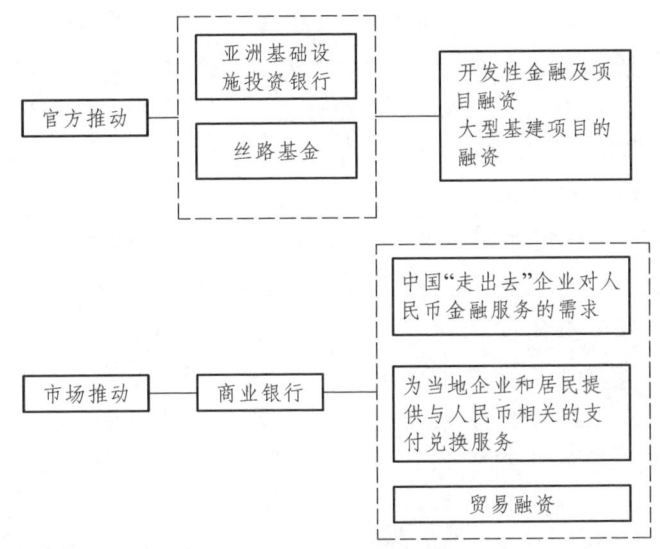

图 4.68 人民币国际化推动主体与业务

前者包括金砖银行、丝路基金、亚洲基础设施投资银行等机构；工商银行等商业银行则更多地侧重于市场层面。就货币而言，"一带一路"沿线大致可以分为若干板块。除了欧元区，东欧、中东、北非也属于事实上的"欧元带"，当地企业和居民对欧元有着较高的认同和使用意愿。中亚属于"中间地带"，各大主流货币都可以在当地发挥影响。由于俄罗斯政治体制和经济危机等原因，卢布在当地的影响力逐渐衰退，为其他货币腾出了发展的空间。东南亚、南亚地区与中国的人员和经济往来密切，人民币国际化在当地有很好的机遇。商业银行进军"一带一路"，首先要满足中国"走出去"企业对人民币金融服务的需求；其次，要为当地企业和居民提供与人民币相关的支付兑换服务；此外贸易融资也是一个重点。至于大型基建项目的融资，则要更多地依靠亚投行、丝路基金、金砖银行等机构。商业银行单独来做，有可能对重大风险把握不准，要尽量采取银团贷款等形式。另外，需要商业银行加以重视的是人民币汇率风险服务。从长远来看，人民币是比较稳定的，但也不排除短期的汇率波动。随着人民币国际化的推进，"一带一路"沿线的许多企业和居民看重人民币稳定的优点及升值潜力，愿意持有人民币。如果商业银行能够提供面对面、点对点的人民币保值服务，对人民币国际化将是一个很大的支持。

"一带一路"国家政治经济社会发展程度差异很大，贸易竞争摩擦不断。这种合作机制的建立需要相关国家共建良性发展的合作机制：其一，货币汇率一定的联动机制，以增强在国际货币体系中的话语权。其二，合作的机制化平台：亚洲基础设施投资银行及丝路基金就从正式合作和分担风险角度构建"一带一路"国家的利益风险合作机制。

在趋向于多极化的全球格局中，"一带一路"国家的金融合作必须逐渐常态化，基础是必须建立稳定正式的金融合作制度和运行机制。同时也必须是普惠性的金融，而不仅仅是为大企业和富人服务的金融。互联网金融也会有很好的发展，因为它改善了中国金融的普惠性。所有这些可能都构成中国大国金融的结构性元素。如果把这些做好了，"一带一路"的金融合作也会做得更好。

第五章 "一带一路"产业战略与人民币国际化

第一节 人民币国际化的机遇和挑战

人民币国际化指的是人民币能够跨越国界，实现境外流通，成为国际上普遍认可的结算、计价及储备货币的过程。尽管人民币开始在境外流通不等同于人民币已经国际化了，但随着人民币境外使用范围的扩大，人民币成为世界货币是必然趋势。

一、人民币国际化机遇

当前我国的稳定发展为人民币国际化提供了扎实的基础，主要体现在以下几个方面：

（1）中国的经济实力及综合国力不断提高，使人民币的国际地位有所提升。

（2）人民币币值稳定，为国际化战略提供了良好的前提条件。中国实行稳定的货币政策，为人民币树立了较高的信誉，深受周边国家和地区的欢迎。在亚洲金融危机期间，人民币保持相对稳定的汇率，防止经济危机的进一步严重及恶化，将人民币具有牢固、可靠信用基础的形象植入人心。

（3）中国政府对人民币国际化的前景一直保持高度重视。在2003年9月，国家外汇管理局颁发了《边境贸易外汇管理法》，同意使用人民币作为边境贸易的计价及结算货币，同时鼓励中国边境地区的商业银行与贸易伙伴国的相关银行建立代理关系进行人民币结算业务，该政策的实施对于促进人民币国际化进程具有十分重要的意义。

（4）中国—东盟自由贸易区的建立为人民币的境外流通提供了广阔的空间。在人民币汇率稳定的前提下，与中国开展紧密的贸易关系及贸易数额较为巨大的国家和地区同意使用人民币作为结算货币。

（5）人民币在我国港澳地区的广泛应用为人民币国际化进程提供了宝贵的经验。

（6）全球性金融危机使美元本位制基础松动，这使人们越来越意识到，还需要其他更为稳定的国际化货币作为跨境贸易使用，这给人民币国际化带来了机会。

图 5.1 至图 5.5 为 2006 年至 2015 年中国与"一带一路"沿线各国广义货币增长百分比的对比。广义货币是一个经济学概念，和狭义货币相对应，用 M2 来表示，其计算方法是交易货币以及定期存款、储蓄存款的总和。

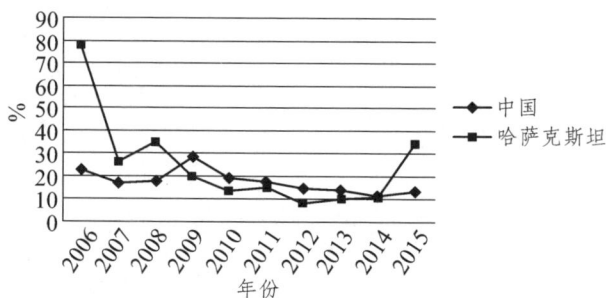

图 5.1　中国 VS 中亚——广义货币增长（年度百分比）

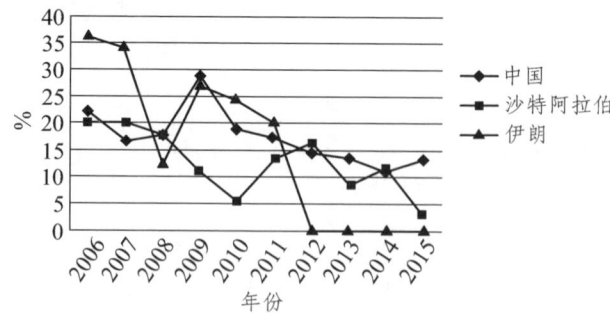

图 5.2　中国 VS 中东——广义货币增长（年度百分比）

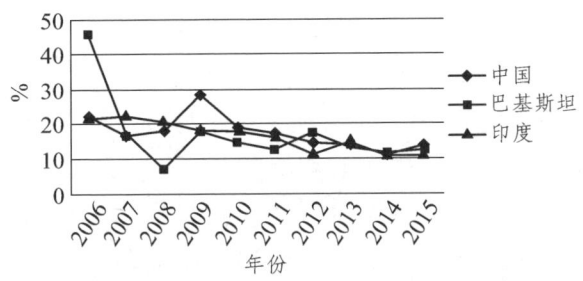

图 5.3 中国 VS 南亚 —— 广义货币增长

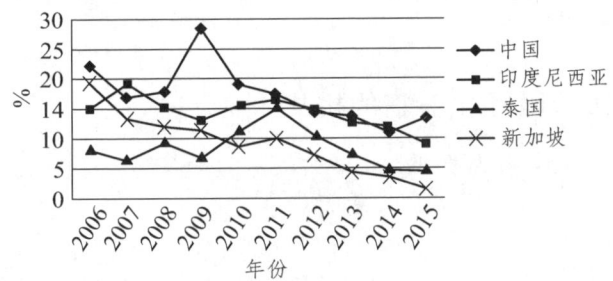

图 5.4 中国 VS 东南亚 —— 广义货币增长

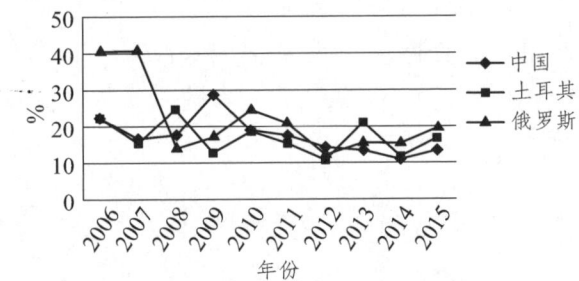

图 5.5 中国 VS 欧洲 —— 广义货币增长

广义货币的增加量反映了一国货币的通货膨胀程度,从上图可以看出,人民币广义货币每年的增长十分稳定,中国在通货膨胀的治理方面表现十分出色,这为人民币树立了良好的信誉,为人民币国际化货币奠定了坚实的基础。

人民币国际化作为国家的重要战略,是一个长期的进程,并不能一蹴而就。目前,许多国家已经接受将人民币作为贸易中的支付及结算货币。随着中国经济水平的发展和生活状况的改善，近些年来，中国出国旅行的游客大幅增加，在新加坡、马来西亚、泰国、韩国等国家，可以用人民币购买商品的购物店越来越多，同时涌现出更多的银行和兑换点可以将人民币兑换成本国的货币。在与中国接壤的边境地区，人民币的使用更多的是伴随着贸易和边境旅游业的发展而发展。此外，在我国港澳地区，由于密切的经济联系及相互交往日益密切，人民币的使用已经相当普遍。从当前情况来看，人民币作为国际化货币是可以在很大范围内被接受的。

二、人民币国际化面临的挑战

1. 人民币区域化程度低

人民币的国际化并不能一蹴而就，更应该是一个长期的、持续的进程，同时要经历周边化、区域化、国际化三个阶段。目前人民币已经成为中国周边国家进行贸易结算的重要货币，在蒙古、老挝、越南、缅甸等中国周边国家已经可以直接使用人民币，人民币已经被中亚地区广泛接受和使用，被韩国、柬埔寨、马来西亚、日本和俄罗斯等国家纳入外汇储备货币，人民币的周边化程度不断提高。亚洲金融危机期间，中国为稳定亚洲经济形势做出了巨大贡献。人民币汇率保持稳定，促进了东南亚国家经济形势的好转，维护了亚洲地区经济形势的稳定。在2008年世界金融危机期间，中国再次树立了"负责任大国"的形象。但是人民币在亚洲地区的地位与中国的地位并不吻合，目前国内资本账户尚未完全开放，人民币区域化和国际化的国内金融条件欠缺。与美元、欧元相比，人民币跨境使用和流通主要集中在周边国家或与中国贸易往来比较密切的国家，尚未形成亚洲区域货币合作体系，区域化程度有待进一步提高。

2. 国内金融市场不完善，金融体系不健全

完善的国内金融市场和健全的金融体系是货币国际化的有力支撑，中国的金融市场建立时间晚，各市场之间关联度低，市场深度不

够，金融产品种类没有发达国家丰富，种种原因降低了我国金融体系的整体运行效率。当前中国银行业仍然以传统的国有银行为主，效率低下，中国银行的"走出去"还处于初级阶段，海外机构较少。

在这样的情况下，中国不完善的金融市场将会影响其他国家对持有人民币作为储备货币的信心，阻碍人民币的国际化进程。

3. 国际上对新货币的接受比较缓慢

美元自布雷顿森林体系崩溃之后一直占据国际贸易结算货币市场和外汇市场的主导地位，此外，欧盟和日本的经济实力雄厚、金融体系健全，货币的国际认可度也非常高。国际上对这些货币的使用已经产生惯性，若想放弃使用该货币改使用人民币，则需说服交易对方使用相同货币，这样则会引起"转换成本"。国际货币使用的规模经济和转换成本使得接受新的国际货币有一定难度。

4. 资本项目尚未实现完全自由兑换

中国经常项目已经实现自由兑换，但资本项目尚未实现自由兑换，这将影响人民币的跨境投资，不利于人民币的跨境流通。

即便如此，中国资本项目实现完全自由兑换的过程也不能过于急迫。日元国际化过程对人民币来说是一个警钟，日元国际化进程推进速度太快，在国内金融市场改革尚未完成的情况下就开放了资本项目，国际资本大量流入，脆弱的国内金融市场无法承受，导致经济泡沫，使日本陷入长期的经济衰退中。中国应充分借鉴日元国际化给我们的启示，尽快增强国内金融市场实力，加快改革进程，建立更加完善和高效的金融体系，逐渐推进资本项目自由兑换。

第二节 人民币国际化助力"一带一路"产业发展

近年来，世界经济一体化进程加快，我国也需要通过经济合作来深化改革开放，推动经济的转型，"一带一路"沿线国家是中国新一轮区域合作的重点对象。"一带一路"倡议提出的"五通"的最终目的就是要加强中国同沿线各国的经济合作，因此，"五通"目标的实现与人民币国际化道路相辅相成，互相促进。

1. 在政策沟通方面

实现人民币国际化必须首先提升人民币在国际范围内的使用规模，不仅在贸易计价和结算方面，更应该在金融交易和外汇储备方面提高竞争力。加强政策沟通，建立区域金融安全网，为双方的贸易和投资提供政策支持等措施将增进我国同"一带一路"沿线国家的区域经济合作。打击跨国洗钱等犯罪行为，签订贸易互换协议，增强人民币的外汇储备功能等措施也将对人民币国际化起到积极作用。"一带一路"沿线各国同中国存在历史友好关系，贸易往来频繁，贸易合作密切，在加强政策沟通后，从沿线各国着手推进人民币国际化是最佳选择。（见图 5.6）

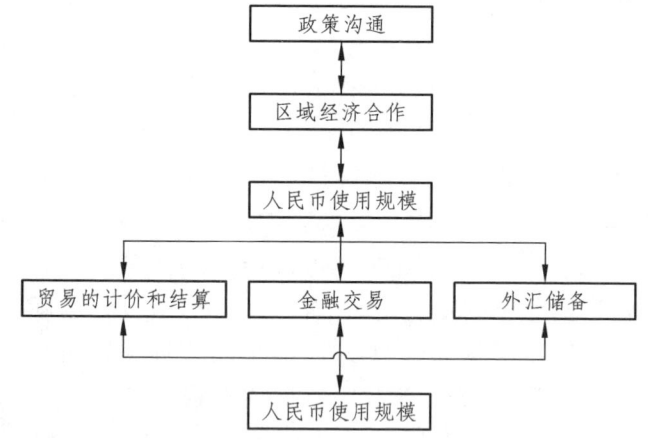

图 5.6 人民币国际化与政策沟通的相互促进作用

2. 在设施联通方面

"一带一路"沿线各国经济发展程度不一致，设施不足、道路不通导致沿途各国的贸易合作难以开展。为实现沿线国家通畅的贸易交往，实现道路设施的联通是重中之重。一方面，实现道路的互联互通，对于人员往来和贸易具有促进作用，在促进贸易发展的同时，也实现了区域一体化，对加强对国外市场的投资力度具有带动作用，推动人民币国际化进程。另一方面，人民币国际化为沿线各国的道路联通、基础设施建设等提供充足的资金支持。相较于美元、欧元的持续贬值，人民币的汇率相对来说稳定得多，在道路联通和基础设施建设过程中使用人民币进行结算，对合作双方来说都十分有利。（见图5.7）

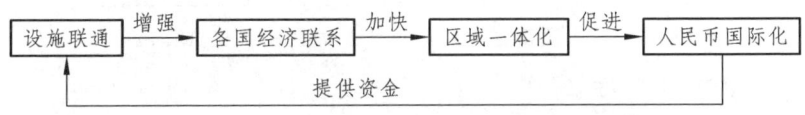

图5.7 人民币国际化与设施联通的相互促进作用

3. 在贸易畅通方面

中国与"一带一路"沿途国家的经济交往日益密切，进出口贸易日益增加，无论是中国从沿途国家进口能源、矿物、粮食或金属，还是中国向沿途国家出口交通运输工具、机械等产品，都是使用美元或者欧元进行结算。如果在区域内贸易使用本国货币进行结算，可以有效防范美元、欧元等汇率不稳定货币贬值带来的损失，同时减少汇兑成本。贸易畅通目标的实现，拓宽了人民币的使用范围，增强沿线国家持有人民币的意愿，对人民币国际化进程起到积极作用。（见图5.8）

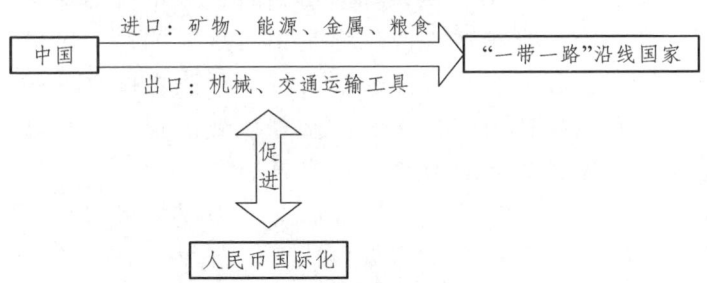

图5.8 人民币国际化与贸易畅通的相互促进作用

4. 在资金融通方面

在"一带一路"沿线国家中，中国在经济发展上和金融安全上都处于领先地位。中国有能力和意愿对沿线国家的发展做出贡献。无论是在人才、资金还是技术方面，中国都愿意为沿线国家提供能力范围内的帮助，实现双方的互利互惠，共同发展。同时在"一带一路"发展中，更多的使用人民币进行支付和结算有利于人民币成长为更加成熟的国际货币，也有利区域内的资金融通，促进经济一体化。（见图5.9）

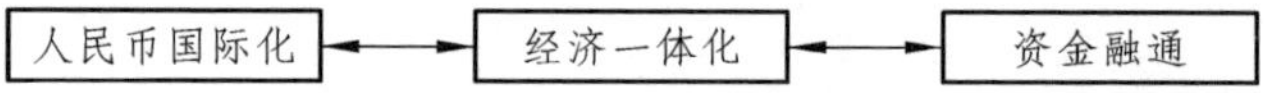

```
人民币国际化 ←→ 经济一体化 ←→ 资金融通
```

图 5.9　人民币国际化与资金融通的相互促进作用

5. 在民心相通方面

区域一体化进程使人员的流通更为方便、快捷，极大地促进了旅游业在区域内的发展，也实现了区域内国家的文化交流。随着旅游人数的不断增加，人民币的使用范围不断扩大，为人民币国际化进程提供了动力，人民币国际化水平的提高也为各国文化交流、旅游业发展提供了便利。此外，人民币国际化有利于打造中国品牌，提升各国对中国文化的兴趣。（见图5.10）

```
人民币国际化 ←→ 文化交流、旅游发展 ←→ 民心相通
```

图 5.10　人民币国际化与民心相通的相互促进作用

"五通"是"一带一路"建设的核心目标。货币流通对于沿线各国的基础设施建设、投资和贸易合作都是相当重要的。中国作为"一带一路"的发起国，应为实现"五通"目标，加强各国之间的货币流通做出努力，同时也应该为深化区域经济合作做出更大的贡献。

1. 为贸易发展提供充足的流动性支持

随着"一带一路"建设的逐步推进，中国与周边国家的贸易合作往来将会迅速增长，需要充足的货币资金来满足与各国的贸易往来与流动性要求。

加快推进人民币国际化进程，有助于实现"一带一路"贸易畅通的目标，也为区域内的国家经济贸易发展提供足够的资金及流动性支持。

第一，随着人民币国际化的进程不断深化，人民币的流动将明显增加，沿线各国有更多的机会获得人民币资本积累，为进一步扩大区域内合作创造条件。第二，区域内多个国家的央行与中国签订了双边

货币互换协定。实现人民币的快速流通，相关国家通过备用信贷渠道从中国获取足够的资金，为本国机构或企业与中国经济贸易提供足够的资金支持，促进双边的贸易发展。第三，人民币的国际化进程促进了人民币离岸市场的发展，为人民币在境外使用提供了方便，促进了区域内经济的快速发展。

2. 规避使用第三方货币计价结算的风险

货币的使用成本是国际贸易中使用何种货币进行计价的重要影响因素。美元，作为当今国际贸易中最广泛使用的货币，在外汇储备中占有重要的地位，其主要的原因是美国的综合国力在世界中处于领先地位，政治经济发展也较为稳定。同时，美元的货币币值较为坚挺，资本收益也较高。美元作为最主要的国际货币，掌握着许多大宗商品的定价权，因此在国际贸易中，使用美元作为结算货币可以降低使用成本。尽管美国的国际贸易份额逐年下降，早已不具备战后初期那样的绝对优势地位，但美元仍然是国际贸易中最广泛使用的第三方货币，在贸易计价结算中继续处于优势地位。

2008年金融危机爆发后，美元汇率大幅度波动。在国际贸易中使用美元作为结算货币的风险增大。在与"一带一路"沿线国家合作过程中，区域内贸易采用人民币进行结算可以有效规避使用第三方货币的风险。

实际有效汇率指数是经本国与所选择国家间的相对价格水平或成本指标调整的名义有效汇率，它是本国价格水平或成本指标与所选择国家价格水平或成本指标加权几何平均的比率与名义有效汇率指数的乘积。实际有效汇率指数上升代表本国货币相对价值的上升，下降表示本币贬值。由于实际有效汇率不仅考虑了一国的主要贸易伙伴国货币的变动，而且剔除了通货膨胀因素，能够更加真实地反映一国货币的对外价值，因此下面我们选择该指数进行对比分析。

如图5.11至图5.15所示，中国的货币价值在近10年之内处于积极的上升态势，无论是与美元相比，还是与"一带一路"沿线国家的本币相比，人民币都是作为结算货币、规避风险的最优选择。

188 产业经济
"一带一路"倡议实施的关键环节与核心动力

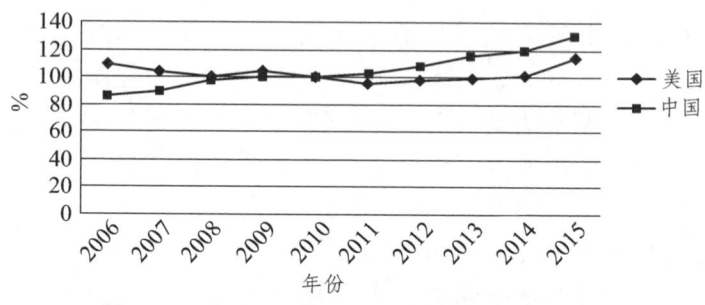

图 5.11 中国 VS 美国 —— 实际有效汇率指数

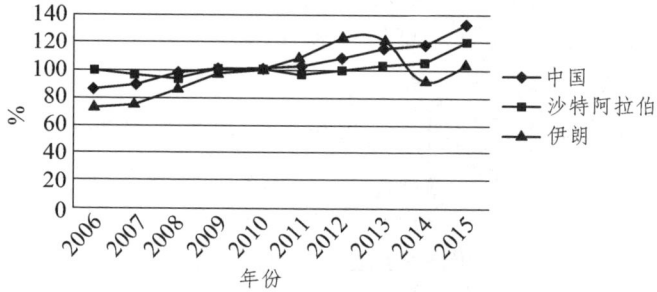

图 5.12 中国 VS 中东 —— 实际有效汇率指数

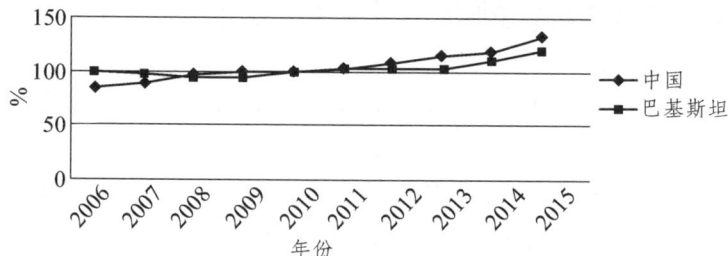

图 5.13 中国 VS 南亚 —— 实际有效汇率指数

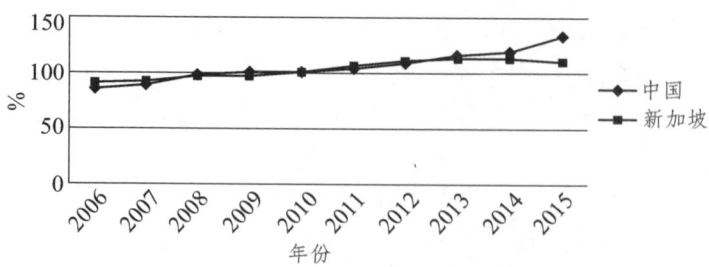

图 5.14 中国 VS 东南亚 —— 实际有效汇率指数

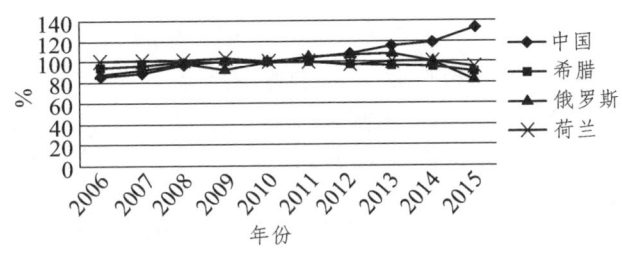

图 5.15　中国 VS 欧洲 —— 实际有效汇率指数

3. 为重大支撑项目提供金融支持

在"一带一路"的建设中，有很大一部分基础设施建设是关系到国计民生的重大项目，这些基础设施建设的成败直接决定了国家经济发展。但是这些基础设施建设却有着投资规模大、建设周期长等一系列缺点。虽然间接效益很强，但直接经济效应不明显，具有公共物品的属性。人民币国际化有利于设施联通目标的实现，为"一带一路"建设重大项目提供金融支持。

与此同时，对"一带一路"沿线各国基础设施建设金融方面的帮助，加强了我国与沿途各国的经济往来，同时增强了双边的官方及民间层面上的交流，推动了区域一体化的进程。

4. 提供区域性公共货币及风险管理机制

在经济层面上，国家风险较低，金融发展水平较高。人民币在区域贸易合作中的计价结算、金融交易和外汇储备功能如果可以得到充分的利用，将为沿线各国带来新的国际货币并提高风险防范机制，对于区域经济的繁荣稳定的发展做出重要的贡献。

具体而言，第一，如果人民币成为区域内的公共货币，人民币使用规模的扩大可以降低区域间贸易的交易成本。第二，人民币国际地位的提升，可以增强"一带一路"区域内各国在国际贸易中"讨价还价"的能力，提升区域整体在国际谈判中的话语权。第三，随着中国国际地位的不断提升,中国在国际上可以代表区域在世界上发出声音，维护本地区的利益。第四，人民币在国际化进程中遇到的种种问题与阻力，将为中国提供宝贵的教训，提升中国对于货币的管理经验，有利于提升中国对于风险的管理机制，为区域各国的经济发展提供宝贵的建议。同时可以在区域内建立起金融风险监测预警机制，保障各国的金融安全，维护区域的金融稳定。总之，人民币的国际化进程与区域内的快速发展，在方便地区贸易发展的同时，更为区域经济的共同繁荣发挥了重要的作用。

第三节 "一带一路"建设为人民币国际化带来新机遇

一、扩大人民币使用范围，促进人民币的区域内自由流通

"一带一路"的建设不仅涵盖了中国周边的少数亚洲国家，更是延伸到欧洲、非洲等地，对于我国与沿线各国的全方位的交流提供了平台。在加强与沿线国家交流的同时，进一步加强与沿线国家的经济合作，使人民币的使用范围更加广泛，提高人民币在区域内的认可度。再通过"一带一路"沿线国家的辐射作用，使人民币最终成为国际货币。

"一带一路"建设是一个系统工程，基础设施建设是加强各国互联互通的基础。沿线许多国家陆上交通、贸易通道、交通枢纽等建设并不完善。"一带一路"沿线国家的基础设施建设需要大量资金，为人民币创造了新的投资机遇，扩大了人民币的使用范围，有利于提高人民币使用的惯性，促进中国企业使用人民币海外投资，减少汇率风险。

亚洲基础设施投资银行（AIIB）的建立将会推动"一带一路"的建设，促进我国资本输出，将人民币打造成为区域内的借款主体，提高人民币的流通和使用率，提高人民币在国际上的认可度。

二、创造新的投融资机遇，促进人民币跨境使用

"一带一路"的建设包括多个方面，主要包括基础设施建设、能源开发、制药业等领域，这些领域的开发都需要大量融资，"一带一路"

的建设为境内投资者创造了新的投融资机遇。"一带一路"的建设符合我国的国家利益，为我国与沿线国家的交往提供了发展的平台，使双边政治、贸易、科技、文化等交流更为频繁。与此同时，中国外汇储备充足，经济实力雄厚，贸易和对外投资发展迅速，"一带一路"的建设能够充分发挥中国在扩大双边投资和贸易上的引领作用，加快沿线各国的贸易与投资合作，促进人民币跨境使用。

三、加快产业结构调整与升级，为人民币国际化创造更有利的条件

人民币的国际化进程需要逐步进行，逐步完善，打下坚实的基础，绝不可以一蹴而就。国家对人民币的国际化进程必须进行有效调控，人民币的国际化进程必须经历周边化、区域化两个发展阶段，才能最后实现国际化，每一个发展阶段都是必须经历的，人民币的周边化与区域化是国际化的重要基础。目前以人民币作为支付和结算货币的国家和地区约有18个，这些国家大多是"一带一路"沿线国家，"一带一路"的建设能够进一步推动人民币的周边化和区域化，为人民币国际化打下基础。

货币的国际化与国家的经济实力密切相关，美元和欧元的国际化都是以强大的经济实力为基础。我国的经济增长方式仍然有不合理的地方，消费对经济增长的贡献较小，产业结构不合理，东中西部经济发展差距较大。当前我国人民币国际化虽然有了一些发展，但与美元、欧元相比，人民币的地位仍然很弱。我国应以"一带一路"的建设为契机，加快产业结构的调整和升级，充分发挥消费对经济增长的拉动作用，加快中西部地区经济发展，促进我国经济实力的稳定增长，为人民币国际化提供良好的经济基础。

四、创造人民币国际化的良好环境

"一带一路"的建设，有利于创造和平的国际发展环境，与沿线国家继续保持和平友好的关系，形成有利于中国的地缘政治和经济格局；

有利于带动沿线发展中国家经济的发展,增强中国与亚洲、欧洲和北非各国的经济合作,深化彼此之间的贸易联系。

"一带一路"的建设,为人民币的国际化建设提供了有利的基础,增强了人民币在海外的流动,增加人民币跨境贸易结算和海外投资。"一带一路"沿线国家众多,包括东亚、东南亚、南亚、中亚、东欧和北非,"一带一路"的建设有利于建立新型亚太区域合作机制,加强中国与沿线国家的经济、政治、文化和科技交流,加快互联互通,增强中国在亚太地区的影响力,缓解跨太平洋伙伴关系协定给中国带来的压力。

第四节 发达国家货币国际化的历史经验及启示

一、美元货币国际化

美元借助美国强大的经济实力、发达的金融市场、广泛的贸易网络、制度性安排和历史性机遇等多种有利因素得以成功地完成国际化进程,美元走过的路程为我们揭示了一国货币走向国际主导货币的条件。

(一)美元国际化历史发展进程

表 5.1 美元国际化的历史进程

	美元国际化的历史进程
第一阶段:美元国际化的起点(1870—1914)	1. 19 世纪下半叶的迅速工业化,不仅彻底改变了美国的面貌,而且使美国取代英国成为世界头号工业强国,并成为世界上最大的工业化国家。 2. 1879 年美国实施金本位制和 1913 年联邦储备体系的建立,保障了美元可兑换性和美元币值的稳定性。 3. 尽管美国经济已经赶上并超过英国,在第二次世界大战之前,美元却始终没有取代英镑的地位。
第二阶段:美元国际化的历史性机遇(1914—1944)	1. 两次世界大战中,美国借助这一历史性机遇完成从世界头号工业强国向世界头号经济大国的转变,从而奠定了美元国际化的雄厚基础。 2. 英镑在国际金融市场上的主导地位大为削弱,英镑时代已经过去。美国则凭借拥有世界黄金储备 45%的优势,成为当时世界唯一保持金本位制的经济大国。

续表

	美元国际化的历史进程
第三阶段：美元实现完全的国际化（1944—1973）	1. 美国政府抓住历史性机遇，在第二次世界大战尚未完全结束之际，召集主要发达国家于 1944 年 7 月通过《国际货币基金组织协定》和《国际复兴开发银行协定》，总称《布雷顿森林协定》，这次会议规定的国际货币体系即"布雷顿森林体系"。 2. 该体系使美元成为与黄金等同的储备货币和主要国际支付手段，成为一种凌驾于其他货币之上的特殊货币，从而确立了美元的主导货币地位，同时以正式制度形式将英镑顺利地拉下神坛
第四阶段：后布雷顿森林体系的美元本位制（1973 年至今）	1. 随着 1959 年第一次美元危机和 1968 年第二次美元危机的相继爆发，美国政府最终于 1973 年宣布放弃运行近 30 年的布雷顿森林体系 2. 作为主导货币的美元依然表现出强大的交易惯性，在美国进出口贸易中的计价比例并没有下降

（二）美元国际化对人民币国际化的启示

从前面美元国际化的历史进程我们可以看出，美元借助多种有利因素成功地完成了国际化之路，美国政府也借助美元作为国际主导货币而获得巨大利益。尽管美元国际化的历史机遇不会在人民币国际化的进程中重现，但是美元走过的路为我们揭示了一国货币国际化的必备条件。

1. 美国政府成功把握历史机遇

美元国际化的成功离不开美国政府对历史机遇的把握，两次世界大战削弱了日本和西欧的实力，美国借此机会一跃成为世界最强大的工业化国家。趁着战争还没有结束之际，美国政府召集发达国家，推出布雷顿森林体系，以正式明确的制度将英镑排挤在国际货币体系之外，将美元的主导地位制度化，美国自此实现了真正的国际化。在后布雷顿森林体系时代，美国面临增长的贸易逆差，政府适时采取诸多措施加强美元的国际货币职能。可以这样说，美国政府对重大历史机遇的把握，是美元将英镑替代成为主导国际货币的关键因素。

2. 强大的经济实力

无论是英镑还是美元，国际主导货币都是由世界上最强大的经济体提供的。在美元国际化的起始阶段，正是美国日益强大的工业化水平和贸易规模，将影响力不大的美元推上了世界舞台。在后布雷顿森林体系时期，美国由净债权国转变为净债务国，贸易连续逆差。

在 1970—2009 年之间，美国只有 1998—2001 年实现了财政盈余，面对如此不利的贸易地位，美国采取了一系列方法来加强美元的国际货币智能，促进美元国际货币地位的提升，包括增强美元的定价权、开拓亚洲新市场、建立自由贸易区等。面对亚洲"四小龙"的崛起，美国通过建立自由贸易区、直接投资等方式积极开拓亚洲市场，进一步扩大了美元在亚洲的影响力。在中东，美国自 20 世纪 80 年代开始推行石油——美元战略，导致石油输出国组织在石油贸易中开始使用美元来代替英镑，该战略虽然导致美国经常项目在能源市场上巨大的贸易逆差，但是其成功之处在于牢牢确立了美元作为国际战略资源的计价货币地位。

从美元崛起的进程来看，国际货币的核心竞争力就是货币发行国的综合国力，强大的国家就会有强大的货币，从这个角度来看，人民币已经具有了走向国际化的经济基础，中国目前已经是世界第二大经济体，也已经成为世界第二大贸易国和最大的外汇储备国，包括中国—东盟自由贸易区在内周边贸易网络的建立，都为人民币在境外流通提供了有利的市场条件。中国政府可以首先推进人民币的区域化发展，使人民币在"一带一路"周边国家和地区成为结算货币，在此过程中，这些国家也会增加人民币持有量以备贸易中使用，增加人民币的使用范围和覆盖面，提高人民币的地位。

3. 金融市场——美元国际化的重要支撑

如果说美元在 20 世纪上半叶的辉煌应归功于美国在世界经济中超一流的大国地位和布雷顿森林体系的制度安排，那么 20 世纪下半叶国际货币体系事实上的美元本位制和美元在国际货币体系中的独占鳌头更多地反映了美国具有最发达金融市场的事实。美国拥有像纽约这样发达的金融市场，能够为全世界的美元持有者提供最具流动性和安全的投资平台。

20世纪90年代至今，外国官方投资主要是用于购买以美国国债为主的政府债券，而私人投资相当一部分资金流入证券行业。美国通过输出国债增强对外的金融控制能力；同时也体现出美国资本市场巨大的吸引能力和投资价值。美国经济的大规模逆差并不能反映美元对国际经济的影响力削弱，反而增强了贸易顺差国对美国经济的依赖性。各国大量持有以美元和美国国债为主的外汇盈余，其结果是将各国的资产价值与美元币值捆绑在一起。不完善的金融市场是人民币国际化进程中的最大障碍。

4. 强大的历史惯性

20世纪初，一方面美国经济规模已经超越英国，成为世界上最大的工业化国家；另一方面英镑国际化也达到其发展的顶峰。之后，尽管第二次世界大战期间英国经济实力已经大大削弱，直到1945年英镑和美元的地位才发生彻底的逆转。在此之前英镑仍然是当时最重要的国际货币，1940年海外拥有的英镑流动资产还是海外拥有的美元流动资产的两倍，全世界国际贸易结算额中仍有近40%的比率以英镑进行结算，英镑仍是各国必须储备的国际货币。因此国际货币的外部性一旦形成，就会呈现出历史惯性。

国际货币的这种自我强化机制对新的国际货币生成构成严重的进入壁垒。如今的美元俨然具有世界公共品的性质，国际货币的历史惯性特征使得美国的经济实力尽管已经不足以支撑美元的货币职能，但美元的主导货币地位仍将持续很长时间。

二、日元国际化的历史经验及对我国的启示

从整体上讲，日元国际化进程取得的最终结果与日本政府的目标有十分巨大的差距，但是，日本在推进日元国际化的进程中，建立起一套完整的金融构架，虽然未能最终实现日元的国际化目标，但仍然

推动了日本金融业的快速发展，提高了在国际上的竞争力。日元国际化进程中，主要有以下几个不足点需要我们引以为戒。

1. 国内金融市场建设滞后对日元国际化的制约

一个国家的金融体系的完善和金融发展水平对于货币的国际化具有重要的支撑作用，如果本国的金融体系的完善性和开放性无法达到国际化货币的要求，那么货币的国际化仅仅是一个空想。日本的金融业发展较欧美相去甚远，这种差距不仅体现在日本一直较为落后的债券、外汇、票据等市场上，还体现在日本金融行业的市场化程度较低，存在对金融业的过度保护现象，导致日元的运用和筹措不便，行业竞争力不足。例如，日本多数商业银行的管理人员均由日本银行统一委任，导致竞争力不足，这种严重的"官商"体系，导致日本国内的金融体系较为脆弱，经受不住打击。

除此之外，为了防止货币国际化对国内金融制度的大范围冲击，导致国内市场的动荡，日本采用了内外隔离的金融体系。这种体系虽然减轻了货币国际化给国内金融体系带来的风险，却导致了日本在市场开放和市场运行的国际标准化方面严重落后，严重影响到了日元的国际化进程。最终，日元的国际化进程仅仅实现了将日元作为美元交易中介，起到了辅助和支撑美元地位的作用，未能完全实现货币的国际化。值得我们反思的是，在国内制度与金融市场发展尚不完善，资本市场开放度十分低下的情况下，日元想挑战美元国际化货币地位，结果必然以悲剧收场。总体来说，日元的国际化道路过于单一，仅仅追求功能性的国际化道路是必然要失败的。

2. 日元国际化缺乏明确和一贯的指导思想

在日元的国际化问题上，日本政府并未能统一思想，也未能制定长期可持续性目标，甚至在上世纪六七十年代，日本政府为了防止日元国际化和资本市场的完全开放对于本国经济的危害，甚至开始抵制日元的国际化进程。

直到 80 年代，随着广场协议的签订，日元急剧升值。导致日本国内经济发展的快速退步，日本政府才再次直面日元的国际化问题，采取了一系列积极主动的方法推动日元的国际化进程。

20世纪90年代初期，欧盟的建立及欧元的出现和快速发展让日本政府产生了强烈的危机意识，于1996年提出了"金融大爆炸"理论，该理论提出一系列举措，包括对国内金融制度的大规模改革，放松对银行业的国家管控，实现银行的自主性，对证券市场进行改革实现国内外资本账户自由化，企图通过这些措施在2001年前实现货币的国际化。但是与欧盟的相关政策相比，日本政府的政策较为模糊，且无长期发展目标，无法保证日元的国际化进程。

3. 日本忽视了日元的区域化发展

自日本政府开始推行日元国际化开始，日本政府就想直接追求日元的国际化地位，取代美国成为国际货币，实现在国际贸易中的计价货币功能和其他国家央行的储备货币功能，但是欧洲货币一体化和日元国际化的进程都表明，在现有"美元霸权"的体制下，一国货币想直接成为国际货币是极其困难的。所以，中国所走的首先在区域内实现货币的区域化，逐步实现货币的国际化才是一条行之有效的方案。

欧元诞生以后，促使日本改变了日元的国际化战略，使之从功能性战略向区域性战略转变。在90年代亚洲经济危机期间，由于日本金融水平发展较为完善，并未受到较大的冲击。日本本可以通过自身经济的优势，通过对周边国家的经济援助，实现日元的广泛流通，加大日元在区域内的影响力，实现日元的区域化，但是由于日本政府的短视，且并未对亚洲市场足够重视。日本政府"放任"日元不断贬值，导致亚洲各国经济危机更加严重，金融市场受到严重的打击。

20世纪80年代中后期开始，由于多种因素，日元对美元的汇率大幅波动，对日本国内的金融市场造成了沉重的打击，导致日本经济快速衰退，日元国际化进程停止。布雷顿森林体系时期，日美元兑换汇率为360：1，但是到了广场协定时期，日美元汇率激升到79.75：1的历史高位。

此后，日元对美元的汇率进入大幅度波动时期，1998年，日美元汇率跌至146.75：1。而要实现货币的国际化，稳定的汇率是其基础，汇率的"稳定性"是人们接受一种国际货币的先决条件。日元尚且不能自立，日本的金融政策和金融市场也难以自立，是不能实现可控制的日元汇率波动的，其他国家也就无从谈起对日元的信心了。由于日本政府无法对日元汇率的波动进行可靠的调控，世界各国为规避投资过程中产生的风险，均减少了使用日元作为贸易结算货币，更减少日元的官方储备，这进一步动摇了人们对日元的信心，导致日元的国际化进程彻底失败。

三、对人民币国际化的几点思考

1. 人民币国际化的目标与政策选择

如今，随着货币虚拟化的发展，一国货币的发行是以该国国家信用作担保的，而国家信用最终取决于该国的经济实力。第二次世界大战结束以来，美国综合国力快速提升，经济水平高速发展，国民生产总值高达世界生产总值的53%，促使美元成为唯一的世界性货币，在国际贸易中占有极为重要的作用。但是，这一比重随着国际社会的快速发展也呈下降趋势，现如今，仅占比25%。尤其是近年来的全球性金融危机对美国的经济造成了沉重的打击，为了解决金融危机造成的流动性短缺，美联储甚至直接购买财政部发行的债券，货币化财政赤字。但这种行为无异于饮鸩止渴，从长远来看，美元的贬值已势不可挡。美元的国际货币主导地位也将逐步下滑。国际货币体系将逐步实现多极化趋势，美元仍为其中的重要一极。而人民币国际化的目标就是跻身于这个体系中，成为其中的一极。通过日元国际化进程的教训，我们应该看出，货币的国际化不仅受到国家经济实力的影响，同时还受到国家政治独立性、军事优越性、人们支付习惯等多方面因素影响。

目前，中国成为全球第二大经济体，贸易水平位居世界第三，同时也是美国最大的债权国，人民币已经完全具备了成为国际化货币的基础。通过欧元的成功的例子，我们可以首先实现货币的区域化，再通过区域化战略逐步实现货币的国际化。对于中国目前的现实情况应该是较为合理的选择。

日本手中所持有的外汇储备和美元资产仅次于中国排在第二位，与中国同样面临着美元的不断贬值的严重问题。由此可以看出，亚洲金融危机过后，日本逐步调整其日元国际化政策，将日元的区域化作为其首要目标。只要中国和日本加强合作，实现东亚地区货币合作、甚至货币一体化是有可能的。东亚地区的区内贸易额已占到其对外贸易额的30%，通过货币的一体化可以有效地减少汇率波动对贸易的影响，是符合各国利益的。因此，在今后的一段时期内，我们应重点寻求东亚地区的货币合作，扩大人民币在周边地区的影响力，以人民币的区域化作为实现国际化的第一步。

2. 经济结构调整

现如今，中国在双边贸易中的贸易顺差的增长，以及国家外汇储备的快速积聚，已经成为国际经济体系中一个重要的不平衡因素。改革开放的三十多年中，中国经济发展较为迅猛，尤其是最近的十年，经济快速增长。但是中国的经济增加确实存在着一定程度上的畸形发展，过度依赖于投资和出口，对国内的消费进行抑制。与以美国为首典型的消费拉动内需型国家相比，中国是一个典型的投资、出口拉动型国家。中国早期的工业化战略通过工农产品价格剪刀差将农业剩余转移到工业部门，造就了工业部门的低成本优势。

长期以来，过度投资所形成的庞大生产能力、国内消费需求的不足和国内金融市场的落后，造成了中国对外资和外部市场的高度依赖。中国是大型经济体，经济增长不可能长期依赖外部需求，并且这种发展模式当前已受到了资源和环境的瓶颈制约。从货币国际化的角度来看中国的这一发展模式也是不可持续的，一国货币要成为国际货币，一个基本性条件就是币值和汇率的稳定，而一个高度依赖外需的经济很难维持币值和汇率的稳定，日元国际化进程的失败就是其中一个典型的例子。

中国当前过于依赖投资和出口，虽然从一定程度上缓解了当前中国所面临的巨大压力，但是却也付出了沉重的代价。虽然暂时性地解决了劳动力过剩的问题,实现了城市化的目标,但是却严重影响了可持续发展的能力。我们应该逐步将我国严重依赖于投资和出口的经济政策转移到依赖于居民消费的经济政策。通过提高居民消费在国民收入中的比例,实现经济的可持续良性发展。经济的可持续发展,也是实现人民币国际化的重要基础。

3. 金融体系与资本市场建设

在美国经济地位大幅度下降的情况下,"美元霸权"之所以继续得以维持,与美国国内完善的金融体系与发达的资本市场是分不开的。美国自20世纪70年代末就开始了持续性的经常性项目贸易逆差,2008年美国全年逆差占其当年GDP的4.8%。美国的个人储蓄率从1995年的5.7%下降到2005年的0%,家庭债务占个人可支配收入的比例在2007年年底达到创纪录的133%,而这一数字在10年前为90%。美国凭借美元的国际货币地位,通过发行美元向其他国家购买了大量资源和消费品,而中国、日本和中东国家等主要对美贸易顺差国又用手中的美元去购买美元债券以及其他各种金融产品,美元最终又回流到了美国,也正是这一机制支撑了美国多年债务经济的循环。

经过金融危机的沉重打击,从长远来看,美元的贬值将成为一个难以避免的趋势。但是美国国内金融体系的完善度仍然可以为其提供强大的生命力。以其债券市场为例,虽然美国经济衰退是不可避免的,但是中国、日本等区域性大国仍持续增持美国国债,这体现了美国债券市场的完善性和强大的竞争力。由此可以得出,金融市场的发展对于货币的国际化具有十分重要的支撑意义。中国要首先完善金融市场,提供足够安全、高效、便利的金融产品,保证回流的人民币被消化。同时应该对国内的金融市场和金融政策进行改革,实现与国际标准的接轨。

人民币的国际化进程与国内金融体系的建设是相辅相成的,需要共同建设实施,切不可割裂开来。我们首先要实现国际和区域金融中心的建设工作,实现经济的带头示范作用,完善外汇和债券市场,将汇率和利率市场化,发展长期和短期的票据市场,将我国金融机构逐步打造成为具有国际竞争力的体系。

第六章 "一带一路"产业战略的灵魂——文化产业战略

第一节 "他山之石"之一：美国的文化产业国际化

攻城为下，攻心为上。第二次世界大战之后美国的文化产业国际化战略非常成功，为经济战略和政治战略的实施创造了良好的条件，并且使美国的价值观、美国的文化艺术、美国的生活方式在世界范围内广泛传播，获得普遍认同，从心理层面、意识形态高度确立了美国的领导地位。

按照《美国大百科全书》的定义，文化是"人类活动所创造的物质财富和精神财富的总和，是人类活动及其产物、遗物、遗迹的总称"。

文化是一种普遍现象，也是一个复杂的问题。对于文化的认识还很难达成一致的结论。但根据业已形成的普遍共识，至少有以下几点：

（1）文化与人是密不可分的概念，人是某种文化的人，文化是某种人的文化；

（2）人是文化的创造者，是文化的主体；

（3）每个人都是特定文化影响下形成的，人是文化的载体；

（4）文化具有稳定性和发展性的双重特征；

（5）文化内涵极其丰富，包括语言文字、生活方式、生产方式、宗教信仰、价值观念、伦理道德等，可以划分为物质文化和精神文化两大类别；

（6）任何一种特定文化，都具有三个层次的同心圆结构：外层是器物层（文化的物质存在形式），中层是制度层（文化的典章制度模式），核心层是精神层（文化的价值观、理念）。

分析美国的文化战略，可以得到很大的启发。

物质文化层面：

美国商品与美国生活方式的传播，是第二次世界大战之后美国在世界范围内进行积极的文化扩张的重要特点。第二次世界大战后期，随着美国参战，可口可乐公司以爱国的名义承诺，要让每个美国士兵在地球上任何地方都能以5美分的价格喝到地道的可口可乐，为此，每当美国军队进入某个国家或地区，可口可乐就及时跟进设厂，在当地销售可口可乐。这种社会营销手段赢得了美国军方和当地政府的支持，为可口可乐公司征地、税收、销售等提供了诸多优惠和方便，使可口可乐名利双收。与此同时，美国大兵日常饮用的可口可乐也几乎成了"胜利""解放"的象征符号，在当地被人们普遍接受。时至今日，可口可乐这种黑色带甜味的"药水"，已经覆盖了地球上的每个角落。图 6.1 中，被看作世俗社会中最后一片心灵净土的西藏，可以看见老年僧侣拿着一瓶可乐在寺庙前沉思。非洲的黑人儿童把可乐的空瓶子作为玩具爱不释手等。这种场景，让人感叹美国文化强大的影响力，可以说无孔不入、无处不在。

图 6.1　西藏的老年僧侣与可乐

第六章 "一带一路"产业战略的灵魂　203

图 6.2　越南的肯德基

又如，美国人喜欢的口香糖、爆米花，以及美式快餐肯德基、麦当劳，已经在发展中国家的城市中成为一种现代化、国际化的标志，成为年轻人追逐的时尚，有意无意地把城市化、现代化、国际化与美国化画上了等号；微软公司随意着装的"牛仔裤+T恤衫+运动鞋"似乎也成了许多国家 IT 公司的标配；近年来苹果的 IPHONE、IPAD 更成为全球畅销的数码产品，"引无数果粉竞折腰"，甚至出现卖肾买苹果的极端事例。美国用强大的物质文化，输出其文化霸权。

图 6.3　印度：IPHONE 热销

精神文化层面：

精神文化对人具有决定性的影响，在文化输出中有着更为重要的意义。一种文化能否成功地对外输出，"说什么"和"怎么说"都同样重要，有时候"怎么说"可能比"说什么"更为关键。美国在这方面采用了"明修栈道、暗度陈仓"的方式，以非常隐蔽、非常巧妙的方式，在不知不觉中使许多国家和地区的人们对美国文化完成了认知、认同、欣赏、模仿的过程，甚至以美国文化作为标杆，对本国文化进行批判和否定，使美国文化在世界上产生了越来越重要的影响。

电影。孔子说，"移风易俗，莫善于乐"，"知之者不如好之者，好之者不如乐之者"。美国文化对外输出，特别重视"寓教于乐"的方式。其中，电影作为一种适应面很广的载体，成为传播美国文化的首选。以好莱坞大片为代表的美国电影风行全球，无论是历史悠久的007系列、动作大片"虎胆龙威""碟中谍"系列，还是科幻片《2012》《阿凡达》，或者是爱情片《乱世佳人》《泰坦尼克号》等，都在全球获得了很高的票房，拥有大量的观众；不同历史时期美国著名的影星，如赫本、费雯丽、梦露、史泰龙、施瓦辛格、汤姆·汉克斯、布鲁斯·威利斯、汤姆·克鲁斯等，都拥有大量的粉丝；奥斯卡金像奖早已成为全球电影节的最高荣誉。当世界各国的观众在观看、欣赏美国电影时，美国文化、美国精神会产生潜移默化的作用：看西部片时人们会自然而然欣赏美国人追求自由、渴望成功的美国梦；看动作片时会欣赏有勇有谋、敢做敢当的个人英雄主义；看灾难片时会产生忧患意识；看警匪片时，反复出现的台词"你有权利保持沉默，你所说的一切都将成为法庭上的证据"等会唤起权利意识、公民意识，等等。

卡通。美国的卡通在世界各国都有广泛的传播，扮演了一个非常特殊、非常重要的角色：灌输美国文化，从娃娃抓起！中国从20世纪80年代开始引进美国卡通，如《米老鼠与唐老鸭》《猫和老鼠》《变形金刚》《功夫熊猫》等，深受少年儿童的喜爱，并产生了极为深刻的影响。例如，老鼠在中国传统文化中历来是负面形象，"老鼠过街，人人喊打"；但是在80后、90后、00后的人群中，出现了把老鼠（白鼠）

作为宠物喂养的现象,这在以前是不可思议的,但在美国却是很常见的。追根溯源,米老鼠、杰瑞鼠的卡通形象,颠覆了千百年来中国传统文化对老鼠的思维定式。反思小小卡通的巨大作用,让人不寒而栗!

流行音乐。美国在音乐方面的成就,主要在于流行音乐,如爵士、布鲁斯、摇滚、乡村音乐以及一般意义的 popular song。与电影相比,流行音乐存在语言的障碍,决定了对外传播时只能针对受过一定教育、有一定英语基础的人群(往往也是一个社会的中层和上层群体);但从形式上看较为短小、更易传播(一首流行歌曲通常 3～5 分钟,而一部电影往往 90～120 分钟),并且容易打动人心,所以比电影具有更好的效果。美国在文化输出方面,流行音乐一直是重要手段。如 20 世纪 50 年代电影《音乐之声》插曲《雪绒花》(*Edelweiss*)、60 年代电影《毕业生》插曲《斯卡拉堡集市》(*Scarborough Fair*)、90 年代电影《人鬼情未了》插曲《奔放的旋律》(*Unchained Melody*)、《保镖》插曲《我将永远爱你》(*I Will Always Love You*),又如猫王的 *Love Me Tender*、约翰.丹佛的 *Take Me Home, Country Road*、卡朋特的 *Yesterday Once More*、迈克尔.杰克逊的 *Heal the World* 等,都曾风靡一时、历久不衰。尤其是在大学校园中,美国的流行音乐成为最受欢迎的外来音乐。可以想象,大学生是社会未来的精英阶层,在他们价值观、审美观形成、定型的关键时期,美国流行音乐成为朝夕相伴的朋友,这种影响是持续终生的,并且可以通过他们在社会上形成一种价值观和审美观的文化偏好。

语言。美式英语已经取代了英式英语成为最强势的语言,连美国人的口音(Accent)也似乎成了英语的标准。这种变化令人惊讶!在第二次世界大战之前,虽然美国经济、科技已经超越了欧洲传统的大国如英国、德国、法国,但被具有没落贵族情节的欧洲国家看作有钱没文化的暴发户,美式英语的口音也成为被嘲笑的对象。而今天,托福(TOFEL)考试已经成为考察英语水平的标尺,成为出国留学必经的考试。

美国教育。时至今日,人们逐步形成了这样的认识:美国教育在全球水平最高、理念最先进、方法最科学,美国拥有世界上最好的教育资源。根据 2015 年全球著名媒体 USNews 发布的 2016 年全球 750 所大学排行榜，在全球顶尖的前 20 名大学中，美国高校占据 16 席，英国高校占据 3 席，加拿大高校占据 1 席。一百多年以来，世界各国的优秀学生不远万里前往美国求学，全球的优秀师资也纷纷加盟美国高校，形成了强烈的马太效应，进一步强化了美国教育的领先优势。在中国，越来越多的家庭倾向于让子女出国留学，培养国际化的人才，而美国成为留学首选（曾经看到一家留学中介的广告，这样介绍各国留学的特点：美国——全球教育的最高水平，精英阶层的摇篮；欧洲——文化底蕴深厚，中产阶级的首选；澳洲——高性价比，工薪阶层的目标）。在美国的留学生毕业后，要么选择在美国工作，从而使美国的人才资源更为丰富；要么选择回母国工作，从而扮演美国文化二传手的角色。更重要的是，越来越多的国家，在教育特别是高等教育方面都以美国作为一种天经地义的标杆，进行教育体制的改革，在"国际化"的名义下放弃了"本土化"。许多高校的专业设置、课程设置甚至教材，都与美国一致，丧失了自己的特色。在创办国际一流大学、创办高水平大学、与国际接轨的狂热梦想中，主动放弃了自身的主体地位，比如我国某些高校为了抬高身价，喜欢自我标榜为"东方×××"，以成为美国高校的海外山寨版为荣，令人感到深深的悲哀！

学术期刊。毫无疑问，美国当今的科学技术水平世界领先，拥有世界上最多的专利技术和诺贝尔奖获得者，也拥有世界上水平最高、数量最多的学术期刊，例如《科学》《自然》《科学美国人》等；SCI、SSCI 已经成为国际公认的科研水平评价标准。在许多国家，能否在"世界级"学术刊物发表论文，已经成为大学教师、科研人员职称评定、职务晋升、绩效考核的关键指标，作为衡量科研水平、科研成果的重要手段。

综上所述，美国文化产业输出战略非常强大，是一种全方位的立体战略，由此达到将美国作为全球文化标准的目的：以电影影响普通民众，以卡通影响少年儿童，以流行音乐影响大学生，以美式英语绑架各国母语，以美国高校绑架全球高校，以学术期刊绑架知识分子。美国文化几乎成为一种影响全球的强势文化。

第二节 "他山之石"之二：日本的文化产业国际化

一、日本的特点

日本国土面积 37.8 万平方千米，到 2015 年全国人口 1.27 亿，GDP 为 4.123 亿美元。除拥有一定的森林、水力、硫黄等自然资源外，其他的矿产资源（如煤炭、石油、天然气、铁矿、铜矿、铝土矿等）都严重匮乏。狭小的生存空间，注定了日本必须实施开放型、外向型、输出型的国家战略。

日本在第二次世界大战之后经济高速增长，创造了一个奇迹。日本 GDP 在 1950 年仅有 109 亿美元，1960 年达到 444 亿美元，1970 年为 2 047 亿美元，1980 年为 10 715 亿美元，1990 为 30 536 亿美元，而在 1995 年则达到最高值 53 395 亿美元。但是，从 1996 年开始，直到现在，日本经济则处于持续的低迷、衰退周期，除了 2010—2012 年一度创出 54 954 亿美元、59 056 亿美元、59 545 亿美元的新高外，多数时间处于负增长的状态。

二、第二次世界大战后日本发展的三个阶段

第二次世界大战之后日本的发展经历了三个主要时期，不同阶段日本的国家战略呈现出巨大的差异，也由此决定了不同时期日本经济的发展差异。

第一阶段：单一的经济战略（1950—1970 年）。

这一阶段是日本经济的恢复和起飞阶段。在第二次世界大战之后的废墟上，在美国的扶持下，日本经过数年的战后重建，基本恢复了元气。由于日本是资源极度匮乏的国家，所以利用临海的区位优势，发展外向型经济，从国外输入石油、煤炭、铁矿石等原材料，经过加工之后对外输出钢铁、船舶等工业品，在国际分工中凭借劳动力成本优势和精益制造的质量优势，实现了高速增长。在这个阶段，日本的

主要任务是恢复经济实力,为未来的发展奠定基础。因此,国家战略基本是单一的经济战略,考虑的是如何谋求最大的经济利益,对外输出的也仅仅是日本制造的产品;既没有文化上的图谋,也没有政治上的野心。

第二阶段:经济战略+文化战略(1971—1995年)。

这一阶段日本经济高速成长,继1968年GDP超过德国成为全球第三大经济体后,又在1987年GDP超过苏联成为第二大经济体。这是日本的黄金时期。作为第二次世界大战战败国,日本事实上被美国占领控制,政治、外交独立性丧失("和平宪法"是按美国的意图制定的,军队也受到诸多限制,),传统文化也受到美国文化的冲击,不再是一个真正意义的独立主权国家。这在日本百废待兴的历史时期尚可忍受。但到了这个阶段,急剧增加的经济实力,唤醒了日本人的民族意识和大国梦想,部分激进的右翼人士甚至提出"日本可以说不"的口号(石原慎太郎、盛田昭夫),因此,这一时期的日本国家战略,采取了经济战略+文化战略的双轮驱动模式,取得了一定的成效。

经济战略方面,不仅仅是对全世界输出日本制造的商品(如汽车、家用电器、电子元器件等),也开始大量对外输出资本。据统计,从1986年到1991,日本的海外投资总额竟达4000亿美元,成为全球最大的对外直接投资国。日本的资本输出,往往具有双重意图,一是追求经济利益,二是追求文化利益(精神胜利)。最典型的是日本"购买美国"的运动,被美国人称为"经济珍珠港袭击"。1988年,三菱集团投资14亿美元购买了坐落在纽约曼哈顿闹市的洛克菲勒中心大厦,而洛克菲勒中心大厦历来被看作美国经济的象征符号;1989年9月,索尼公司以34亿美元的高价买下了哥伦比亚影片公司。1985年到1990年间,日本企业总共21起500亿日元以上的海外并购案中,有18起是针对美国公司。这种特别针对美国的收购,并不是纯粹的经济行为,而更像一种具有象征意义的文化事件,或者说是日本幻想"征服美国"的一场文化战争,是日本企图扩大其文化影响力的尝试。由于东西方文化的巨大差异,加之广场协议导致日本经济冲顶之后的衰落,许多收购最后以失败而告终。日本企图通过收购美国的经济实力、提升日本文化影响力的构想,在异质化的美国遭遇了重大失败。

但是,这一时期日本的文化战略在具有同质结构的东亚和东南亚地区(如韩国、中国)则获得较大的成功。例如,在整个80年代,日本对中国的文化输出战略相当成功。

自1972年中日两国邦交正常化之后,中国和日本都非常重视两国关系。特别在中国改革开放初期,确立了"以经济建设为中心"的目标后,从国外引进资金、技术和先进管理经验成为工作重点。在这种背景下,中国政府和中国人民捐弃前嫌,大力发展中日关系,提出"中日两国人民世世代代友好下去"的邦交政策,为中日关系的发展创造了良好的条件;而日本在经济迅速发展之后,也需要寻找原料供应地、产品销售市场和资本输出国家,因此也致力对中国的输出。这一时期中日两国贸易快速增长,日本成为中国最重要的外贸伙伴。在经济战略方面,日本对中国输出的主要是产品(如家用电器、摩托车等)、技术(如彩电生产线、摩托车和汽车生产线等)和资本;同时,利用日本与中国文化的高度同质性,积极进行日本文化的输出,既促进了日本产品在中国的销售,又扩大了日本文化在中国的影响。

80年代日本电影对中国产生了强烈的轰动效应,最典型的是《追捕》,在中国几乎是家喻户晓,其人物对话也成为当时社会的流行语;日本的电视剧如《排球女将》《血疑》《阿信》等收视率奇高;再有,针对少年儿童的日系卡通也在中国广受欢迎,如《聪明的一休》《机器猫》《铁臂阿童木》《蜡笔小新》等是80后、90后中国小朋友的儿时伴侣。日本文化在中国的广泛流传,促进了中国对于日本的了解与认同,在一定程度上淡化了反日的民族情感;并树立了日本产品的先进、优质、高端形象,所以,从三洋收录机、SONY彩电、松下录像机、先锋LD影碟机到佳能相机、富士胶卷与相纸,日本产品在中国获得了畅通无阻的通行证。

日本这一时期经济战略+文化战略的组合,在美国基本是失败的,但在中国却是成功的。

第三阶段：经济战略+政治战略（1996—）。

从 1996 年开始，日本的对外输出战略有一个重大的转变：继续坚持经济输出战略，基本放弃了文化输出战略，转而谋求政治输出战略。这是一个巨大的转变，而且这种转变还在继续之中。

日本放弃文化输出战略的原因，在于文化输出战略因为种种原因遭受严重挫折。在美国，由于文化的差异巨大，对美国的文化输出很难成功，以日本文化挑战美国文化又遭遇了美国的强力打压，收效甚微。在具有同样文化背景的中国和韩国，80—90 年代初期日本的文化输出战略取得了较大的成效，但是，当中国和韩国经济实力强大之后，文化的自觉意识、独立意识增强，对日本文化的接受程度下降；特别是日本右翼军国主义复活之后，日本与中国、韩国、俄罗斯等国家的领土之争日益尖锐，激化了国家之间的矛盾，引发了各国人民对于日本军国主义的警惕，从而使"抵制日本"的思潮逐步盛行，并且抵制日本已经从经济领域扩大到文化领域，使日本文化输出的基础不复存在。

90 年代中期，日本经济在泡沫中达到"繁荣"的顶峰，也开始了日本盛极而衰的转折，但日本显然并没有这种危机意识。第二次世界大战之后持续半个世纪高速增长的"日本奇迹"，使日本变得异常自信、自负、自大甚至狂妄，因此，日本国家战略的重点，除经济战略外，就转向了政治战略，谋求日本国际地位的提升和亚洲的主导作用，企图改变世界政治格局。按照日本国内政客的说法，就是使日本成为"真正意义上的国际国家"，日本政客小泽一郎在《日本改造计划》中，更是毫不掩饰地提出："日本与欧洲、美国并立，构成世界三极中的一极。"

为此，日本进行了许多国际政治上的扩张。例如，日本对周边国家提出非分的领土要求，激化了日本与中国、韩国、俄罗斯的矛盾，加剧了国际和地区局势的紧张局面；日本谋求成为联合国安理会常任理事国，暴露了日本的政治野心，不仅引起其他国家的不满，甚至招致了美国的打压；日本修改和平宪法，标志着军国主义的复活已经具备了法律上的合法性，为日本的军事扩张提供了依据；插手中国南海事务，挑拨中国与东南亚国家的关系以图坐收渔利，这种伎俩说明日本企图一厢情愿地谋求提高地区影响力，只能搬起石头砸自己的脚，最后以失败而告终。

日本这种政治战略不仅本身难以成功，而且极大地破坏了与周边国家的关系、影响了日本的国际形象，同时引发了中国、韩国等民众的反日情绪和抵制日货运动，对于日本的经济发展产生了巨大的负面作用。可以说，日本在这一时期经济的长期低迷、衰退，在很大程度上与日本的政治战略密切相关。

三、日本经验教训的启示

第二次世界大战之后日本的文明输出战略，在经济输出方面是比较有效的。日本依靠外向型、开放型的经济模式，克服了自身国土狭小、资源匮乏的局限性，通过进口低价原材料、出口高附加值产品，获取了巨大的利益，积累了强大的经济实力；并且，日本的精益制造获得了广泛的认同，日本制造已成为高质量、高品质的代表，使中国游客在日本旅游时血拼，抢购马桶圈、电饭煲等产品，这种良好的声誉增加了日本经济的软实力。

但是，日本在经济、文化、政治三位一体的战略方面则遭遇了重大挫折。在1970—1995年这一时期，日本实行经济战略+文化战略两翼并进的战略，其文化战略在同质的儒家文化圈国家（如中国、韩国）获得了一定成功，但在异质的基督教文化圈（如美国、欧洲）则遭遇了失败；1995年之后到现在，日本采取了经济战略+政治战略的模式，但是，其谋求扩张的政治战略引起了第二次世界大战时曾遭受日本侵略国家的反感和抵制，也遭遇了美国的打压和制衡，因此并不成功，反而损害了日本的经济利益。

根据以上分析，可以得出如下结论：

（1）美国成功地采用了经济、文化、政治三位一体的输出型战略，由于美国具有强大的综合实力,具备了在经济、文化、政治同时对外输出的条件,通过系统的设计,使经济战略、文化战略、政治战略有机结合、相互支持、相互匹配,造就了美国的领导者地位。

(2) 日本不具备同时进行经济、文化、政治同时对外输出的条件,只能有所选择、有所侧重。1950—1970年采取单一的经济战略进行输出,符合当时的国际国内条件,较为成功;1970—1995年采用经济战略+文化战略的组合,在异质文化的美国铩羽而归,但在同质文化的中国、韩国则相当成功,促进了经济战略的实现;1996年之后到今天,日本放弃了文化战略,转而采用经济战略+政治战略的手段,图谋政治利益最大化,不仅没有成功,反而损害了经济战略,这是造成日本失落的20年的重要原因。

第三节 "一带一路"中国文化产业战略实施路径

一、"一带一路"中国文化产业战略的基本任务

文化产业战略有两项基本任务:一是让世界了解中国、让中国了解世界,二是让中国影响世界、让世界接受中国。

"一带一路"倡议在实施过程中,由于文化差异的客观存在可能会导致各种风险。如果文化的认知、认同存在问题,一方善意的行为可能被对方误解为敌意的行为。例如,宗教信仰和民族关系可能会导致文化冲突,文化的误读、误解可能造成隔阂与摩擦,生活习俗的差异可能在意想不到的环节产生矛盾。因此,大力促进中国与"一带一路"沿线国家的文化交流,让中国了解世界、让世界了解中国,让中国影响世界、让世界接受中国,是文化战略的重要使命。

文化战略内涵非常丰富,需要进行全方位的系统设计,大致包括:汉语汉字的推广、教育交流、电视与电影、互联网、旅游观光、体育交流、中国餐饮产业与中国饮食文化推广。

二、"一带一路"中国文化产业战略的实施路径

（一）汉语、汉字的推广

语言、文字是文化的载体，也是文化交流的工具，具有非常重要的作用。汉语是世界上使用人数最多的语言（12.6亿），也是联合国官方语言之一。汉语、汉字是中国文化的载体，在文化交流中具有重要作用。在文化战略中，向"一带一路"沿线国家介绍、推广汉语、汉字，培养汉语、汉字的爱好者，带动当地人民学习汉语、汉字，应该作为一个具有历史意义的长期工程，坚持50～100年，逐步扩大汉语、汉字在相关国家的影响。

（1）在"一带一路"国家设立汉语学校（如孔子学院，各类语言学校），以优厚的条件吸引当地人民学习汉语；

（2）利用当地的电视媒体开设汉语学习类节目；

（3）开办免费网站进行汉语网络教学；

（4）选派东道国优秀学生来中国留学；

（5）在东道国举办汉语知识和中国文化大赛。

（二）教育交流

学校和教育是文化传播最有效的形式，应给予充分的利用。具体手段包括：

（1）与"一带一路"沿线国家互换留学生，一方面为中国进入当地发展培养国际化、本土化的人才，另一方面使更多的当地人民深入认识和了解中国文化，成为中国文化的传播者；

（2）通过孔子学院、汉语学校等在当地培养学生；

（3）通过对外援助的形式，在发展中国家建立小学、中学，开设中文课程；

（4）利用网络平台与东道国学生分享中国的教育资源（如慕课）；

（5）通过中国政府或中国企业的渠道，在当地大学设立"中国奖学金"，扩大中国在东道国的影响力；

（6）组织中国国内的志愿者前往"一带一路"沿线国家支教，间

接传播中国文化。

（三）电视与电影

电视是传播文化的形象载体，也是受众接触率很高的媒体，尤其是在发展中国家，在网络不甚普及的情况下往往是人们获取信息的最重要的渠道，应该充分利用。

（1）在东道国开通中国电视卫星频道，提高覆盖率；

（2）在有条件的国家开设独立的中国电视台，或与东道国合作开班中国电视栏目；

（3）将能代表中国特色的国产电视剧（如《红楼梦》《西游记》《三国演义》等历史剧，以及《渴望》《亮剑》《潜伏》等现代剧）免费提供版权，协助配音或配东道国字幕，在当地电视台播放；

（4）开办针对当地少年儿童的电视栏目，在当地播放中国卡通（如《海尔兄弟》《金刚葫芦娃》等）；

（5）开办中国历史、中国地理、中国旅游、中国书画、中国音乐、中国美食等电视栏目；

（6）在东道国定期或不定期举办中国博览会，介绍中国的历史、地理、文物、音乐、书画，以及中国的产品、技术和标准；

（7）组织双方文艺团体互访演出；

（8）在有条件的国家定期举办中国美食节，重点推介富有中国特色的食品（如饺子、元宵、火锅），争取让中国美食、中国生活方式征服更多的民众；

（9）鼓励国内公民在东道国开设中国餐馆，推广中国饮食，介绍中国传统生活习俗。

（四）互联网与移动互联网

在世界上的发达国家和地区，互联网与移动互联网已经超越传统的媒体成为信息传播最主要的渠道。尽管目前一部分"一带一路"沿线国家的互联网、移动互联网普及程度有限，但随着社会的发展，网络会在很短的时间内（数年至一二十年）取代传统媒体，必须给予高度的重视。可考虑采取以下措施：

（1）大力参与目标国网络基础设施的建设，可采用 BOT 等方式进行，争取实现对目标国网络硬件设施的控制和影响；

（2）对目标国的互联网企业进行投资，实现参股或控股；

（3）与目标国的领先互联网企业进行合作，开设介绍中国经济、中国文化等内容的栏目；

（4）开展国际电子商务合作（跨境电商），利用互联网平台促进经济和贸易往来；

（5）为有需要的国家进行计算机定制、手机定制，争取形成对中国的客户黏性；

（6）在有条件的情况下（如当地法律法规允许），可考虑中国企业进入目标国开展网络运营业务。

（五）旅游观光

旅游观光是促进人际接触、增进相互了解的有效手段，同时具有很大的经济价值，应该积极支持发展。

（1）简化出入境手续，便于双方国民往来；

（2）鼓励中国公民到"一带一路"沿线国家旅游，更多地展示中国形象；

（3）鼓励东道国公民到中国旅游，直观地感受中国力量；

（4）与目标国电视台、互联网站合作推出"中国旅游""中国风光"等旅游类栏目进行宣传推介。

（六）体育交流

体育交流也是文化战略中的重要组成部分，体育交流主要包括两方面的内容：

（1）对外输出中国特色的体育运动项目，在体育领域扩大中国文化的影响，如中国围棋、赛龙舟、舞狮等项目；

（2）对外输出中国具有绝对优势的体育项目，如乒乓球、羽毛球、体操、跳水等，可向相关国家派出中国教练、接收这些国家的运动员到中国训练，帮助他们提高体育运动水平。

三、"一带一路"与中国餐饮产业、饮食文化

中国饮食文化源远流长、博大精深，在世界餐饮文化中占有重要地位；并且，中国饮食文化特色鲜明、独树一帜，在世界上享有很高的声誉。

按照国际餐饮界专家的观点，中国饮食文化具有如下特点：

风格多样性：因国家地域辽阔而形成多种风味、多种风格，如南甜北咸、东酸西辣、南米北面，等等。形成了以粤菜、川菜为代表的多种菜系。

季节差异性：中国属亚热带季风气候，南北、东西跨度大，季节变化明显。中国饮食非常注重与季节的匹配，按季节变化来调味、配菜，冬天味醇浓厚，夏天清淡凉爽；冬天多炖焖煨，夏天多凉拌冷冻。

突出整体美感：中国饮食以味见长，但更注重整体美感，强调色、香、味、形、器的协调一致，追求视觉、嗅觉、味觉、听觉、触觉的全方位享受，甚至连进餐的桌椅风格、房间装修、装饰陈设等都有诸多讲究。

注重文化内涵：中国饮食文化非常注重文化内涵，许多著名的菜肴、小吃都有其深厚的文化底蕴（例如，东坡肉来源于苏东坡；四川锅盔与陕西肉夹馍高度相似、历史同源，据说是诸葛亮北伐时为士兵制作的干粮，故在蜀国、魏国都广泛流传）；许多食品的名称就具有很深的文化积淀（如佛跳墙、过桥米线、夫妻肺片等）；特定的节日会有特殊的食品，以体现节日气氛（如春节时北方的饺子和南方的元宵，端午节的粽子，中秋节的月饼与糍粑，等等）；个人特定日子的特殊食品，具有特殊的意义（例如生日时吃长寿面，生孩子要分发红鸡蛋等）。

追求食疗结合：中国几千年前有"医食同源"和"药膳同功"的传统，利用食物原料的药用价值，做成各种美味佳肴，使饮食与治疗、养生有机地结合。

客观地看，中国的饮食文化独具特色，具有很好的对外输出条件，应该在"一带一路"建设中占据一个特殊的重要位置，建议推出中国餐饮产业国际化和中国饮食文化输出战略。

饮食文化可以超越政治体制、外交关系、意识形态、社会等级的影响，直接作用于肠胃，进而影响到生理，逐步辐射至心理，最后升华到文化，既感性直观又深刻难忘，具有不可替代的作用。

中国饮食文化在传播中面临一些障碍，需要认真对待、妥善解决：

（1）饮食内容的改良：传统中国饮食有偏重于大鱼大肉倾向，与现代医学、营养学理论和科学饮食的主张存在冲突，需要对相关菜肴、饮食按现代科学饮食要求进行优化设计。

（2）饮食品种的选择：中国地大物博、人口众多，巨大的地理差异、历史差异、文化差异造成了中国饮食品种极其丰富，在对外的饮食输出战略中，必须精选具有高度代表性和广泛适应性的饮食品种进行推广，不能平均用力、面面俱到。相对而言，具有中国特色的饺子、兰州拉面、重庆火锅、粤式早茶、四川泡菜等具有优先推广的价值。

（3）饮食的标准化：中国饮食受中国文化的影响非常深，缺少标准化的模式（例如食材、调料配比定性不定量；加工过程强调辨证施治，如火候的把握；强调风格的独特性，受厨师个人因素影响很大），不利于中餐的大规模推广。

（4）饮食习惯的冲突：这是中国饮食文化推广中最为困难的环节，也是各国饮食文化交流中最大的障碍，需要重点思考对策。除了根据当地饮食偏好对中国饮食进行适当的调整妥协（本地化）之外，如何选择顾客、培养顾客是成败关键。根据医学研究，人的饮食味觉偏好在16—20岁之后进入定型期，肠胃中消化食物的蛋白酶类别也因食物种类的不同而出现相应的变化，形成食物类别——蛋白酶类别匹配的稳定模式，一旦形成往往终身难改，因此，饮食习惯既有心理因素也有生理因素，具有高度的稳定性与强烈的依赖性。但7岁以前的儿童没有饮食偏好，属于开放期，对各种饮食都可以接受；7—16岁的少年儿童属于饮食习惯的探索期，会根据所处的饮食环境逐步形成一定的饮食偏好，具有可塑性。因此，跨文化的饮食产业发展，一方面需要培养部分成年顾客以维持企业的盈亏平衡，另一方面要积极从少年儿童中培养潜在的顾客、引导形成少年儿童的饮食偏好，从而获得"终身顾客"。借用一句套话："培养食客，从娃娃抓起"！

（5）中餐食材的供应：食材是饮食业发展的关键，应根据中国餐饮产业在海外的发展，引导民间资本合理布局餐饮行业的全环节，打造高效的中餐食材供应链，形成完整的产业体系。

（6）中餐人才的培养：中餐不同于西式快餐（如肯德基、麦当劳）的标准化生产，对厨师的要求高、依赖大，因此，应加强海外中餐人才的培养。一方面可以与国内的高职院校合作，针对性地培养国际化的中餐厨师；另一方面，可在目标国合作，开办各种层次中餐厨师培训班，在当地培养厨师人才。

（7）中餐文化的普及：可与目标国的电视台、互联网站合作，推出中餐文化的宣传介绍专栏和中餐菜肴的制作节目，培养更多的中餐爱好者。

餐饮产业的发展，完全不同于高铁等行业。应该是比较纯粹的市场经济行为，以企业为主体，政府只发挥引导作用。由于餐饮业投资规模相对较小，依靠民间资本足以胜任，所以属于"民进国退"的领域。在市场开发方面，可以首先依靠从事"一带一路"工程项目的中国人作为基本的目标顾客，再通过中国在当地雇佣的外籍工人扩大影响，进而吸引当地的成年顾客拓展市场，最后通过有效的营销策略培养当地少年儿童成为中餐的未来顾客（可参考借鉴肯德基、麦当劳在中国的营销策略：以满足少年儿童嬉戏玩耍为诱饵，吸引少年儿童就餐；以子女的消费行为带动父母消费，扩大顾客范围；以家庭亲情作为情感诉求，给商业活动蒙上温情脉脉的面纱）。

参考文献

[1] 陈华."一带一路"战略下金融对外开放新格局[J].南方金融，2016（2）.

[2] 陈绍锋，王裕庆.中资企业如何"走出去"——以墨西哥撤销中铁中标为例[J].领导之友，2015（5）.

[3] 邓敏，蓝发钦.金融开放条件的成熟度评估:基于综合效益的门槛模型分析[J].经济研究，2013（12）.

[4] 国家发展改革委、外交部、商务部.推动共建丝绸之路经济带和21世纪海上丝绸之路的愿景与行动[S].2008

[5] 韩玉军，王丽."一带一路"推动人民币国际化进程[J].国际贸易，2015（6）.

[6] 姜安印."一带一路"建设中中国发展经验的互鉴性——以基础设施建设为例[J].中国流通经济，2015（12）.

[7] 姜巍，张菀航."一带一路"背景下的金融创新和跨境投资——"国研智库论坛2015·创新金融助力中国'一带一路'战略峰会"综述[J].中国发展观察，2015（8）.

[8] 李向阳，构建"一带一路"需要优先处理的关系[J].国际经济评论，2015（1）

[9] 刘戈.中车进军美国,如何成为座上宾?[J].中外管理，2015（10）.

[10] 刘瑞，高峰."一带一路"战略的区位路径选择与化解传统产业产能过剩[J].社会科学研究，2016(1).

[11] 卢光盛,邓涵.经济走廊的理论溯源及其对孟中印缅经济走廊建

设的启示[J].南亚经济，2015（2）.

[12] 罗雨泽."一带一路"建设的六个点位[J].改革，2015（7）.

[13] 商务部,国务院发展研究中心联合课题组.跨国产业转移与产业结构升级基于全球产业价值链的分析[M].北京：中国商务出版社，2007.

[14] 苏建军，徐璋勇.金融发展、产业结构升级与经济增长——理论与经验研究[J].工业技术经济，2014（2）.

[15] 孙海霞.美元国际化：历程与启示[J].兰州商学院学报，2012（1）.

[16] 唐朱昌."一带一路"的定位、风险与合作[J].社会观察，2015（6）.

[17] 王芳，何青，姚瑜琳，张策，李霄阳."一带一路"与人民币国际化:相互促进的逻辑[A]//2015 人民币国际化报告——"一带一路"建设中的货币战略，2015.

[18] 夏彩云，贺瑞."一带一路"战略下区域金融合作研究[J].新金融，2015（7）.

[19] 许娇,等."一带一路"交通基础设施建设的国际经贸效应[J].亚太经济，2016（3）.

[20] 徐英侠.基础设施投入对服务贸易结构影响的实证研究[D].浙江工商大学，2012.

[21] 闫衍."一带一路"的金融合作[J].中国金融，2015（5）.

[22] 张国庆，刘骏民.日元国际化：历史、教训与启示[J].上海金融，2009（8）.

[23] 张红力.金融引领与"一带一路"[J].金融论坛，2015（4）.

[24] 张红力.金融引领与"一带一路"[J].清华金融评论，2015（9）.

[25] 张晓静，李梁."一带一路"与中国出口贸易：基于贸易便利化视角[J].亚太经济，2015(3).

[26] 赵阿丽.中国铁建股份有限公司跨文化冲突案例研究[D].安徽大学，2013.

[27] 钟飞腾."一带一路"产能合作的国际政治经济学分析[J].山东

社会科学，2015(8).

[28] 朱苏荣."一带一路"战略国际金融合作体系的路径分析[J].金融发展评论，2015（3）.

[29] 邹嘉龄，刘春腊，尹国庆，唐志鹏.中国与"一带一路"沿线国家贸易格局及其经济贡献[J].地理科学进展，2015，34(5).

[30] 习近平.联通引领发展，伙伴聚焦合作——在"加强互联互通伙伴关系"东道主伙伴对话会上的讲话[N].人民日报，2014-11-9.

[31] 本刊编辑部.丝路基金:撬动万亿投资的支点[J].经济导刊，2016（1）.

[32] 王文佳，冯泽华.论丝路基金运作的风险防范[J].法制与经济，2016（2）.

[33] 刘小蕾.丝路基金发展的机遇和挑战[J].商场现代化,2016（1）.

[34] 杨丽花，周丽萍，翁东玲.丝路基金、PPP与"一带一路"建设——基于博弈论的视角[J].亚太经济，2016（2）.

[35] 丝路基金如何运作很关键[J].时代金融，2015（7）.

[36] 魏磊.丝路基金助推"一带一路"互联互通[J].国际商务财会，2015（4）.

[37] 王达.亚投行的中国考量与世界意义[J].环球市场信息导报，2015(31).

[38] 赵亚赟.亚投行"一带一路"的核心[J].海内与海外，2015(4).

[39] 罗韵竹.亚投行发展的五个依托—写在亚洲基础设施投资银行即将开业之际[J].银行家，2015(12).

[40] 顾宾.亚投行的治理结构[J].中国金融，2015(13).

[41] 刘翔峰.亚投行与"一带一路"战略[J].中国金融，2015(9).

[42] 赵钊.亚投行是"一带一路"战略的重要支柱[J].国际融资，2015(5).

[43] 王军.亚投行运营面临的挑战及应对策略[J].中国财政，2016(3).

[44] 丝路基金官网，http://www.silkroadfund.com.cn/.

[45] 丝路基金首单：联合三峡集团斥资百亿投资巴基斯坦水电，http://finance.ifeng.com/a/20150420/13649582_0.shtml.

[46] 丝路基金联手投资倍耐力，http://guba.eastmoney.com/news,600469,174426568,d.html.

[47] 中哈产能合作专项基金设立，http://opinion.hexun.com/2015-12-17/181239534.html.

[48] 丝路基金与俄罗斯公司签署油气项目协议，http://finance.sina.com.cn/money/fund/jjyj/2015-12-17/doc-ifxmueaa3595058.shtml.

[49] 中国丝路基金和沙特ACWA电力签合作备忘录，http://www.chinca.org/cms/html/main/col12/2016-01-22/20160122144319360312395_1.html.